U0523654

中国知网（CNKI）收录

Journal of Marxism and Law

马克思主义与法律学刊

西北政法大学法律、科技与人文高等研究院 主办

李其瑞 邱昭继 主编

第四卷

商务印书馆
The Commercial Press
创于1897

主办单位：西北政法大学法律、科技与人文高等研究院
编辑单位：《马克思主义与法律学刊》编辑部

编辑委员会

主　任：孙昊亮

委　员（按姓氏拼音排序）：

付子堂　葛洪义　龚廷泰　郭道晖　胡玉鸿　蒋传光　李步云
李德顺　李其瑞　林进平　刘作翔　刘进田　漆　思　孙昊亮
谢　晖　薛晓源　严存生　於兴中　张恒山　周　凡　朱景文

主　编：李其瑞　邱昭继

编　辑：王　进　王金霞　齐伟玲　卫成义

英文编辑：何静秋

编辑部地址：陕西省西安市长安南路300号西北政法大学雁塔校区科研楼122室

邮　编：710063

联系电话：029-85385168

投稿邮箱：marxistjuris@126.com

刊物网站：http://www.marxistjuris.com

微信公众号：马列主义与法

目 录

法的价值研究专题

3 / 论社会主义法治文化视野下的法的价值　　王　萌　孙美堂

22 / 论意识形态理论视域下的社会主义核心价值观与法治文化
　　　建设　　李其瑞

论文

41 / 作为一种社会历史现象的法典化　　乔鲍·沃尔高

55 / 家庭与市场
　　　——意识形态与法律改革研究　　弗朗西斯·E.奥尔森

132 / 社区型城市权利探赜　　王金霞

评论

161 / 卡尔·伦纳的马克思主义法哲学研究　　张　放　孟　飞

189 / 权利话语与社会结构
　　　——马克思《论犹太人问题》探析　　高宇洁

203 / "商品交换法理论"的逻辑构建、理论困境及阐释路径
　　　——帕舒卡尼斯法学理论的批判性研究　　苟林松

学术人生

219 / 学者与为人　　陈建福

书评

233 / 有效性、法律关系与社会自由:评《法律关系:法律实证主义之后的法律理论》　　　　　　　　　　　　　　卫成义

262 / Table of Contents & Abstracts

法的价值研究专题

论社会主义法治文化视野下的法的价值

王 萌 孙美堂[*]

摘要:"法的价值"是从具体的规范、功能、权利义务关系到哲学意蕴的复合概念。从法治文化角度研究法的价值,应立足哲学层面而又容纳具体层次的含义。法的价值是一定的法律体系以合法性为手段干预社会生活,从而对具体历史主体现实地或潜在地显现的功能、意义和效果,特别是就提升特定主体文明程度来说的那种功能、意义和效果。法的价值在法治文化中有以下功能:在法律体系中规定"人应当如何"、将"人应当如何"的导向现实化、将"人应当如何"的标准不断推向更高文明状态。界定社会主义法治文化中的法的价值,应从马克思主义经典作家和社会主义传统中寻找资源,把握未来人的理想生存状态,以此确定社会主义法治中"人理应如此"的理想。社会主义法治文化的目的价值是自由,规范价值则是以"共有、共创、共享"为原则的平等价值。

关键词:社会主义法治文化 法的价值 自由 平等

我国改革开放以来不断加强依法治国,党的十八届四中全会提出"全面推进依法治国",再到党的二十大强调"坚持全面依法治国,推进法治中国建设",法治建设的总体水平日益提高,理论研究也日益深入。其中贯穿着一条深层逻辑:由"法制"上升到"法治",由"法治"深入到"法治文化"。而社会主义法治文化必然要求在深刻研究和检讨法的价

---

[*] 作者简介:王萌,中国政法大学马克思主义学院博士;孙美堂,中国政法大学马克思主义学院教授,博士生导师。

值基础上,按社会主义法治的理想价值去建设。易言之,从社会主义法治文化的角度研究法的价值,是我国法治建设必然面临的理论任务。在这样的背景下,"法的价值"作为一个重要的理论问题,受到学界关注。

广义地说,法学讨论必然涉及法的价值问题。因为法律事实的认定、规范与秩序的确立、权利与义务的约定、合法非法及犯罪的界定等,都涉及价值问题。不过我们讨论的是狭义的法的价值。法的价值问题是将法律所关涉的价值问题上升为专门的理论问题,用法学的方法进行研究。按这样的标准看,我国学术界从20世纪90年代初开始,以"法的价值"或"法律价值"为研究主题,产生了一批高质量的学术成果,如严存生《法律的价值问题研究》、卓泽渊《法的价值》等。对"法的价值"或"法律价值"这两个核心概念,大致存在两种解释:其一是指法律在社会管理和治理中的功能;其二是指法律所包含的基本价值(详后)。

既往的研究解决了法的价值的许多基本问题,不过"法的价值"仍未达到"清楚明白"的程度,它所蕴含的学理意义和实践价值尚需进一步思考。鉴于此,本文的任务是:在分析"法的价值"不同含义的基础上,在法理学和价值哲学交叉点上重新界定"法的价值"概念,分析它的内涵与结构,最后在社会主义法治文化的语境下对它进行历史和现实的考察。

一、法的价值的"所指"与"所是"

"法的价值"不是某种实体性存在,而是作为无形的导向、根据、意义、效果等,渗透在法学理论和法律实践的方方面面。无论是法学理论还是法治实践,都贯穿着这样的价值。分析法学把法视为纯粹的科学问题,主张价值中立,拒斥政治、道德与价值。如果就法学必须建立在科学探索基础上,从立法到司法过程必须客观公正,不被私利和主观性左右而言,强调法律需拒斥价值,是有道理的。但超出这个范围,法具有明显的价值特征。

具体说:法律不只是法律文书和法律制度,还是蕴含在其中的价值体系。何谓"合法"何谓"非法"?法律如何约定人们的权利和义务?

每个人的权利义务是平等的吗？人们应遵守哪些法律规范，为什么？如何实现社会的正义与秩序？法律是引导社会趋向公平、正义、民主、自由，还是相反？何谓"良法"何谓"恶法"？法的整体设计是否存在阶级和族群的立场偏向？这些都是法的价值问题。由此可见，一个社会要建构良法，要把法当作文化来建设，就需要对法的价值进行批判性思考。

不过，法的价值是个有歧义的话题。就概念而言，有"法的价值""法律价值"，还有"司法的价值"等。本文用"法的价值"而不用其他概念，是想把法当作一种社会文化现象，从总体和根本上进行反思，而不限于法律法规，或者司法实践中具体的功能性价值。易言之，本文用"法的价值"这个概念，意在突出法的价值的整体视野与哲学反思层面。

概念的分歧反映研究对象的差异。界定概念前需先明确概念的"所指"：被我们所讨论的那个对象究竟指什么？要界定一个对象，先得确定它指什么，才谈得上如何定义。比如我们要讨论一棵树，虽然大家说的是同一个词语，但张三实际指房前那棵梧桐，李四指的却是一类树木的集合。他们各自的定义也许都是对的，但无法通过对话深化共同的问题。我们之所以提出这个问题，是因为在界定"法的价值"或"法律价值"时，不同学者实际所指不同。每个定义就它所指谓的对象而言，不无道理，倘若这个概念的实际指谓各不相同，我们就很难讨论了。

学界讨论法的价值时，大概有以下几种"所指"：

（一）法律事实对主体产生的工具价值

法的价值的"所指"之一，是指法律的社会功能、功效、工具价值。这种"所指"最普遍。不少学者认为，法的价值就是法作为一种事实，对主体（国家、社会、个人）具有的功能、意义、效果。例如孙国华、朱景文主编的《法理学》断言："法的价值就是法这个客体（制度化的对象）对满足个人、群体社会或国家需要的积极意义。"[1]严存生认为："法的价

---

[1] 孙国华、朱景文主编：《法理学》，中国人民大学出版社2010年版，第50页。

值是标志着法律与人关系的一个范畴,这种关系就是法律对人的意义、作用或效用和人对这种效用的评价。"[1]卓泽渊把法的价值分为广义和狭义两种。其中广义的法的价值"也包括法的工具性价值"[2]。这里的主体又分两类:一是国家或社会。法的价值通常被理解为国家权力系统用以确认特定的法律关系和法律秩序,解决相关的法律问题,落实主流社会主张和认可的价值关系,贯彻主流社会所需要和追求的某些法的目的价值。从这个角度说,法的价值是一定的国家权力体系和主流社会以法律为手段而实现社会调节、管理和统治功能。例如让既有的阶级和等级秩序得到保障,建立在既有经济社会关系基础上的权利义务关系得以维系,总之主流社会所追求和认可的目的价值都得到实现。二是个人。法的价值也指法对个人的价值,例如法律规定了私法主体之间的价值关系,如当事人之间的债务关系、合同法中的权利义务关系、法律诉讼中的判决对当事人的影响等,这也是法的工具价值。

(二) 作为主体间权利义务关系的法的价值

法的价值"所指"之二,是指人们(尤其是私法的当事人)之间权利义务关系所体现的价值关系。法以国家意志的形式,规定了特定时代、特定社会中不同主体的权利和义务,包括人格权、财产权、生命权等。这些权利和义务关系,以财产关系、劳务关系、债务关系、身份和等级关系等结构和秩序而存在。它们除通过公共管理、风俗习惯和个人信用等构成的游戏规则,自然而然地得到保障外,也依靠法律来得到维系。这个意义上讲的"法的价值",是指国家法律制订"合法性"标准、相应的法律规范等,对各种主体(重点是个人)之间的权利义务关系进行规定和执行,以使人们之间的权利义务关系保持在主流社会所认可的秩序内。例如张文显对法律的界定:法律是由国家制定或认可并依靠国

---

[1] 严存生:《法律的价值》,陕西人民出版社1991年版,第28页。
[2] 卓泽渊:《法的价值论》,法律出版社2018年版,第45页。

家强制力保证实施的,反映由特定社会物质条件所决定的统治阶级意志,以权利和义务为内容,以确认、保护和发展对统治阶级有力的社会关系和社会秩序为目的的行为规范体系,[1]就包含这个意思。在这个意义上讲的"法的价值",是将既有法律体系中的价值预设具体化,将主体间的尤其是私人间的权利义务关系加以落实。这个"所指"不涉及对既有权利义务关系赖以建立的价值基础之反思,例如确认这些权利义务关系的根据是什么？这种根据包含什么样的社会文化矛盾？

(三) 作为理想价值的法律原则

法的价值"所指"之三,是指法治(尤其是启蒙运动以来的现代法)文化中贯穿的一些基本的理想价值:自由、平等、公正、秩序等。究竟哪些原则可以纳入这样的理想价值？不同学者的意见稍有不同,但万变不离其宗。例如杨震在《法价值哲学导论》中,把它们划分在法的价值目标中,具体包括:法的秩序价值、法的正义价值、法的公平价值、法的自由价值、法的效率价值、法的安全价值、法的生存价值与发展价值;[2]卓泽渊认为,法的目的价值包括自由、平等、公平、正义、人的全面自由发展的意义。[3] 当然,在阶级社会中,这些价值不见得能够真正地实现,还起了混淆视听的作用;但作为法文化的理想价值,还是有它的历史和现实意义的。

(四) 作为法律体系之哲学基础的法的价值

"法的价值"所指之四,是指特定法律体系所依据、贯穿和追求的根本价值,是超出工具价值之上的目的价值。每一法律体系所具有的功能价值和规范价值是相对表层的和具体的;这些表层和具体的价值建立在更深层的前提和基础上,有更一般的价值原则和价值导向支配该法律体系制订这样的而不是那样的规范,让法律发挥这样的而不是那

---

[1] 张文显:《法理学》(第4版),高等教育出版社、北京大学出版社2011年版,第47页。
[2] 参见杨震:《法价值哲学导论》,中国社会科学出版社2004年版,第172—223页。
[3] 参见卓泽渊:《法的价值论》,法律出版社2018年版,第203—415页。

样的功能。卓泽渊论及"严格意义的法的价值",可谓这种意义上的价值。它"指在法的功能与作用之上的、作为目的与功能之目的的至上目标与精神存在。只有法基于自身的客观实际而对人所具有的精神意义或人关于法所设定的绝对超越指向,才是最严格的法的价值"[①]。

哲学层面的法的价值主要关涉如下问题:特定的法律体系所认可和追求的正义、秩序及其他目的价值是什么?它建立在何种利益关系和价值根据上?它试图把社会文化向哪个方向引导?以特定的文化价值为内核的法律体系,在人类社会复杂多样的文化中有何特殊的地位和意义?它在人类历史发展的长河中处于什么样的地位?这些问题是法的价值的最高问题,是将法视为一种文化现象,从哲学高度对它做价值的追问。

上述关于法的价值的几种"所指",有它们各自的侧重点,也有它们各自的意义和合理性。不过本文从社会主义法治文化的角度谈法的价值,主要是以最后一种"所指"为对象,是从法哲学的层面谈的价值问题。这是因为,一方面,功能性价值与规范性价值是法的价值的具体形态,它们自觉不自觉以哲学层面的价值为基础和导向。另一方面,要把法治建设成一种文化形态和文明状态,就不是在既有的框架下和具体事务上做文章,而要有批判和超越的向度。如果仅在既定的法律框架里把具体的功能价值和规范价值凸显出来,而不从它之外审视现有体系,那是部门法学的任务,而不是法治文化的任务。

二、法的价值的哲学审视

哲学是通过批判、反思来推进知识与价值之超越的智慧,法哲学是通过对法的具体问题进行批判与反思,以促成法的学理与价值之超越,进而促成法律的理论深化、价值文明进步的智慧。

从法哲学的角度审视法的价值,需着眼于整体和根本,重在对法的

---

① 卓泽渊:《法的价值论》,法律出版社2018年版,第45页。

前提和基础进行反思。这样理解的法的价值,不排除上文所说的前几种"所指",但重点和立足点在最后一层含义。易言之,我们把哲学层次上的法的价值问题当作这个概念的基本形态,而把法的其他意义上的价值视为哲学层次的法的价值的具体呈现。法治文化是要对既定法律和它依据的价值进行反思,并推动它"向文而化",就应从前提和元理论的角度反思法的价值问题。

鉴此,我们把法的价值界定为:法的价值是一定的法律体系以合法性为手段干预社会生活,从而对具体历史主体现实地或潜在地显现的功能、意义和效果,特别是就提升特定主体的文明程度来说的那种功能、意义和效果。从法哲学的角度来看法的价值,它包括几层含义:作为"人道"预设的法的价值、作为社会和文化规范的法的价值、作为社会文化导向的法的价值。根据马克思主义创始人和社会主义传统中的价值诉求可以推知:社会主义法治文化视野中的法的最高价值是自由,即社会主义法治文化应以促成人的自由全面发展为目标;其规范价值则是以"共有、共创、共享"为原则的平等价值。

对这个定义需做几点解释:

首先,这里的法律体系,是一个国家或社会的全部法的总称,包括法律文本、法律制度设施、司法程序与过程,以及它们依据的法理基础等。法律体系以"合法""非法"为基本的评价标准,确立社会的法律规范、权利义务关系,并通过这套体系达到管控社会、维系主流社会认可的价值秩序之目的。于是,这套法律体系就成为对人们有肯定或否定意义的价值客体,或者对涉案主体产生直接的价值效应——即使不是直接涉案的主体,也间接受整个法律体系的影响。

其次,法的价值也像其他价值一样,是法律这个客体对相关主体(个人、群体、国家)产生肯定或否定的意义与效果。这里的肯定或否定是对主体性"好"或"不好"的概括,例如维护社会正义与秩序、维护个人权益与尊严等。这些意义、效果通过法律规范、人们的权利义务、法律的社会功能等体现出来。一个社会从宪法到各部门法,都以不同方式确立了诸多法律规范,它们规定了人们的权利义务关系和其他价值关系。各种规范和权利义务关系,会对不同主体产生不同的价值效应:有利还是有害,肯定或者否定,有这种意义或者有其他意义等。在这个意义上说,法的价值就是指法律体系及其实施过程,对个人或群体所显现出相应的功能、意义和效果,这些功能、意义和效果表现为肯定或否定主体的权利、尊严、价值、合目的性生存方式等。这种肯定或否定的结果是,法的价值转化为经济价值、社会价值、人格价值、道德价值、精神价值等。这些价值不止是具体的和经验层面的,它还会产生综合及长远效应,汇成整个社会鲜明的价值导向。这是因为,具体层面的法对主体产生肯定或否定效果,人们为趋利避害,为他们所欲求的价值,就会调整自己的行为,认同法律的导向。这样,法律就像无形的指挥棒,影响人们的善恶观、正义观、权利观、平等观、自由观等,在公共生活中产生价值效应,对社会总体的价值起导向作用。从未来发展趋势看法的价值,就向哲学层面过渡了。

最后,具体层面的法的价值与哲学层面的法的价值不是各自独立的二元结构,而是"道不离器"的关系,二者"须臾不离"。从哲学层面审视法的价值,需要从实然和应然两个角度展开。

对法的价值做哲学的追问,一方面要对法律体系中实际存在的价值事实进行总体和根本反思:该法律体系建立在何种价值基础上?这个价值基础的基础又是什么?法哲学和法理学的许多争论,实际上是在这个层次上展开:法究竟是纯粹理性、纯粹的科学,是价值中立,还是有价值立场和倾向?如果说法有价值基础,法的价值根据是来自现实生活还是普遍的、永恒的法则?是来自上帝跟人的立约还是人们自身之间的契约?法的价值原则是普遍和超验的吗?某一具体的法律体系依据之最高价值根据是什么?平等、正义、自由还是别的?它们真的是不偏不倚、客观公正的吗?是不是在正义、平等的外表下掩盖事实上的非正义和不平等?虚伪的"正义、平等"口号下掩盖的非正义、不平等,如何才能克服?是回归某种永恒法则还是改变社会?马克思分析资产阶级的法时就指出:"正像你们的法不过是被奉为法律的你们这个阶级的意志一样,而这种意志的内容是由你们这个阶级的物质生活条件来决定的。"①资产阶级的法不过是统治阶级利益关系的反映,揭示的就是资产阶级法的价值基础。

对法的价值做哲学的追问,还包括超越现有法的价值,重建更高形态的法的价值。因此,法哲学要探索一定法律体系和法律传统中基本价值的演化规律和发展趋势。法律体系和法律传统都不是静止的、僵死的,而是发展演化的。这种发展有社会物质生活演变的基础,同时法的价值本身也会发展和演变。法的价值的这种演变会趋向某些基本的目标,亦即它有特定的目的价值。如果说理论上讲人生而自由,可现实中他们却无往不在枷锁之中,那该怎么办?如果说"正义、平等"口号下掩盖的是非正义、不平等,如何才能克服?是回归某种永恒法则还是改变社会形态?康德假定世界永久和平,可谓他的法哲学的目的价值;黑格尔把理性的普遍性和自由的完善作为法哲学的最高目的;马克思把人的自由全面发展作为最高目的价值。启蒙运动以来的法,追求一些基本的目的价值,主要是自由、平等、人权、正义、秩序等价值问题,都在以不同的路径超越现实的不公正,追求完美的法律和价值。

法的价值的哲学思考,除本质规定性的分析外,还应澄明它的具体性,也就是法的价值的辩证特性。它包括以下几方面:

(一) 法的价值的主体性

从哲学一般说,价值是一种主体性事实,价值范畴"代表着客体主体化过程的性质和程度,即客体的存在、属性和合乎规律的变化与主体尺度相一致、相符合或相接近的性质和程度"②。它意味着"任何价值现象的特点,都依主体的特点而形成,并主要表现出来自主体一方的规定性"③。同理,法的价值也表征法对人的主体性的顺应状况:它取决于一定的法是肯定了还是否定了人的主体性,是这样还是那样地肯定了或否定了人的主体性;同一法律事实因不同主体而有不同的价值。人

---

① 《马克思恩格斯文集》(第2卷),人民出版社2009年版,第48页。
② 李德顺:《价值论:一种主体性的研究》,中国人民大学出版社2013年版,第53页。
③ 李德顺:《价值论:一种主体性的研究》,中国人民大学出版社2013年版,第53、57页。

们具体的主体性成为显现法的价值的标杆,这个特点就是法的价值主体性。鉴此,"法的价值"还可以表述为:法对人们的具体主体性所显现的特定价值,是法对既有主体性的影响和改变。其中,具体的历史的主体是关键。法的价值之所以是如此这般的价值,主要取决于主体的具体规定性。特定生存状态中的主体会提出特定的法律以及它的特定价值关系,人们的主体规定性不同,法对他们就呈现为不同的价值。

主体是个复杂、多层次的概念,包括个人、大小不等的共同体、民族、国家乃至整个人类社会。凡与特定法律直接间接相关的人们都可在不同意义上成为法的价值中的主体。既然主体是复杂的、多元的,而法的价值又因主体而异,则我们分析问题要有主体思维,要具体分析特定价值关系中各种相关主体的地位和意义,分析法的价值实际是对谁的何种价值。例如:一件涉及公众利益的案件,就既不能只保障甲方权益,也不能只保障乙方权益。它主要是着眼于社会的平等、正义和秩序。以维护和增进人民权益和自由为根本目的的良法,其主体应是一个国家的全体国民。再如:一件诉讼案,原告和被告是案由与标的中两个矛盾的主体,法官是第三方主体。不过,法官并不是独立主体,而是国家法律的执行者、国家主体的代理人。原告和被告都争取自己权益最大化是正常的,但作为国家主体之代表的法官应在他们各方之外,以社会的公共价值为目的价值,以事实为根据,以法律为准绳,实现社会的公平正义。总之,司法机关是国家主体的代表,应忠于国家主体;国家主体应代表全体国民,处在一种超然的位置上。

法律主体的复杂性还必然导致法的价值的相对性和多元性。法的价值研究,就需要研究法律对不同主体各自的价值,研究多元价值之间的关系,并从这种相对性中把握统一性与超越性,把握法的价值的层级、深刻性和公共性。

(二)彰显法的价值的具体语境和现实条件

法和法的价值都不是抽象的和既定的,而是在相应的社会状态和历史条件中"成为"价值的。我们说一定的法律事实对相关主体有

"好""坏"等意义和效果时,是一般地讲的;但是法的价值不是抽象的和自足的,而是在具体历史语境中、在特定条件下显现出来的,需要以具体的社会关系和历史条件为中介。按马克思主义的理解,法律主要受各个时代的经济关系制约,所以法的价值要借助经济关系和其他物质生活关系显现出来。此外,法律和法的价值还受宗教、风俗、传统和民族心理等因素影响,正因为这样的原因,不同民族、文化和宗教环境下,法律对"合法性"的裁定、对法律规范的确定、对权利义务的约定,都差别极大。法律所具有的法的价值如何,对主体的意义如何,会因社会制度、政治经济关系、民族文化等差异而不同。

正因为如此,辩证法需要具体地考察法的价值所在的具体语境和社会条件。法的价值也应该研究如下问题:法的价值如何经由社会结构、文化模式及历史运动而呈现?

(三) 法的价值的历史发展和演变

人类的法律和法文化,是历史地发展和演化的。从宗教法到世俗法,从专制王权的法到民主社会的法,从古代法到现代法,从封建的、资本主义的法到社会主义的法,这是法律形态演化的大致面貌。随着社会形态和法的历史形态的演变,法治文化和法的价值自身也在演变。法的价值的历史性要求我们要用历史的眼光理解法的价值问题,把它放到历史语境中,与当时的时代条件和其他历史因素联系起来分析,而不要用抽象和永恒的观点看问题。法的价值的历史性要求我们把法和法的价值理解为发展和流变的。从大趋势看,社会历史与法治文明是由"依附状态"向"独立自由"状态过渡的:人类的法越来越趋向于以人民大众为法治的主体;趋向于民主、平等、自由、正义等价值原则;趋向尊重和保障人的人格、尊严和基本权利。作为历史唯物主义者,我们应该顺应这个历史趋势。

鉴于此,对法的价值的反思,应该落实到历史发展演化之中:法的价值演变的规律性是什么?它有基本的发展方向和历史目的吗?我们如何促进人类的法由不文明走向文明、由不公正走向公正、由不自由走向自由?

三、法的价值的文化意义

我们从哲学一般的层面讨论了法的价值，还需进一步将其上升到文明和文化发展的社会历史语境中来研究。我们界定法的价值时曾指出，法的价值包含"就提升特定主体的文明程度来说的那种功能、意义和效果"，这意味着哲学层面的法的价值包含了文化视野中法的价值。讨论法的价值的文化意义，可以说是上述角度的具体化和深化，是把法哲学的价值问题放到文化和文明的视野中进一步具体分析。

文化即"人化"——人按"人"和"文"的理想"化"自己和周遭的世界，使之文明、文雅，符合"人之为人"应该如斯的理想状态。人的这类活动及其成果，就是文化。文化范畴无疑会关涉人们生活中的物质、精神、制度、生活方式等形态，但文化不是指这些形态本身，而是指凝结和渗透在其中的关于"人""文"的价值理想，这是文化的本义。文化的其他含义是这个原初含义的衍生和具体化。

文化是具体的、历史的，不同的民族、社会"向文而化"的程度有高下之分，"向人而化"有充分不充分之别。人们把"人化"程度充分、发展演化程度高的文化视为文明，把"人化"不充分、发展演化程度低的文化视为蒙昧、野蛮。也就是说，文明是与蒙昧、野蛮相对的范畴，指文化发展的较高级形态。

法是一种文化和文明形态。这有几层含义：首先，法也是文化。因为"人之为人"的重要标志之一，是人能用法律这种方式规范权利义务关系，解决矛盾和冲突；文明形成的标志之一是某个社会有了国家、法律和执行法律的机构。法是什么样的法，也从一个侧面体现了这个社会所理解的"人""文化"应该是什么样的，亦即体现了具体历史条件下人们对"人"和"文化"的理解。其次，一个社会的"人化""文化"程度越高、越文明，就越会以理性、人道、文明的方式确立社会规范，公正和理性地解决社会问题；一个社会能以理性、人道的方式规定人们的权利义务和行为规范，这样的法就是法治文化、法治文明。法治成为文化和文明,是人们依法、用法、敬法、用法治思维思考和解决问题,达到"从心所欲不逾矩"的程度。最后,法本身就是一个文化的有机组成部分,各个文化和文明少不了它的法律体系。例如中华文化就包含中华法系,罗马文化也包括罗马法。

不同民族有不同的文化模式,支配这个文化模式的内核是人们的价值意识。文化是基于一定的价值根据和价值导向而存在、运行和发展的。"法治文化"就是主体基于理性、规则和善的价值而形成的交往规则与生活方式。良法善治下,法为维护公众的权利、尊严与自由,人能从中感受到自己的价值被肯定,一般来说,自觉自由地依法办事,法的价值就通过人们的行为而得到贯彻实施,久而久之,就出现"从心所欲不逾矩"的效果,这就是法治文化。

法治文化和法的价值之间的关系也是如此,法的价值也是法治文化的内核,它为一定的法治文化提供价值根据和目标导向,从而使法治文化显现为特定的性质与样态。因此,上述法的价值问题,还应具体到法治文化的语境中进一步讨论。法的价值在法治文化中主要有以下功能:

(一) 法的价值是规定法律体系中关于"人应当如何"的那种价值

从文化角度看,任何法律在制订规范、确认权利义务关系、设定法的目的价值时,都自觉不自觉地有关于"人应当如何"的假定。法治文化之为文化,是指人按人"理应如此"的标准与理想组成社会,确认权利义务关系,制定公共规则与规范,处理人际关系和群己关系等,这类行为与事实构成了人们的法律生活。诚然,阶级社会里,法律本质上是经济关系和其他社会关系的反映,是人们权力和利益关系的表现,但这种关系也体现了具体历史条件下的"人"——当时的人"是如此",或被当时的主流社会理解为人和人的社会"理应如此"。我们透过特定的法律,就看到了当时特定的"人",以及当时的主流社会对"人"与"人类社会"的理解。蕴含在特定法律里面的那个"人",体现该法律对人道价值的确认,法的价值就指导和支配人们按这种关于"人道"的设定来立法和司法。例如在我国宗法封建社会中,人们认为"君君臣臣父父子子""三纲五常"才合乎"人道",《易传·系辞上》也说:"天尊地卑,乾坤定矣。卑高以陈,贵贱位矣。"就是借自然法则确定人世、人伦"应该如此"。中华法系的传统中就明显有这种"尊尊""亲亲"的价值倾向。西方启蒙思想家认为人"生而自由""生而平等",享有"自然权利"或"天赋人权"。这种价值观虽然主要见于自然法学派,但也深深影响了现代西方的各种法律。马克思把自由设定为人的本质,并确定自己的历史使命是:把人从物化的资本逻辑亦即资本主义生产方式奴役下解放出来,使人能自由全面发展,那么社会主义的法律也应该按这种"人"的理想设计和建设自己的法律体系。

法律体系中关于"人理应如此",解决的最常见的问题是对人权的理解。人有哪些权利?人的权利根据何在?人的权利是否平等?个人的权利如何转化为公共权利?不同的法律体系对此有不同的看法。不过总的来说,随着法治文明的进步,现代法大多倾向于承认普遍的和平等的人权——虽然具体解释差距较大。

(二)法的价值是保障如何落实"人应当如何"的那种价值

法作为一种文化,不仅贯穿着人、社会"理应如此"的价值标准和理想,它还要借助价值原则、规范体系以及相应的法律措施,保障这些理想和标准得以落实。文化视野中的法的价值,不但从哲学层面界定人和社会的应有之义,还需要探讨这些"理论值"何以才是现实的?探讨法治文化中理想的价值根据如何转化为现实的价值事实?什么样的行为规范和价值准则能将人和人的社会"理应如是"的理想付诸实践?或者模仿黑格尔的说法:在将人、人类社会的"理念"转化为客观"定在"的中介性价值是什么?

从广义上说,法律体系中的任何环节如法律规范、权利义务约定、司法和执法过程,都是在落实"人理应如此"中所蕴含的法治文化价值。不过集中和典型地体现这种价值的,是自由、平等、正义、人道等价值范畴。这些价值范畴是法律体系和法治文化关于人"理应如此"之类预设的延伸和具体化。例如,一种法律体系的基础是设定"人生而自由",每个人都有平等的自由权利;外在的异己的束缚是人类社会不合理的存在形态,因而应该避免乃至克服。法治文化对人"理应如此"的设定不只是抽象原则,它还要通过一系列法律规范、权利义务约定加以落实,通过法律的制度设计,防止对人的自由权利的无端侵害,对侵犯人的自由权利做相应的处罚,等等。诸如平等、正义、民主、人权等价值范畴,都应当从法治文化关于"人"的预设,具体落实到中介性的价值范畴。人们按照自由、平等、民主、人权等价值范畴制订法律、践行法律、完善法律,违背这些价值原则的行为被认定为"违法"或"犯罪",从而采取必要的强制措施。于是,"人之为人理应如此"的文化理念,就转化为现实的法的价值,法的价值实现了普遍理念与现实实践的统一。

(三) 法的价值是将"人应当如何"的问题不断推向更高文明状态的那种价值

人类的法律和法治文化是具体历史的,是随着社会整体发展而不断发展的。贯穿在法律体系中的价值,也必然不断发展、演变和完善,不断由非人道向人道进步,由专制暴政向民主文明演化。

我们知道,法的历史非常悠久。西方古希腊的梭伦立法、古罗马的《十二表法》、古巴比伦的《汉谟拉比法典》、中国的《禹刑》、李悝制定的《法经》和商鞅改法为律后的《秦律》等,这些法从一定意义上说也是当时的文化,也有贯穿其中的价值。只不过这种法文化是人类文明相对野蛮落后的早期形态,其法的价值是为专制主义服务的,它不是现代文明法和现代的法的价值。人类社会的法律在不断发展演变。演变的大趋势是不断去掉狭隘、蒙昧、野蛮的因素,趋于开放、文明、理性、进步;不断摆脱专制、独裁和暴政,获得更多的民主、自由和人民性。按照黑格尔的理解:法的历史发展,是理性精神由自在到自由的发展。"东方各国只知道一个人是自由的,希腊和罗马世界只知道一部分人是自由的,至于我们知道一切人们(人类之为人类)绝对是自由的。"[1]黑格尔的观点有其偏见,我们不能完全同意,但他看到法的发展演变、法的价值不断地趋于自由,这是非常深刻的。

法治文化的发展和法的价值目标的更新,一方面是社会存在、社会的生产和生活方式发展的结果,物质生活条件的演变,让人们更独立,更自由,更懂得尊重人的权利与尊严;另一方面,人们也不断地批判和反省现存的法律、法理、法治文化和法的价值,并在此基础上探索和建构新的理论,提出更加理想的法的目的价值。于是,具体历史形态的法及其法的价值,都只是人类漫长的法治文化史中的一个片段,是人类的自由精神由"自在"到"自为"发展史上的一环,是人们的权利义务由不平等向平等发展史上的一环,是人类社会交往规则特别是公共规则,从野蛮、非理性,向文明和理性发展史上的一环。法的价值终究有一种指向性:自由、文明、民主和仁爱。

四、社会主义法治文化中的法的价值

社会主义法治文化是法文化的高级阶段,也是这个问题的进一步具体化。社会主义法治文化中的法的价值是社会主义法治文化的内核,它作为某种导向、"意向"(布伦塔诺语)、定势,代表着社会主义法治文化是"如此这般"的法治文化。易言之,社会主义法治文化是从文化、"人化"的角度看社会主义法治,是着眼于渗透在社会主义法治中符合社会主义条件下人"理应如此"的内涵。也就是说,这种法治文化是社会主义性质的——主要是马克思、恩格斯预言和主张的社会主义,它以法治文化的方式,集中体现马克思、恩格斯关于未来社会主义条件下人们的主体间关系应该如何、权利义务关系是怎样的。反过来说,社会主义法治是指从文化和文明的角度看法治。根据我们前面所谓"文化即人化"的道理,研究社会主义法治文化应该从马克思主义和社会主义

---

[1] 黑格尔:《历史哲学》,王造时译,世纪出版集团2006年版,第17页。

传统中揣摩和透析"人理应如此"的理想,应该回到马克思主义经典作家关于人的本质和价值的思想,应该回归马克思、恩格斯关于共产主义条件下人的存在状态的构想。

在马克思看来,商品拜物教流行的社会,人处于"以物的依赖性为基础的人的独立性"①状态,处于被颠倒的对抗性状态,那还只是"人类社会的史前时期"②,并不是真正人的状态。必须通过生产发展和交往的普遍化,通过社会革命,实现人本身的解放,完成"人的本质的复归"。恩格斯则说,未来社会有计划地组织生产,那时才真正"在社会方面把人从其余的动物中提升出来"③;"人在一定意义上才最终地脱离了动物界,从动物的生存条件进入真正人的生存条件"④。总之,人不再像在私有制条件下,被狭隘的和异己的物质条件制约,按生存竞争的"丛林原则"交往,而是进入"人应该如是"的状态。

那么,真正人的状态究竟该是怎样的呢?就是马克思主义创始人常说的"自由人的联合体"或人"自由全面发展"的状态。马克思理想中的人的自由状态是:"建立在个人全面发展和他们共同的社会生产能力成为他们的社会财富这一基础上的自由个性。"⑤未来是"以每个人的全面而自由的发展为基本原则的社会形式"⑥。在《共产党宣言》中,马克思、恩格斯描述未来:"每个人的自由发展是一切人的自由发展的条件。"⑦恩格斯也说:"随着社会生产的无政府状态的消失,国家的政治权威也将消失。人终于成为自己的社会结合的主人,从而也就成为自然界的主人,成为自身的主人——自由的人。"⑧这些引证足以证明,在马克思主义创始人心目中,真正的人的状态就是自由地结合,自由地发展,就是"人的解放"。据此我们认为:社会主义法治文化应该按照马

---

① 《马克思恩格斯全集》(第46卷上),人民出版社1979年版,第104页。
② 《马克思恩格斯选集》(第2卷),人民出版社2012年版,第3页。
③ 《马克思恩格斯选集》(第3卷),人民出版社2012年版,第860页。
④ 《马克思恩格斯选集》(第3卷),人民出版社2012年版,第671页。
⑤ 《马克思恩格斯全集》(第46卷上),人民出版社1979年版,第104页。
⑥ 《马克思恩格斯全集》(第23卷),人民出版社1972年版,第649页。
⑦ 《马克思恩格斯选集》(第1卷),人民出版社2012年版,第422页。
⑧ 《马克思恩格斯选集》(第3卷),人民出版社2012年版,第817页。

克思主义经典作家关于"人"的这个理想而"化"。

我们今天要"依法治国",要推进法治文化建设,这个法治文化不是其他性质的法治文化,而是社会主义法治文化。支撑这个文化的法的价值,也应该是自由。从马克思主义创始人的相关理论可以推知:自由价值是社会主义法治文化中的最高价值。社会主义法治文化中的自由价值,可以看作从法的价值之角度对"社会主义时代的人理应如此"做出回应。落实到法律行为中,社会主义法治文化中的价值,应以追求和促进每个人的自由全面地发展为旨趣,以利于整个社会成为自由人的联合体为旨趣。

如果说以自由人的联合体、人的自由全面发展为价值目标,是社会主义法治文化中关于人道预设和社会文化导向的价值的话,则以"共有、共创、共享"为基础的平等,就是社会主义法治文化中的规范价值。

我们知道,社会主义诞生于16世纪的欧洲。从莫尔、康帕内拉开始,社会主义的价值诉求大体可以归结为平等的价值观。这种价值观的具体内容包括人人共同劳动,共同占有社会财富,共享劳动成果,亦即"共创、共有、共享"的社会交往方式。马克思主义创始人批判了他们的空想性质,但吸收了他们的基本精神。科学社会主义价值观,大致也可用"平等"来概括,大体也可归结为全民"共创、共有、共享"的交往方式和法律关系。上面引文"他们共同的社会生产能力成为他们的社会财富这一基础"等,就是这个意思。不同的是:马克思、恩格斯主张的社会主义,不是天才人物的脑子里想出来的,而是经济和社会发展的必然结果。通过政治经济学批判和社会主义革命的实践,寻找一条达到"平等"及"共有、共创、共享"的理想道路。

社会主义的这些价值诉求在中国文化传统中找到了绝佳契合点。儒家思想中的"大同""天下为公"等"天下主义"思想,墨家"兼爱""尚同"的思想,底层平民中"等贵贱均贫富""有饭同吃,有衣同穿""耕者有其田"的思想,也可以归结为"共有、共创、共享"基础上的平等。中国文化传统中的这些价值观,与来自欧洲的社会主义思潮高度契合。正是这些契合才引起整个民族的共鸣,这是20世纪中国人民选择马克思主义和社会主义的重要原因之一。这种契合对中国特色的社会主义法治文化建设和法的价值建设,亦具有重要意义。把平等的价值观,"共有、共创、共享"的价值观,当作社会主义法治文化中的法的价值,会对社会主义法治文化产生很大影响,包括进一步强化"法律面前人人平等"的法律原则,以"商谈伦理""公共治理"方式逐步置换垂直管理的司法路径,促成人们之间的权利义务平等,保障公共资源公平合理分配,以社会的物质财富和精神财富尽可能为全体公民享有为目标,等等。这也使得社会主义法治有更广泛的民主性和人民性。

总之,从法的功能、规范、权利义务关系等具体价值,到哲学层面上的价值;从一般价值论到社会主义法治文化视野下的法的价值,这是法的价值问题从经验到理性,从抽象到具体的逻辑递进。通过对这一逻辑进路的分析可知:人民大众在理性和规范的条件下肯定自己的权益和价值,并实现个性独立自由,是社会主义法治文化视野中的最高目的价值。这是因为:社会主义法治文化不只是法治,还是文化。法治文化意味着,人民大众只有采取普遍的和自觉的法治行为,自己的权利和价值方能得到更好的肯定。当人们的权益和价值从法治生活中得到肯定时,也就更自觉地尊重与创新法治生活,从而将法"内化于心外化于行""从心所欲不逾矩"。这就是我们憧憬的社会主义法治文化。这样的价值目标不是主观随意的,它的理论之根深深地扎在马克思主义和社会主义传统中,深深地扎在马克思、恩格斯的人学理论之中。

论意识形态理论视域下的社会主义核心价值观与法治文化建设[*]

李其瑞[**]

摘要：意识形态作为一种观念、思想、价值观等要素的总和，是一定政治共同体所主张的精神形式。在马克思主义意识形态理论视域下，社会主义核心价值观和社会主义先进法治文化是中国共产党意识形态建设的直接理论成果。我们必须高度重视意识形态自信与社会主义核心价值观建设、意识形态自信与社会主义先进法治文化建设，这样才能避免落入西方自由主义价值观的话语陷阱，筑牢思想文化领域内的"防火墙"，维护社会主义国家法治意识形态安全。

关键词：马克思主义意识形态理论　社会主义核心价值观　法治文化　意识形态自信

一、社会主义核心价值观与法治文化建设的意识形态理论渊源

"意识形态"一词，最早由法国哲学家德斯蒂·德·特拉西在其四

---

[*] 基金项目：国家社会科学基金重大项目"社会主义核心价值观与法治文化建设研究"（17VHJ005）。

[**] 作者简介：李其瑞，西北政法大学法治学院教授，博士生导师，西北政法大学法律、科技与人文高等研究院院长。

卷巨著《意识形态的要素》中提出,原意指观念学,就是使人们认识到自己的偏见和成见的学科。后来马克思和恩格斯在《德意志意识形态》一书中也使用了这一概念,"来质疑那种认为思想观念可以脱离政治经济语境(从中构想出来)而独立发展的看法"[1]。马克思的意识形态学说正是在对德意志意识形态的深入批判中创立的,并成为马克思主义的重要组成部分。中国共产党历来重视的意识形态建设,"一方面在继承马克思主义经典作家意识形态理论基础上,不断地将其中国化、时代化、大众化;另一方面,通过批判地借鉴西方马克思主义者关于意识形态理论的优秀成果,来增强中国共产党在意识形态领域的话语权和主导权"[2]。意识形态作为一种观念、思想、价值观等要素的总和以及政治共同体所主张的精神形式,其所涉及的问题广泛而复杂,"中国的马克思主义者已经联系本国实践,创造性地发展了马克思主义的意识形态理论"[3]。尤其在改革开放后,中国共产党在理论上反思了"意识形态决定论"的错误观念,认识到意识形态与经济建设的社会实践及人民群众的基本需求相一致,才能促进人民群众物质生活水平的不断提高。社会主义核心价值观和社会主义法治文化是中国共产党意识形态建设的直接理论成果,其主要思想渊源有三个方面,分别是马克思、恩格斯的意识形态理论、列宁的意识形态理论、西方马克思主义意识形态理论。

(一) 马克思、恩格斯的意识形态理论

马克思、恩格斯的意识形态理论是指由马克思和恩格斯在创立唯物史观的同时所创立的科学意识形态学说。马克思和恩格斯在分析和批判以黑格尔和施蒂纳为代表的唯心主义法律观基础上,深入阐述和论证了历史唯物主义的法律观,明确了唯物史观的思想内容和历史指向。

第一,马克思认为意识形态是人们物质实践活动的产物。马克思、

---

[1] 丹尼.卡瓦拉罗:《文化理论关键词》,张卫东等译,江苏人民出版社2013年版,第75页。
[2] 刘伟兵:《从马克思到西方马克思主义:意识形态研究述评》,载《理论月刊》2018年第12期。
[3] 俞吾金:《意识形态论》,人民出版社2009年版,第14页。

恩格斯在《德意志意识形态》中指出："人们的想象、思维、精神交往在这里还是人们物质行动的直接产物。表现在某一民族的政治、法律、道德、宗教、形而上学等的语言中的精神生产也是这样。"①意识形态表面上可能会表现为抽象的思辨、观念的符号和思维的镜像等复杂混合体，但其都是对人类实践活动的直接反映，都是社会现实生活存在的某种折射，而不是毫无意义的思维产物。"正如物体在视网膜上的倒影是直接从人们生活的生理过程中产生的一样"，在全部的社会意识形态中，人们和社会生活的关系"就像在照相机中一样是倒立成像的，那么这种现象也是从人们生活的历史过程中产生的"②。因此，意识形态并非从天上降到地上的，归根到底"不是意识决定生活，而是生活决定意识"③，意识形态是以人们的社会交往和物质生产实践活动为根本来源和现实基础的。

第二，意识形态本质上是统治阶级的，是作为"统治阶级思想"的意识形态。马克思指出："统治阶级的思想在每一时代都是占统治地位的思想。这就是说，一个阶级是社会上占统治地位的物质力量，同时也是社会上占统治地位的精神力量。"④马克思主义经典作家的这一认识，给意识形态这一长期被视为"永恒的规律"的东西也深深地打上阶级的烙印。马克思认为，"占统治地位的思想绝不会与统治阶级的利益产生冲突"⑤，马克思、恩格斯在《德意志意识形态》一书中通过对阶级社会的生成基础——"分工"的分析，彻底批判了资产阶级试图用"分权的学说"来掩盖"占统治地位的思想好像不是统治阶级的思想……这种假象，……占统治地位的将是越来越抽象的思想，即越来越具有普遍形式的思想"。⑥深刻地指出每一个替代旧统治阶级的新阶级，都会把自己

---

① 《马克思恩格斯选集》(第1卷)，人民出版社2012年版，第151—152页。
② 《马克思恩格斯选集》(第1卷)，人民出版社2012年版，第152页。
③ 《马克思恩格斯选集》(第1卷)，人民出版社2012年版，第152页。
④ 《马克思恩格斯选集》(第1卷)，人民出版社2012年版，第178页。
⑤ 罗斯·阿比奈特：《现代性之后的马克思主义——政治、技术与社会变革》，王维先等译，江苏人民出版社2011年版，第13页。
⑥ 《马克思恩格斯选集》(第1卷)，人民出版社2012年版，第181—182页。

的利益说成是共同的利益,把自己的思想描绘成唯一合理的并具有普遍意义的思想。而被统治阶级却从来都没有自己完整的观念体系和思想体系,他们的观念思想或者被同化在统治阶级的意识形态中或者至多表现为民间意识而已。

第三,作为"观念上层建筑"的意识形态对经济基础具有反作用。按照历史唯物主义基本原理,上层建筑可以划分为政治上层建筑和社会意识形态,前者是特定社会的政治结构,后者是特定社会的观念结构。社会的观念结构,也称为"观念上层建筑",一般由政治法律思想、道德、宗教、伦理、艺术、哲学等意识形态组成,是政治上层建筑的指导思想的理论原则。观念上层建筑在社会生活中有着重要作用,是阶级社会中重要的教育教化工具和社会成员获得基本的社会认同感的重要媒介。意识形态在社会实践中不是最根本最基础性的要素,它受到物质生活条件的制约,但同时它也有着相对独立性并对经济基础具有反作用。也就是说,在马克思的意识形态理论中,意识形态本身并不是消极被动的精神产物,而是具有相对独立性和历史继承性并积极能动地反作用于社会存在的。在《德意志意识形态》中,马克思、恩格斯通过批判德国唯心主义哲学认识论本质,科学地揭示了人类意识与社会生活的辩证关系,阐明了意识形态的现实基础及意识形态与统治阶级之间的密切关联,为无产阶级的革命斗争提供了重要的理论指导。

(二) 列宁的意识形态理论

马克思在建构意识形态理论时,由于受到当时经济社会发展和无产阶级争取权力的需要,主要任务在于对资产阶级抽象意识形态理论的批判,揭示了意识形态的阶级属性,而且把意识形态主要作为一个否定性概念来加以运用,但这也给意识形态理论留下了进一步发展和完善的空间。这一空间就是关于无产阶级意识形态的理论与实践的平衡问题,列宁从肯定性和描述性的角度对无产阶级的意识形态进行了阐述,重申革命意识形态对革命实践的重要性,深化和拓展了无产阶级和社会主义意识形态理论。列宁主要在1902年《怎么办?》和1908年《唯物主义和经验主义批判》等重要著作中阐述了意识形态理论。

第一,提出了"科学的意识形态"这一马克思主义意识形态学说的新概念。列宁认识到无产阶级解放和社会主义建设依然存在意识形态现象,必须要发展马克思主义意识形态理论,形成一个符合无产阶级求解放目的的学说,一个为无产阶级的根本利益服务的意识形态理论。列宁指出:"任何意识形态都是受历史条件制约的,可是,任何科学的意识形态(例如不同于宗教的意识形态)都和客观真理、绝对自然相符合,这是无条件的。"①一般来讲,科学的意识形态评价标准有两个:"一是这种意识形态所提出的价值观念体系符合自然、人类社会历史发展以及思维发展的客观规律,并同社会历史发展的客观需要相一致;二是这种意识形态所提出的价值观念体系必须随着客观实际的变化而变化,要以自然和社会的规律为依据来正确指导社会的具体实践。"②列宁认为马克思主义就是一种科学的意识形态,体现了科学性和阶级性的统一。

第二,坚持马克思主义的指导地位,强调社会主义意识形态的特征体现为党性、阶级性的统一。列宁指出:"布尔什维主义是1903年在最坚固的马克思主义理论基础上产生的。"③要认识到,要取得社会主义革命,就必须要坚持马克思主义的科学意识形态,没有理论的正确指导,思想就会混乱,革命就不会成功。他还强调哲学是有党性的,唯物主义和唯心主义两大派别实质上就是两个斗争的党派,唯物主义和唯心主义的斗争归根结底表现为现代社会中敌对的阶级倾向和思想体系。当无产阶级意识形态成为统治阶级意识形态时,其反映社会现实的真实需求并必然体现无产阶级的利益,这既是坚持社会主义意识形态的阶级性,也是对社会主义意识形态科学性的坚守。列宁认识到实现对马克思主义的坚持和传播,培育无产阶级知识分子和无产阶级政党的重

---

① 《列宁选集》(第2卷),人民出版社2012年版,第96页。
② 王永贵:《列宁意识形态理论的思想精髓及其现实意义——纪念列宁逝世90周年》,载《学术界》2014年第4期。
③ 《列宁选集》(第4卷),人民出版社2012年版,第136页。

要性,他指出:"只要我们不帮助有知识的工人和知识分子把自己培养成政治斗争的领导者,群众就永远也学不会进行政治斗争。"[1]社会主义意识形态建设需要通过培育一批坚定的马克思主义理论者,从而与传播资本主义意识形态的"意识形态家"们形成对抗。

第三,发展社会主义文化,建设无产阶级意识形态的领导权。早年马克思在批判资产阶级意识形态时,主要把意识形态作为一个"虚假的意识"来看待,这样意识形态就是一个否定性概念,所以马克思对无产阶级的意识形态几乎鲜有论及。但后来恩格斯为无产阶级意识形态这一问题概念奠定了理论和方法论基础。晚年的恩格斯以"扬弃"的态度,发展了马克思意识形态批判理论,认为"意识形态不是社会生活的消极分泌物,它也对社会生活发生重大的反作用,它也有自己相对独立的发展历史,因而对任何意识形态的批判都不能用全盘否定的态度,而要取辩证否定的态度"[2]。列宁根据俄国社会主义革命的发展实际和马克思主义的基本原理,创造性地提出无产阶级也要培育一批坚定的马克思主义者,"把社会主义思想和政治自觉性灌输到无产阶级群众中去,组织一个和自发工人运动有紧密联系的革命政党"[3]。列宁对马克思主义意识形态理论的发展还体现在"领导权"理论方面。文化领导权概念最初出现在18世纪80年代普列汉诺夫和俄国其他马克思主义者的著作中,主要指工人阶级为了推翻沙皇专制统治需要同农民结成联盟。后来列宁把这一术语进行了完善,它不仅指革命中俄国工人阶级与农民的关系,而且指工人阶级在推翻沙皇专制制度的资产阶级民主革命中应起的主导(领导权)力量的作用,主张无产阶级要掌握政治和意识形态的领导权,从而形成了系统的马克思主义意识形态领导权思想。

(三) 西方马克思主义意识形态理论

"西方马克思主义"是一个存在歧义的概念,并非字面所指的根植

---

[1] 《列宁选集》(第1卷),人民出版社2012年版,第439页。
[2] 俞吾金:《意识形态论》,人民出版社2009年版,第125页。
[3] 《列宁选集》(第1卷),人民出版社2012年版,第285页。

于西欧或西方社会的马克思主义,也非理论界所争论的包括"新马克思主义""后马克思主义""俄国马克思主义"等各种所谓的马克思主义思潮,而是一个广义上的工作定义,也就是泛指中国以外的所有研究马克思主义的思潮和学者。西方马克思主义意识形态理论是西方马克思主义者对马克思意识形态理论做出的重新的理解与阐释,他们试图对资本主义意识形态进行解构并对资本主义世界中的价值观进行重建。西方马克思主义意识形态理论从其诞生之初,就是针对第二国际的实证主义倾向的批判,从而强化了哲学的主体性倾向,形成了以人本主义为主要倾向的理论基调。卢卡奇、葛兰西的意识形态革命,法兰克福学派的人文主义批判,存在主义的人本主义思潮等,都是"从主体方面诠释马克思主义法学的人学意义,强调个人尊严、意志自由、主观选择和主体革命的意义"①。西方马克思主义者的这一方法论倾向虽然有夸大主观因素而远离社会经济分析和社会历史现实之嫌,但其对于防止那种只承认客观规律性而否认人的主观能动性的机械决定论和宿命论具有积极意义。

第一,卢卡奇式的文化理解与自觉的阶级意识。卢卡奇是西方马克思主义意识形态理论的最重要的代表之一,他 1923 年所著的《历史与阶级意识》被誉为西方马克思主义者的"圣经"。卢卡奇深受马克思、恩格斯和列宁的影响,认为"无产阶级必须重视意识形态问题,努力形成自觉的阶级意识,否则就不可能在革命斗争中获得真正的胜利"②。卢卡奇《历史与阶级意识》一书的"阶级意识"一词的含义与列宁相一致,是一个中性和肯定性的概念。在卢卡奇看来,由于意识形态是反映社会现实的观念体系,因此,资产阶级和无产阶级都可以拥有自己的意识形态。他指出:"当最后的经济危机击中资本主义时,革命的命运(以及与此相关联的是人类的命运)要取决于无产阶级在意识形态上的成熟程度,即取决于它的阶级意识。"③卢卡奇强调无产阶级必须要有成熟

---

① 龚廷泰:《论西方马克思主义法学的基本特征与现实价值》,载《金陵法律评论》2005 年第 2 期。
② 俞吾金:《意识形态论》,人民出版社 2009 年版,第 221 页。
③ 卢卡奇:《历史与阶级意识》,杜章智译,商务印书馆 1999 年版,第 132 页。

的意识形态,但由于欧洲革命运动遇到的各种问题,使得意识形态上的危机依然是无产阶级革命所面临的首要任务。

在卢卡奇的意识形态理论中还有一个值得关注的概念,那就是"物化与无产阶级意识形态"这一卢卡奇式的文化理解。他指出:"商品只有在成为整个社会存在的普遍范畴时,才能按其没有被歪曲的本质被理解。只有这样……(物化)对人的意识屈从于这种物化所表现的形式对试图理解这一过程或反抗这一过程的灾难性后果,对试图从这样产生的'第二自然'的这种奴役里解放出来,有决定性意义。"①由于马克思在《资本论》中曾对商品拜物教进行过详细描述,尖锐地指出人类颠倒了自己与自己生产出来的产品之间的关系。卢卡奇把马克思对商品拜物教的批判,发展成为一种"对被物化的文化的理解"。认为人类自身的自由被物化于商品交换之中,源自商品的力量使更多的文化趋向于物化,"如果要变革生产方式,就必须对文化关系进行彻底批判,因为商品通过这种文化关系来保持自己控制人类意志力的客观力量"②。

卢卡奇关于被物化的文化的理解,影响了许多西方马克思主义者对法律拜物教的思考,也使得拜物教概念与法律联系到了一起。由马克思商品拜物教的批判到法律拜物教的批判,西方马克思主义者对法律问题的认识呈现出一种多维度和多元化的状况。法律拜物教是一种确信法律体系是社会秩序和文明的重要组成部分的理论态度和信念,认为法律定义并调整了社会关系,这种思想为大多自由主义的政治法律理论所推崇。西方马克思主义者不赞同法律拜物教所推崇的法律优先的信念,并且认为"这是一种荒谬的意识形态"③。因为,把法律视为现代社会极度依赖的规则,假定没有法律,人们之间将会相互伤害的想法是不可信的。不相信法律是独一无二的,而坚信法律与诸如道德、习俗等其他社会规则之间存在着难以梳理的模糊界限,这就必然导致两

---

① 卢卡奇:《历史与阶级意识》,杜章智译,商务印书馆1999年版,第146—147页。
② 罗斯·阿比奈特:《现代性之后的马克思主义——政治、技术与社会变革》,王维先等译,江苏人民出版社2011年版,第24页。
③ 休·柯林斯:《马克思主义与法律》,邱昭继译,法律出版社2012年版,第98页。

种不同信念在法律研究方法论上的封闭与开放、单一与多元之别。

第二,葛兰西的意识形态理论与文化领导权。葛兰西是西方马克思主义早期的代表,"沿用列宁和卢卡奇所勾画出的肯定的或中性的意识形态概念"①。他的意识形态理论主要针对第二国际出现的把意识形态仅仅看作经济基础的消极反映和附带现象的观点。葛兰西同其他许多西方马克思主义者一样,认同马克思主义关于国家的基本理论,但同时也有与马克思的不同之处以及自己的侧重点。他认为,以往各种理论都混淆了政治国家与市民社会的关系,"把阶级—国家同被调整的社会混为一谈",尤其在关于国家职能问题上,国家成了"守夜人"或"警察",好像国家的职能仅限于维护秩序和保障法律的尊严,而忽略了市民社会这一具有领导权的民间力量。葛兰西认为,国家不可能成为"超越纯粹'经济—团体'阶段的概念",因此,关于国家是宪兵和守夜人的论点是值得反思的。他强调"国家的一般概念中必然包含着原来属于市民社会概念中的一些成分(因为可以这样说:国家=政治社会+市民社会,换言之,国家是受强制盔甲保护的领导权)"。② 同时,国家还要从伦理的角度去认识,即"只要它把提高广大人民群众的道德文化水平,使之达到符合生产力发展所要求的水平,从而符合统治阶级利益的水平,作为自己的主要职能之一,那么它就是一个道德国家"③。这样,国家在葛兰西的眼里不仅是一种受强制力保护的暴力机器,还是一种伦理教化的工具。

认识葛兰西的意识形态理论还有一个重要的问题,那就是领导权或霸权的问题,这一来自俄国社会主义革命和列宁的概念既是葛兰西思想的核心部分,也是理解葛兰西关于领导权、市民社会和国家的关系及其国家理论的关键。葛兰西"没有将经济看作文化与政治的决定物,而是提出文化、政治和经济被组织在一个彼此的交流关系、一种持续循

---

① 大卫·麦克里兰:《意识形态》,孔兆政、蒋龙翔译,吉林人民出版社 2005 年版,第 36 页。
② 李鹏程编:《葛兰西文选》,人民出版社 2008 年版,第 207 页。
③ 李鹏程编:《葛兰西文选》,人民出版社 2008 年版,第 203 页。

环和变化的影响网络之中"①。尽管有人认为,葛兰西关于"市民社会"概念的用法不甚统一,有时与政治社会或国家相并列,隶属于上层建筑的不同组成部分,有时又包含在国家范畴之内。但总体上看其含义还是明确具体的,那就是"他的'市民社会'是介于国家和经济之间的全部领域,主要指从属于上层建筑的文化、伦理和意识形态领域,既包括民间组织所代表的社会舆论领域,也包括官方意识形态领域。就是说'国家=政治社会+市民社会'这一公式,核心在于霸权"②。如果说在这一问题上葛兰西与马克思有不同之处的话,那就是葛兰西更加强调的是国家和社会权力的非经济性,国家权力的合法性不仅来自暴力和强制,还出自赞同和拥护。"所谓赢得霸权,就是在社会生活中确立道德的、文化的、知识的领导"③,在西方社会,与东方社会单纯依靠暴力不同,政治领导权和文化领导权的统一,才是国家得以持续发展的条件。

　　葛兰西认为,法律是人类社会集体实践活动的产物,现代法律的合法性基础并非建构于抽象论证的社会契约论,而是政治、经济、文化的霸权所致。法律既通过惩罚制裁来实现统治的职能,还采取教育和激励进行积极的文明建设。葛兰西对人的活动及其实践的关注,以"领导权"替代了"统治"的话语和概念,为后来包括法学研究在内的整个人文社会科学研究的实践转向奠定了方法论基础。

　　第三,阿尔都塞关于意识形态的能动本质和实践功能。法国共产党人路易·阿尔都塞是一位结构主义的马克思主义者,他对意识形态问题做了富有影响力的卓越研究。在他的论著《保卫马克思》中,他把意识形态看作一个具有严格逻辑性的表象体系,是社会的历史生活的一种基本结构。他认为"只有承认意识形态的存在和必要性,才能去影响意识形态,并把它改造成为用以审慎地影响历史发展的一个工具"。这样,无产阶级拥有自己的意识形态的重要性就不言而喻,他说:"历史

---

① 斯蒂夫·琼斯:《导读葛兰西》,相明译,重庆大学出版社2014年版,第6页。
② 王风才:《葛兰西国家概念的政治伦理学诠释》,载《学习与探索》2012年第10期。
③ 王风才:《葛兰西国家概念的政治伦理学诠释》,载《学习与探索》2012年第10期。

唯物主义不能设想共产主义社会可以没有意识形态，不论这种意识形态是伦理、艺术或者'世界的表象'。"①当然，无产阶级或共产主义的意识形态可能与资产阶级的不同，会出现某些方面的变化，但在马克思主义理论现状下，一定会有与新的生产方式相适应的意识形态。

阿尔都塞系统论证了意识形态作为表象体系不仅是观念的存在，更是一种物质性的存在。他说："意识形态根本不是意识的一种形式，而是人类'世界'的一个客体，是人类世界本身。"②在他的眼里，意识形态不是脱离人们社会生活的思想体系和政治观念体系，而是渗透到人们生活之中并转变成为人的生活方式。通俗地讲就是，"如果一个人相信资本主义市场经济体系，他就会去购买、销售，如果他相信上帝，他就会去教堂"③。把意识形态说成是物质的，看起来不好理解，甚至是十分荒诞的事情，但"它却向我们指明，意识形态在我们的世界中已经成为一种固化了的活动方式"④。基于此，阿尔都塞提出了"意识形态的国家机器"这一新概念，宗教、教育、家庭、法律、政治、工会、媒体、艺术等都是意识形态的国家机器，发挥着不断生产和再生产意识形态自身的作用。在他看来，"在现代社会中，教育已经成了最重要的意识形态国家机器"⑤。

总之，西方马克思主义者在继承马克思主义意识形态理论的同时，也不可避免地从不同角度对意识形态问题进行了新的思考和阐释，丰富和完善了马克思的意识形态理论，扩大了马克思主义意识形态学说的影响力。正如习近平所说："我看过一些西方研究马克思主义的书，其结论未必正确，但在研究和考据马克思主义文本上，功课做得还是可以的。相比之下，我们一些研究在这方面的努力就远远不够了。"⑥对西

---

① 路易·阿尔都塞:《保卫马克思》，顾良译，商务印书馆 2006 年版，第 228—229 页。
② 路易·阿尔都塞:《保卫马克思》，顾良译，商务印书馆 2006 年版，第 229 页。
③ 约翰·B.汤普森:《意识形态》，郭世平译，社会科学文献出版社 2012 年版，第 2 页。
④ 王晓升:《意识形态就是把人唤做主体——评阿尔都塞对意识形态的四个规定》，参见李惠斌、叶如贤主编:《当代西方马克思主义研究》(第 3 卷)，社会科学文献出版社 2006 年版，第 219 页。
⑤ 俞吾金:《意识形态论》，人民出版社 2009 年版，第 285 页。
⑥ 习近平:《在哲学社会科学工作座谈会上的讲话》，载《人民日报》2016 年 5 月 19 日，第 2、3 版。

方马克思主义者的研究成果也要辩证地看待,要看到西方马克思主义者关于文化意识形态的理论形态中,也存在着淡化甚至否定马克思的历史唯物主义理论和意识形态学说的倾向,必须对此提高警惕,保卫马克思主义意识形态理论的纯洁性。

二、意识形态自信与社会主义核心价值观建设

习近平指出:"意识形态关乎旗帜、关乎道路、关乎国家政治安全。"[1]随着经济全球化和现代信息技术的迅猛发展,人们在享受多元文化丰富性的同时,也产生了在价值信念和生活方式等精神世界的整体性焦虑。西方社会流行的"意识形态终结论"一再泛起,"通过各种途径试图把西方资本主义价值观念传播到其他国家,力图把西方自由民主制度当成世界的主流思想意识"[2]。同时,新形势下的意识形态斗争日益复杂尖锐,国内外敌对势力从各个方面贬低中华文化,否定近代以来中国人民的奋斗史。他们以意识形态作为突破口,"企图在我国制造'颜色革命',妄图颠覆中国共产党领导和我国社会主义制度。这是我国政权安全面临的现实危险"[3]。为此,我们必须高度警惕,加强社会主义核心价值观和法治文化建设,从思想领域和制度层面共建思想文化领域内的防火墙。

任何一个国家都有自己的国家意识形态,而国家意识形态的首要功能就是要确立统一的价值目标和价值原则,形成统一的价值共识和价值体系。社会主义核心价值观是当代中国主流意识形态和主体人群的价值体现,是社会主义制度的本质和人民群众利益的反映,也是国家文化软实力的灵魂和文化软实力建设的重点。"培育和践行社会主义核心价值观,既是提升国家文化软实力和维护国家意识形态安全的客观要求,也是个体确立良好生活方式与投身中国特色社会主义伟大事

---

[1] 《习近平关于社会主义文化建设论述摘编》,中央文献出版社2017年版,第57页。
[2] 万欣荣、陈鹏:《福山"意识形态终结论"的批判与应对》,载《理论导刊》2021年第1期。
[3] 《习近平关于社会主义文化建设论述摘编》,中央文献出版社2017年版,第59页。

业的内在需求。"①

第一,社会主义核心价值观是维护意识形态安全和国家长治久安的精神基础。习近平同志指出:"历史和现实都表明,构建具有强大感召力的核心价值观,关系社会和谐稳定,关系国家长治久安。"②核心价值观可以整合意识、凝聚社会共识、取得社会认同,是一个国家的文化软实力和精神感召力的集中体现。古语云:"思国之安者,必积其德义。"③要使国家安定,就要聚集它的道德仁义。中华优秀传统文化蕴含着中华民族治国理政的价值观精髓,中华美德体系是社会主义核心价值观的源泉和根基。社会主义核心价值观是抵御敌对势力意识形态渗透和文化腐蚀的客观需要,是维护国家意识形态安全、破解价值观困境的价值支撑和精神家园。

第二,社会主义核心价值观是引导人们正确面对世界范围内各种思想文化交流交融交锋的重要手段。在全球经济文化交往日益密切的时代,各种社会思潮和文化形态之间的相互交流甚至交锋是不可避免的,这其中必然存在不同文化和价值观相互间积极和消极的两方面影响。用社会主义核心价值观引导不同社会思潮,必须坚持尊重差异、包容多样的原则。既要勇于、善于发挥社会主义核心价值观的批判性功能,与意识形态渗透和非马克思主义的各种思潮做斗争;也要充分发挥社会主义核心价值观的建设性功能,秉持中华传统文化和而不同、多样共生的包容精神和文化胸襟,积极汲取外来文化的有益因素。当然,还要注意,"以社会主义核心价值观引领人们正确认识世界范围内各种思想文化交流交融交锋的新形势只是途径与手段,目的在于通过培育和践行社会主义核心价值观,引领更多的人在马克思主义信仰的确立中维护国家意识形态安全"④。

---

① 张国启:《论意识形态安全视阈中社会主义核心价值观的培育和践行》,载《湖北社会科学》2017年第10期。
② 《习近平谈治国理政》,外文出版社2014年版,第163页。
③ 刘昫等:《旧唐书》卷71《魏徵传》,中华书局1975年版,第2551页。
④ 张国启:《论意识形态安全视阈中社会主义核心价值观的培育和践行》,载《湖北社会科学》2017年第10期。

第三,社会主义核心价值观的制度化、法治化是防范意识形态安全风险的有效途径。法治本身就是社会主义核心价值观的重要内容之一,以法治思维和法治方式防范意识形态安全风险,既是社会主义核心价值观的应有之义,也是有效抵御腐朽思想和各种错误思潮的引领机制。要做到强化意识形态主渠道引领、建设核心价值观的培育宣传主阵地、建立错误思潮管制制度、预测社会思潮发展趋势、建立健全国家意识形态建设制度等体制机制的探索与实践。这样,才能解决"用社会主义核心价值观引领社会思潮的过程中,存在着"的"对多样化社会思潮把握不清,针对不强、引领效率不高、实效性差等问题"。[1]

三、意识形态自信与社会主义法治文化建设

　　意识形态的文化性与文化的意识形态性是相融共生的,一个国家的主流意识形态也是其文化创新性发展和创造性转化的必然结果。中华传统法治文化是一种"礼法文化"体系,礼法合治、德主刑辅就是要鼓励和提倡培养人们的伦理道德观念,强调伦理教化在国家治理中的积极作用。所谓"教,政之本也;狱,政之末也"[2]。中华传统文化的特点就决定了我国法治文化建设会呈现出与西方国家法治文化的不同,那就是要把法治和德治相结合,凸显道德伦理在社会治理和凝聚民心过程中的作用。从马克思主义意识形态理论的角度来看,文化是上层建筑的组成部分并由物质生活决定,法治文化也是在物质实践当中逐渐生成的。因此,法治文化建设也一定要与传统文化相契合,与我国社会的生产生活实践相一致,既要肃清"唯西方论"的意识形态影响,也要根除"法治工具论"这一披着法治外衣的人治思维,同时建设社会主义法治文化,还要在政法工作队伍中营造风清气正、廉洁奉公的法治环境。

　　第一,中国特色社会主义法治文化一定是中国自己应有文化面貌

---

[1] 田海舰:《培育和践行社会主义核心价值观多维研究》,人民出版社2015年版,第205—208页。
[2] 董仲舒撰,凌曙注:《春秋繁露》卷3《精华》,中华书局1975年版,第105页。

的展现。改革开放后,由于西方文化的不断渗透,在我国产生了"唯西方论"思潮,出现了一些思想混乱,比如,"人们一直习惯说法治是来自西方的,因此以为搞法治就是要追随和模仿西方"①。法学界的很多学者鼓吹西方法治模式,认为我国的法治道路与西方不同,这就是非法治的、人治的模式。对此,李德顺教授主张要正确看待"中"与"西",中国法治要有主体意识。要区分"'来自西方'与'属于西方'的东西。有些东西虽然来自西方,但我们接受了并将之转换成自己的,就不再属于西方了"②。在他的新作《法治文化论》的总序中,鲜明地阐述了中国特色社会主义法治文化的深刻内涵,并将法治文化建设提升到"国家政治文明和先进文化建设的高度,形成'法治国家、法治政府、法治社会、法治文化一体化'的新思路"。把法治文化的社会主义特色概括为法治文化是"法治中国"应有的文化面貌,是中华优秀传统文化走向现代化的新形态,是社会主义核心价值观的充分彰显,是一项深刻而持久的公共文化事业。③ 为此,李德顺教授呼吁要警惕"唯西方论"的思维,强调法治文化建设首先要解决中华法治文化主体意识的定位问题,树立中国法治建设的主体性意识,建设中国特色的法治社会,打造中国特色的法治文化。

第二,肃清"法治工具论"这一披着法治外衣的人治思维影响。随着我国的改革开放,关于法治好,还是人治好的问题已经解决,尤其自1999年法治入宪后,结束了意识形态领域的这一长期争议。但是一种潜在的否定法治的意识依然存在,那就是把法治工具化,将法治人治化现象。李德顺教授将这一现象归结为三个层面的表现:一是将法治单纯地形式化;二是将法治单纯地手段化;三是将法治单纯地部门化。"这些源自传统习惯的不利因素总体上有一个共同的特征,就是以人治的眼光去看待法治,以人治的思维去构建法治,以人治的方式去实行法治。我国面临的最大的思想障碍,是法治文化建设必须要解决的任务

---

① 李德顺主编:《中国特色社会主义法治文化研究》,中国政法大学出版社2016年版,第129页。
② 李德顺主编:《中国特色社会主义法治文化研究》,中国政法大学出版社2016年版,第129页。
③ 参见李德顺:《法治文化论》,黑龙江教育出版社2019年版,总序。

之一。"①在社会现实中,许多打着法治旗号却行人治或专断之实的现象时常发生,法治国家并非只要有一张法律之网就可以实现,全社会尤其是国家公职人员首先要尊法敬法,信仰法律,才能让老百姓在每一个案件中感受到公平正义。古语云"法令者治之具",这种将法治人治化的根源,还是在于潜在的"人治"思维没有彻底清除,把法治看作依法"治民"的观念依然根深蒂固,法律工具主义的意识依然浓厚。把社会主义核心价值观融入立法修法,融入司法裁判,其实质就是要以良法善治、公正司法杜绝法条主义和法律工具主义之弊。

第三,建设社会主义法治文化,还要完善社会矛盾多元化解机制,在法治工作队伍中营造风清气正、廉洁奉公的法治环境。改革开放后,我国经历了从"人治"走向"法治"、从"法制"走向"法治"的法治体系不断完善、执法司法水平不断提高的过程,政法工作队伍无论从人员数量还是素质方面都有较大改变。但同时也存在着一些与我国社会发展实际不相符合的现象,需要引起高度重视。比如,长期以来,政法部门盲目追求诉讼率,每年人民代表大会上各级法院、检察院的工作报告有一个值得关注的特点,就是都把持续增长的收案率、结案率作为最重要的业绩向社会公布,而官司愈来愈多真的就好吗?习近平总书记指出:"我国国情决定了我们不能成为'诉讼大国'。我国有 14 亿人口,大大小小的事都要打官司,那必然不堪重负!"②2021 年全国两会,最高法院工作报告显示:自 2004 年以来,人民法院受理案件数持续增长,先后在 2008 年、2016 年、2019 年突破 1 000 万件、2 000 万件、3 000 万件关口,2020 年首次下降,其中民事案件在以年均 10%的速度增长 15 年后首次下降。这一组数据表明,"诉讼爆炸"现象有了中国式的应对方案,那就是一站式多元解纷机制建设取得显著成效。中国传统文化推崇"无讼是求",有了矛盾和纠纷倾向于调处息争,当然无讼并非无狱,刑事案件

---

① 李德顺主编:《中国特色社会主义法治文化研究》,中国政法大学出版社 2016 年版,第 368—371 页。
② 习近平:《坚定不移走中国特色社会主义法治道路 为全面建设社会主义现代化国家提供有力法治保障》,载《求是》2021 年第 5 期。

则必须送交政府处置,民事案件尽量在事前预防化解。因此,积极营造符合我国国情的新时代诉讼文化和多元纠纷解决机制,是中国特色社会主义法治体系和法治文化建设的应有之义。

另外,我们还要在大力弘扬社会主义核心价值观基础上,提升执法司法和法律服务的水平和能力。近年来,政法领域内出现了一些违反职业道德和意识形态领域的问题。对于这种现象,习近平总书记特别敲了警钟,他指出:"一些执法司法人员手握重器而不自重,贪赃枉法、徇私枉法,办'金钱案'、'权力案'、'人情案',严重损害法治权威。"法律服务队伍是全面依法治国的重要力量,但也出现不少问题,"有的热衷于'扬名逐利',行为不端、诚信缺失、形象不佳;极个别法律从业人员政治意识淡薄,甚至恶毒攻击我国政治制度和法治制度"[①]。因此,必须在政法系统深入开展队伍教育整顿的同时,加大对法治工作队伍的教育、管理和引导,以社会主义核心价值观为引领,着力提高法治工作队伍的思想政治素质、业务工作能力和职业道德水平。

四、结语

意识形态自信是文化自信的灵魂和内核,只有深入挖掘马克思主义意识形态思想的理论渊源,坚持马克思主义在意识形态领域的指导地位,才能有效地抵御各种风险挑战和防止现代性带来的价值迷失。意识形态的文化性与文化的意识形态性是相融共生的,增强社会主义意识形态自信,推进和弘扬社会主义先进法治文化,是坚定中国特色社会主义法治道路自信、法治理论自信、法治体系自信、法治文化自信的应有之义和内在要求。

---

① 习近平:《坚定不移走中国特色社会主义法治道路　为全面建设社会主义现代化国家提供有力法治保障》,载《求是》2021年第5期。

论文

作为一种社会历史现象的法典化[*]

乔鲍·沃尔高[**] 著 邢温迪、姚 远[***] 译

摘要：法典化通过成文记载的形式，使法律成为可资利用的公共事物。古代的法典化果敢地谋求完全排除法律陈述中的疑点。中世纪的法典化致力于登记、刊载和统一编订那些通行于某些习惯法区域的、经过调整和更新的、牢固确立起来的习惯。现代形式的法典化力图追求自上而下的总分结构，总则构成分则的基础，而分则详细规定各项法律制度。总而言之，法典化意味着法律展示方面的新可能性，也意味着法律的内部组织结构方面的新可能性。到底要不要把法典化再次提上议题日程，以及在哪些法律部门推动法典化——人们时不时地就此重新挑起争论。人们清醒地认识到，随着时代和可资利用的东西发生变化，人们正以截然不同的方式寻求法典化昔日的裨益。

关键词：法典化　习惯法　大陆法系　英美法系

引　言

法典化是达成以下目标的标准方式，即通过成文记载使得法律成

---

[*] 译自 C. Varga, "Codification as a Socio-historical Phenomenon", in M. Sellers & S. Kirste eds., *Encyclopedia of the Philosophy of Law and Social Philosophy*, Springer, 2018, https://doi.org/10.1007/978-94-007-6730-0_398-1。感谢作者对汉译工作的慷慨授权。

[**] 作者简介：匈牙利科学院法学研究所教授，当代中东欧地区马克思主义法哲学执牛耳者。

[***] 译者简介：邢温迪，美国马里兰大学刑事司法学硕士；姚远，南京师范大学法学院四海法学编译馆馆长。

为可资利用的公共事物。法典化是早在法律发展之初就已为人所知的手段。尽管它的命名和概念界定或因时代、文化的不同而有所区别——毕竟很多人认为"不存在先天的法典化概念……因此对这一概念的探究涉及经验工作"①——笼统地讲,我们可以将其总结为:法典化是正式颁布生效的、采取系统且成文形式的、将法律连为一体的汇编;②或者简单地说,它是"对广大法律领域的系统且详尽的规定"③。

历史发展

古代法典编纂的基本任务是完全排除法律陈述中的疑点,例如,通过《汉谟拉比法典》按照统治者的主流利益恢复古代传统的有效性,或者通过《十二表法》宣布法律为所有社交方式的一套共同规则(至少根据提图斯·李维关于其起源的传说是如此),又或者通过《优士丁尼法典》的极简重述让先前的法律发展告一段落。最后这部划时代著作的颁布,已经同时清楚地显示先前各部法典禀有的计划,与恒久不灭的乌托邦思想颇有相似之处。④ 例如,除了完备性和排他性的主张之外,公元533年《学说汇纂》开篇的施行敕令还以雄辩的文字认定:

> 至高神……赐予我们成功……制定最好的法律,不仅面向我们这个时代,而且面向当前和未来一切时代。因此,我们认为有必要向所有人展示这套法律体系,以便他们认识到法律的无尽乱象和业已达到的法律实践准确度,以便他们日后

---

① F. Ermacora, "Les problèmes de la codification à la lumière des expériences et situation actuelles", in *Rapports généraux au VIe Congrès international de Droit compare*, Buylant, Bruxelles, 1964, 225.
② C. Varga, *Codification as a socio-historical phenomenon*, 2nd [reprint], S. I. Társulat eds with Annex & Postscript, Budapest, 2011, 262-272.
③ J. Basedow, "Transjurisdictional Codification", *Tulane Law Rev.*, 83: 973-998(2009).
④ C. Varga, "Utopias of Rationality in the Development of the Idea of Codification", in F. C. Hutley, E. Kamenka, AE-S. Tay eds, *Law and the Future of Society*, Archiv für Rechts-und Sozialphilosophie, Beiheft 11, Franz Steiner Verlag, 1979, 27-41.

可以拥有既直截了当又简明扼要的、人人皆可取用的法律,也让囊括这些法律的书籍成为容易获取的东西。我们当时定下的目标是,莫让人们斥巨资购置各种包含烦冗法律规则的典籍,而应该让富人和穷人花费少许银两即可入手。①

在中世纪——那时欧洲的共同法(ius commune)简直不过是个大杂烩,便于"促进经验、观念、习惯和法律规则在欧陆全境的交流"②——法典编纂使人们得以登记、刊载和统一编订那些通行于某些习惯法区域的、经过调整和更新的、牢固确立起来的习惯。在现代,继续记录公认的习惯,宣布新创制的国家法律,汇编可由主权权威适用的一套明确的法律,以及激活法律改革(改革往往是隐蔽的,其推行有时打着恢复仅为意识形态假定的旧制度的幌子),这些都属于法典化的任务。

在早期,将法律的各个部分加以汇总记载,使之成为数量可观的集成,就足以完成任务了,用不着任何结构上的补强。然而,在现代的欧陆,实际结束封建割据(即各自为政),成为各帝国和各王朝之间生存竞争的必要条件。为实现这一目标,君主必须组建国家军队,为之筹措有别于君主个人资金的国家资金,还必须组建官僚机制来管理这一切,这套官僚机制能够通过嵌入社会生活方方面面的调整系统,以非人格的方式运作。然而,单纯依靠累加的老办法,终究难以清晰编排和及时处理如此繁杂的规定,那些规定在此期间已经发展成蔚为大观的法律。换句话说,到那时,在欧陆的法典编纂工作中,法律材料在数量上的积聚必须让位于性质上的重组。遵循着启蒙运动的基本思想,合理性、逻辑性和普遍性之类的理想,实际上浸润着按照体系的逻辑理想来系统重塑法律的工作,而这些理想都旨在让实践中的法律调整成为能够被

---

① Justinianus (533), *Digesta. English Edition: the Digest of Justinian*, translated by C. H. Monro, The Cambridge University Press, 1904, §12, xxxi.
② Vuletić and Kićanović, "Justijanova kodifikacija—lična karta pravnog identita Evrop/Justinian's codification—ID card of the European legal identity", *J. Legal Soc. Stud. South East Eur.* 1(2): 337-356.

获取、可以被认识和便于驾驭的东西。

那时真正的突破立足于合法性的理念,经由法定权利义务的序列对法律做出重新概念化。古典的法典化运动以法言法语转译了资产阶级的社会构造,进行了彻底的结构改革,重新建立和重新设定了整个法律体系。之所以达成这一点,是由于启蒙运动对变革的大胆要求,由于理性主义者的规划精神,由于重铸自然法(以克服封建主义),以及在方法上,由于按照更加合乎几何学的方式将法律改写为一个体系,而这借鉴了精确科学(特别是几何学和数学)的公理思想。① 这意味着法律的概念化(经历了从罗马法发展的共和制时期和帝制时期到法国大革命以及后来的诸多动议)所取得的成就,从而也意味着在法律制度的建立、命名和分类方面开始运用逻辑判断标准。人们希望,随着这一大堆杂乱无章的、有时相互矛盾的、只是单纯基于偶然而叠加起来的规则改头换面,那时法律的演绎适用也能像纯粹公理运算那般严格。因为新的体系建构乃是包含如下成分的有序集合:充当基石的一般原则,然后是一般规则、具体规则、规则的例外,最后是例外的例外。而为使总体结构区分于具体构造物的集合,法典本身通常由两部分组成:总则就整个调整领域做出指示,分则提供针对类型化情境(标准情境)的规定(例如,民法上界定的各个合同,或刑法上具体罪名的那些构成要件)。

君主专制的运行试图凭借精确的决疑论(1791 年《普鲁士一般邦法典》),但只取得了一时的成功。弃旧图新的法国大革命终而催生的《拿破仑民法典》(1804 年),以及《奥地利民法典》(1811 年)、《德国民法典》(1897 年)和《瑞士民法典》(1907 年),共同奠定了欧洲大陆沿用至今的基本法律体系。就其历史功能而言,这些法典一并完成了国家法制统一和法制改革。同时,这些法典必须而且也确实以符号形式表达出(以及缘起于)与国家建设完善化相应的独立国地位告成阶

---

① C. Varga, "Leibniz und die Frage der rechtlichen Systembildung", in K. A. Mollnau eds, *Materialismus und Idealismus im Rechtsdenken; Geschichte und Gegenwart. Archiv für Rechts-und Sozialphilosophie*, Beiheft 31. Franz Steiner Verlag, 1987, 114-127.

段。① 例如,1811年《奥地利民法典》就是在象征意义上扮演了宪法替代物的角色,它提供了多元文化社会中的国家统一意识,以官方形式将其译为帝国的本土语言。②

究其根源,所有这些法典都力求实现启蒙时代所酝酿的梦想,即要求以自觉规划和实施的单一行为建立社会法律秩序,以便实际生活能够并且将会像太阳系的行星绕着太阳旋转那样绕其旋转。以某种"终结历史"的理想蓝图为企盼的完善论,会在多大程度上奠定这些趋于纯粹空想主义的法典③——美洲早先的法典化尝试已有所体现——这一点经由开明君主腓特烈大帝的精心宣告,为后来的《普鲁士一般邦法典》拟定了预期方向:

> 一套完美的法律将成为人类精神在统治事务方面的杰作:人们将从中看到设计的统一性,看到各条规则是那样精确、那样匀称,以至于依照这些法律运行的国家好比一块表,其全部发条都因同一目的而制成;人们将从中发现关于人心和民族天赋的深刻认识……一切都在预料之内,一切都将环环相扣,不会对任何事情不管不问;然而,完美的东西不可能源于人的本性。④

总而言之,法典化意味着法律展示方面的新可能性,也意味着法律的内部组织结构方面的新可能性。法律实证主义主张的萌芽,首先由

---

① W. Brauneder, "Europäisches Privatrecht—aber was ist es?", *Z. neuere Rechtsgesch.* 15(1-2): 225-235(1993).
② W. Brauneder, "The First European Codification of Private Law: the ABGB", *Zb. Prav. fak. Zagrebu* 63(5-6): 1019-1026(2013).
③ C. Varga, "Utopias of Rationality in the Development of the Idea of Codification", in F. C. Hutley, E. Kamenka, AE-S. Tay eds, *Law and the Future of Society*, Archiv für Rechts-und Sozialphilosophie, Beiheft 11, Franz Steiner Verlag, 1979, 27-41.
④ Le G. Frédérick, "Dissertation sur les raisons d'établir ou d'abroger des lois", in le G. Frédérick, vol 9, 1848, 27. Quoted by I. Stewart, "Mors Codicis: End of the Age of Codification", *Tulane Eur Civ Law Forum* 27: 17-47(2012).

优士丁尼在帝国的法典编纂中予以表述,后来由腓特烈大帝重申。法律实证主义的早期实例包括:让法律体现为一系列的制度,在阐发中要求对其做出基本分类和保持其融贯性,以及强调禁止法律解释(帝国特别委员会的解释除外),最后是将法(ius)化约为一套制定法(lex),就是说,法被完全等同于正式制定的成文结果(成文构造)。然而,随着这些伟大民法典初始的严格适用(即评注型适用)阶段收锣罢鼓,古典形成期的如下努力很快烟消云散:在按照法典化之定性理念所要求的诸原则连贯创建的体系内,以一般原则为基础设立规则。因为自由资本主义到19世纪末为止的社会经济转型,致使法律实证主义——当时已被简化为制定法实证主义——受到所谓自由法运动的挑战,这样一来,人们就能够基于一种新式法理学通过司法方式发展法律,使法律调整适应时代需要。

当今的变化和考虑

今人回顾前述昔日古典时代,从当代立场评价其功过,每每因此指责那一部部法典具有国家主义、威权主义和返祖的性质。诚然,从自由法运动时代以来,对法典的适用不再使人想起完全纯粹的演绎模式,而更多是在给出体系中或分类学上的位置,以便人们转而据之精心说明自己的司法解决方案。于是,同一部法典在后古典时代不得不发挥"剩余法"(residual law)的功能。[1] 对法典化的怀疑和失望情绪笼罩着未来事业的前景,例如强调重要的不再是法典形式(code-form),而是"能够或适宜为今后可能发生的一切情形提供妥善的解决方案"这一观念。[2] 由此观之,就连既往的形象也遭到颠覆:拿破仑及其价值连城的《民法典》开始被看作历史上偶然的例外;此外,鉴于欧洲一体化的既有成果和未来进程,今人认为,《拿破仑民法典》不是生动证明了如何将资

---

[1] N. Irti, *L'età della decodificazione*, 3rd eds., 1989, 27.
[2] S. Sacco, "Codificare: mode superato di legiferare?", *Riv. dirit. civ.* 29(1): 117–135 (1983).

本主义的胜利嵌入传统并予以符号化表达，相反，它是由"欧洲法律传统在各国的碎裂"①造成的一次迂回之举。甚至法典化背后的那些动因（比方说法律的确定性、稳定性和易取用性）也受到质疑，人们宣称，各部新法典不完整和结果碎片化，加上它们难免契合本土需要、具有过渡性质和采取实用态度，以及渴望那被视作当今根本原则的"民主公开"，这些都是必要的导向。因为"不宜再到过往找寻未来"，②故而"法律的干尸化"（mummification）不可再作奋斗目标。③

尽管存在批评者，当今的法典始终带有旧日的如下特征：一方面，形成一套排他的法律体系，另一方面，按照逻辑连贯性在给定的调整领域内推行统一性，或者以完备性、无矛盾、从简调整为特点，又或者作为一套以法典形式颁布的、由立法机关创设的、全面且系统的制定法。与此同时，其他的古典理想正渐趋衰落，它们一度被用于构成严格且融贯的体系，其基本功能包括：确保制定法的至上地位（其手段是无遗漏地收录相应领域的法），以及确保规定的内在一致性，确保能够准确判定法律是什么。

就目前的法典化状况而言，从二战结束以来，新颁布的法典已超过50部，例如下列各国对古典民法典的全新起草：西方世界的葡萄牙（1967年）、荷兰（1992年）、魁北克（1994年），欧洲东部的波兰（1964年）、俄罗斯（1996年）和匈牙利（2013年），拉丁美洲的危地马拉（1963年）、玻利维亚（1975年）、委内瑞拉（1982年）、秘鲁（1984年）和巴拉圭（1987年）；多国重新起草刑法典，路易斯安那州也对民法做出重新编纂。其中一些法典的出台适逢当地成为新的国家或州，那时，守成、总结和体系化的任务同改革的愿望交织在一起，④在此过程中（例如在马

---

① R. Zimmermann, *Roman Law, Contemporary Law, European Law: The Civilian Tradition Today*, Oxford University Press, 2001, 1.
② V. Lasserre-Kiesow, "La codification en Allemande au XVIIIe siècle: Réflexions sur la codification d'hier et d'aujourd'hui", *Arch. Philos. Droit*, 42: 215-231(1998).
③ T. Timsit, "La codification: transcription ou transgression de la loi?", *Archipel de la norme*, Presses Universitaires de France, 1997, 145-159.
④ R. Narits, "Systematisation of Objective Law: from Codification to Reformation of Law", *Jurid. Int.* (Tartu) 10: 161-167(2005).

其顿)对法律的彻底翻修可能取代了原初工作。① 以下情况差不多就是如此:历史更迭的各国达致自信且经久的平衡状态,其所展露的雄起阶段带有"现代化和民族独立的象征",取代了早先的过渡阶段。请看以色列《民法典草案》(2004年),它敲定了相应法律的欧陆化进程,②或者经过修正的台湾当局所谓"民法典"(2008年),它将该地区既有的移植成果"本土化",使其与本土习惯法成分融为一体。③ 由于新的规定(以及新的微系统)进入法典领地而经历解法典化(decodification)之后,人们最常见的应对就是再法典化。④ 作为先行者,正是《魁北克民法典》披荆斩棘,提出应将"共生于社会中的矛盾心理和多元利益"转译为法典的语言,⑤寻求某种平衡:一方面坚决不认可司法造法,另一方面,开启的司法发展确实能将法典条文进一步具体化。⑥

在这个加速全球化的时代,民族国家的国内法之上叠放着国际法,就欧洲本身而言,还叠放着欧盟法。宪法化或解法典化之类的法律事务,甚至进一步加剧了前述法律叠放所导致的复杂局面,而且削弱了法典化的中心地位。因为它们都会造就自己的微系统,其副作用就是法典不再被置于太阳系的中心,"在这个太阳系里面,不属于民法典这颗太阳或曰中央星的一切东西,都在引力作用下环绕着它,都基于它向诸行星洒下的光芒而受到激发和得到解释"。相反,它们如今正在拆解出

---

① R. Zivkovska, T. Przeska, "Codification of Civil Law", *Zbornik radova Pravnog fakulteta u Nishu*, 53(68): 251-268(2014).

② N. Kedar, "Law, Culture and Civil Codification in a Mixed Legal System", *Can. J. Law Soc.*, 22: 177-196(2007); E. Zamir, *Israeli Report*, Presented at the thematic congress on the civil codes organized by the International Academy of Comparative Law in Taiwan, https://www.researchgate.net/publication/228142349_The_Civil_Codes_-_Israeli_Report. Accessed 24 Nov. 2017(2012).

③ T. Wang, "Translation, Codification, and Transplatation of Foreign Laws in Taiwan", *Wash. Int. Law J.*, 25: 307-330(2016).

④ M. L. Murillo, "The Evolution of Codification in the Civil Law Legal Systems: Towards Decodification and Recodification", *J. Transnatl. Law Policy*, 11: 163-182(2001).

⑤ Ministère de la Justice du Gouvernement du Québec, *Commentaires du ministre de la Justice: Le Code civil du Québec*, vol I-III, Les Publications du Québec, 2003, vii.

⑥ J. Chamberland, "Le sens des mots dans le Code civil de Québec", in B. Moore eds, *Mélanges Jean Pineau. Thémis, Montréal*, 2003, 27-38.

的部分,将继续"若即若离地环绕着"法典,仿佛太阳系内某个地方的"无定形的流星"。①

到了20世纪末,"法典化"一词在法国和其他地方开始弱化。从今往后,它的经过限缩的意义,将指代如下事物的某一方面的理性化,即作为当今公共行政题中之意的大规模的、包罗万象的管理制度,也就是说,定期巩固作为这套管理制度之基础的规范材料。尽管毋庸赘述的是,法典化工作越来越依托于当代信息技术已然确立和将会造就的新潜力。

普通法的疑问

在英国,编纂法典的努力原本同欧陆的相应努力并进。然而,鉴于法律统一性不再是个问题,鉴于司法的法律调试路线早早地作为制度确立下来,出自理性考量的法典化理念没有落地生根。甚至在美国,法典化曾被认为主要适于充当法律移植的媒介(这种法律移植面向新成立各州的制度),也提供了重新审视这些制度的契机。由于英美法系采用基于先例的司法论证,一般原则同样可以成为法官考虑问题时的法源,而不必经由法典的中介。

后来,严格意义上的法典化有了形形色色的替代物:(1)法律教义的编纂,比如,教科书的写作,乃是19世纪英国向殖民地出口法律的媒介,又比如,得到专业支持的私立机构所推出的法律重述,乃是在20世纪对美国法加以理性化的最佳工具包;(2)制定法的重新整理(合并/强化),与法律的一致化和统一化。

抚今追昔,从在美国推行法典化的伟大奋斗来看,现已不再像过去那样强调一致的、融贯的、经过系统整理的法律有何裨益,因为碎片化、

---

① O. Moréteau, A. Parise, "Recodification in Louisiana and Latin America", *Tulane Law Rev.* 83: 1103-1162(2009), Quoted by A. Parise, "The Struggle for European Private Law: A Critique of Codification", *J. Civ. Law Stud.*, 9: 379-386(2016).

特殊化和部门化之类的新特性如今占了上风。①

冷静分析之后,或许应当说:英美法律体制的精神和制度网络,并非固有地不可兼容法典化。② 纵览大陆法系制度和英美法系制度在过去数百年间的并进过程,当前的研究者恰好重申了40年前查明的结论:

> 两大法系均致力于化解"以下基本难题,即一方面保持法律体系的灵活性,另一方面又要保障在解决法律问题时存有合理程度的确定性,以及在诉讼过程中存有合理程度的可预测性"。③

在英国,法典化问题的一个特殊方面在于如下困境,即要不要把欧盟法编纂为法典,毕竟"人们有志于缔造的这个法律伊甸园"④为英美法系和大陆法系的历史合流提供了机会。总的来说,坚定支持法典化的文献基于某些难以捉摸的理由而持乐观态度,尽管拥有历史眼界的比较法学者其实通常强调的是,短期内不可能实现国民心智的激变或翻转。这里关乎成败的是特定的法律心智,即法治建设和法律思维方法层面的"嵌入文化的"传统,这种依托于文化的立场将全部法律发展和职业文化作为自己的背景。⑤ 此一勉强的法典化动议常被描绘为明明白白的悖论,其成分背离了源于欧盟的一切东西。⑥ 毋庸赘述,如果

---

① A. P. Morriss, "Codification and Right Answers", *Chic-Kent Law Rev.*, 74: 355-391(1999).
② C. Skinner C, "Codification and the Common Law", *Eur. J. Law Reform*, 11(2): 225-258(2009).
③ A. Piero, "The Code and the Case Law", in B. Schwartz eds, *The Code and the Common-law World*, New York University Press, 1956, 55-79. Quoted by N. Garoupa, A. P. Morriss, "The Fable of the Codes: The Efficiency of the Common Law, Legal Origins, and Codification Movements", *Univ. Ill. Law Rev.*, 5: 1443-1498(2012).
④ E. Steiner, "Codification in England: The Need to Move from an Ideological to a Functional Approach—A Bridge too far?", *Statut Law Rev.*, 25(3): 209-222(2004).
⑤ P. Legrand, "Against a European Civil Code", *Mod. Law Rev.*, 60: 44-63(1997).
⑥ R. Bercea, "La paradoxe de la codification européene", *Stud. Univ. Babe -Bolyai: Jurisprudentia*, 53(2): 65-84(2008).

法典摆在那里,大陆法系将会产生的是注重原则的进路,而英美法系将会遵循实用的进路。① 简单叙述一下规矩和预期方面的分歧:"美国法院在阅读法典的时候,倾向于以此促进判例法的演化,而不是将其作为关于待审问题的明确决断。"②若要举出一则生动例证的话,我们只消回想一下不列颠法律委员会早先的改良尝试是如何落空的(该委员会直到 1964 年才考虑法典化),此事表明当事者完全不清楚要用彻底一般化的法律来做什么,这种法律由众多概念来构建和承载,根据抽象逻辑图式的次序来安排,并且隐含着"事实应被涵摄于规则之下"这一可能性,而按照一种敏锐的描述,当时的环境是"字母表实为普通法使用的唯一思想秩序工具"。③

到底要不要把法典化再次提上议题日程,以及在哪些法律部门推动法典化——人们时不时地就此重新挑起争论。例如,功能主义进路得到宣扬,它要求让法典化摆脱历史上的刻板印象,特别是"不少英美法律人的那种堪称鼠目寸光的看法,即认为法典化乃是根植于拿破仑统治时代的欧洲的意识形态事业"④。然而,暂且撇开那些当代意图,关于某些结构方面的困境(例如作为结果的、据推断有破坏性的危险,当人们思量古典塔木德法或罗马-荷兰法律体系的编纂时⑤)的旧有疑虑,或许传达出一成不变的教条,即"普通法一旦被编纂为法典,势必不再是普通法,不仅显然在形式上不再是普通法,而且在实质上也不再是普通法"⑥。可以说,如果不偏不倚地权衡"普通法的制度和心态是否在法典化的条件下玩不转"这个问题,仅能得出非常迟疑的结论,只要让

---

① P. M. North, "Problems of Codification in a Common Law System", *Rabels Z. auslandisches int. Privatrecht*, 46: 490-508(1982).
② R. Hyland, "The American Restatements and the Uniform Commercial Code", in Hartkamp A. et al eds, *Towards a European Civil Code*, Kluwer Law International, 1994, 55-70.
③ B. Rudden, "Torticles", *Tulane Eur Civ Law Forum*, 6-7: 105-129(1991-1992).
④ E. Steiner, "Codification in England: The Need to Move from an Ideological to a Functional Approach—A Bridge too far?", *Statut Law Rev.*, 25(3): 209-222(2004).
⑤ C. Varga, *Codification as a Socio-historical Phenomenon*, 2nd (reprint), S. I. Társulat eds with Annex & Postscript, 2011.
⑥ H. R. Hahlo, "Here Lies the Common Law: Rest in Peace", *Mod. Law Rev.*, 30: 241-259(1967).

权衡者认识到"历史和经验并未做出肯定的答复。应当继续积极考虑欧洲的法典化"。①

概　览

概括地讲,法典是覆盖某一法律调整部门的条分缕析的规则体系。从美索不达米亚和中国的古老法律汇编,到诞生于17、18世纪日耳曼国家的若干一般法典,法典几乎将整个法律体系付诸成文表达。在一定条件下,以作为私人工作的汇编或方案的形式将习惯加以记录或汇纂,亦可收此功效。例如,韦尔伯齐(Stephan Werbóczy)提交于1514年但未获通过的《法律三部曲》(*Tripartitum opus iuris*),甚至在国家一分为三长达一个半世纪的时间里,成功保全了匈牙利法的统一性。从后来的法制整合努力时代亦即法国专制时代至今,法典化的雄心有些收敛,旨在汇总单一法律部门内部相对独立的调整领域的全部规则。非官方计划还在持续,例如广为推荐的模范法典或者法律重述,它们旨在统一美国的国内法以及编纂美国的判例法。

今日的法典基本上是立法动议的产物。现代形式的法典化力图追求自上而下的总分结构,常常在最前面放一段序言,用以说明立法目标,而且肯定会阐明作为基石的一般原则。于是,总则构成分则的基础,而分则详细规定各项法律制度。法条里面常有这样一些条款,法律实践能够据以形成新的调整方式,有时甚至创建新的法律制度。

汇编意指一种依时间顺序陈述和排列可适用规则的方式,从而形成书面的或印制的汇编,或者储存在电子数据库中的大量信息。这类信息的分类大多按照法条的来源,其次按照主题。直到现代法典诞生之前,古代、中世纪和现代的多数法律典籍不过是现行规范素材的汇编,其中时而配有文本校正,主要旨在排除可能的矛盾,或者略去已经

---

① G. A. Weiss, "The Enchantment of Codification in the Common-law World", *Yale J. Int. Law*, 25: 435-532(2000).

废止从而丧失效力的部分,或者纠正早期传抄过程中出现的文字讹误,或者有时也是想要明确"改正"某项规范,使其能够满足现时的迫切利益(此谓修正)。

现代汇编大都原封不动地保留所采法源的本来结构。有时,其中也收录最初提交法案的那位大臣的理由说明,而在欧洲日耳曼诸国,也会收录或附上先由学术委员会和司法委员会构思拟订的准备材料,以便指导法律解释。

岁月如梭,世人所酝酿的(作为法律手段之目的)秩序理想——它们是经由法律手段达成的目的——可谓琳琅满目,而法典化始终担当法律客观化的最高形式。鉴于"不同类型、不同法系的法律制度,均可尝试采用法典化,同样有效地解决社会-法律问题",①人们可以得出结论说:总的看来,法典化是法律生活中的一种普遍现象。

结　语

若从美式法律经济学的角度看,按照成本-收益分析,法典化这一手段选项大致说来似乎既增加了正式变动、立法修正案和法案起草的概率,也增加了立法机关举债和利益集团干预的概率,这些均不利于人民当家做主,而法典化活动可能在实践中"促使法院更多地聚焦于单词的意思而非法律的整体政策目标,更多地倚赖立法史之类的外在渊源"。最终——评估结论听起来更像是多多纳(Dodona)的神谕,而丝毫没有提振士气的迹象——"法典化恰恰在法律体系中增加了据说要由它解决的问题"②。

若干年前,统领法国法典化运动的"法典化高级委员会"断定:"创制新法典的时代很可能已近尾声。"③通过概括有关结果的不同看法,信

---

① C. Varga, *Codification as a Socio-historical Phenomenon*, 2nd (reprint), S. I. Társulat eds with Annex & Postscript, 2011.
② D. Stevenson, "Costs of Codification", *Univ. Ill. Law Rev.*, 4: 1129-1173(2014).
③ Commission supérieure de codification, "Vingt et unième rapport annuel: 2010", *Journaux Officielles*, 2011.

息技术的发展如今可为解决问题提供钥匙。未来重心的最终更替,当然不是由于人们批评法典化在上千年间的不同条件下取得的成就,而是由于人们清醒地认识到,随着时代和可资利用的东西发生变化,"人们正以截然不同的方式寻求法典化昔日的裨益"[①]。

---

① I. Stewart, "Mors Codicis: End of the Age of Codification", *Tulane Eur. Civ. Law Forum*, 27: 17-47(2012).

家庭与市场
——意识形态与法律改革研究[*]

弗朗西斯·E.奥尔森 著[**]   李 勇 译[***]

摘要：从努力确保女性在市场上的平等待遇，到建立家事法院，以促进家庭内部的公平对待及和睦，这些改革策略都旨在改善美国社会中女性的生活。在本文中，奥尔森教授认为，大多数改革的努力得以构思和落实乃基于特定的世界观。这种世界观认为，社会生活被划分为市场和家庭这两个彼此独立但又相互依存的领域。她得出的结论是，家庭和市场二元论的意识结构不仅限制了实际改革的效果，且大幅削减了改革者设想之可能的策略范围。奥尔森教授借鉴费尔巴哈的历史演化模型及我们对国家和市民社会、男性和女性之间关系的理解，探求通过超越市场和家庭二元论，是否可能从根本上改善每个人（包括男性和女性）的生活。

---

[*] 本文首发于《哈佛法律评论》(*Harvard Law Review*, volume 96, May 1983)。本文的翻译幸得作者授权，在此谨致谢意！

[**] 作者简介：弗朗西斯·E.奥尔森，戈达德学院文学学士，1968 年；科罗拉多大学法律博士(J.D.)，1971 年；哈佛大学法学博士(S.J.D.)，1984 年。现任加州大学洛杉矶分校法学教授。

本文的研究部分基于哈佛医学院彼得·B.利文斯顿基金的资助。我谨向基金、《哈佛法律评论》的编辑，以及为原稿提供宝贵建议的数十位朋友和同事表示感谢。玛丽·乔·弗鲁格、克里斯·利特尔顿、玛莎·米诺和詹姆斯·B.怀特，尤为慷慨和支持。邓肯·肯尼迪丰富了我对一个人能够向另一个人提供多大帮助的理解。我感激他宝贵的见解、众多的批判性解读和坚定不移的鼓励。他为我提供了一个想要效法的榜样。

[***] 译者简介：李勇，贵州大学法学院校聘副教授，法学博士，主要从事法理学、女性主义法学研究。

关键词:家庭　市场　二元论　意识形态　法律改革

关于家庭和家庭价值观的新一轮辩论已经展开了。有人认为,家庭是反动的机构和压迫女性的主要场所;其他人则褒奖家庭生活中的分享,并寻求恢复家庭价值观,以支持民主和进步的目标。此争论虽尚未有定论,但已经很无趣了。诚然,它可以激起强烈的情绪,但在某种程度上,我们都知道它不会带来任何解决办法。本文不参与辩论,但考察了辩论涉及的领域。

辩论的核心是女性对男性的屈从。双方均赞成女性平等和独立的目标。改革的反复努力已经取得很大的成功,但女性的从属地位仍然在继续。诸多不同因素可能有助于解释,为何采取的改革策略产生了模棱两可甚或是矛盾的效果。长期未获足够重视的一个因素是社会改革的意识形态基础。特别是,改革受制于它们的前提,亦受到其依据之未经审查之假设的限制。

该假设体现了市场和家庭的根本分离,即市场建构我们的生产生活和家庭建构我们的情感生活。在19世纪,家庭被视为构成单独的活动领域——一个特别适合女性的领域。"女性的领域"可能不再被认为只是家和家庭,但我们仍然认为家庭是与市场明显不同的事物。市场和家庭二元论,①也即认为社会生活包含两个彼此独立但相互依存的领域,可以被描述为一种意识结构。② 意识结构是指社会整体的共同愿景,它是社会文化的基础,也塑造了社会对什么是"自然"社会关系的看

---

① 当经验的一个重要方面被明确地划分成两个相互排斥的类别,但它们共同构成整个方面时,就存在一种"二元论"。当一对子类被"真空边界"分离时,它们就形成了一种二元论,参见 Katz, "Studies in Boundary Theory: Three Essays in Adjudication and Politics", 28 Buffalo L. Rev., 383, 383-85(1979),它们共同构成了一个重要的类。例如,人类被划分为男性和女性。实际上所有人都归属于一种或另一种性别类别,几乎没有人被置于两者之间。这可以与儿童和成年人之间的划分形成对比,但这种划分远未达到形成二元论的程度,因为青少年出于某些目的被认定为儿童,出于其他目的则被认定为成年人。
② 我不打算对所谓的物质现实提出任何主张。我描述的是思想和意识,而非事物或制度。例如,当我断言市场和家庭之间存在二元论时,显然不是说市场和家庭在任何物理意义上都是分开的。

法。因此,社会改革是可能的。

在对市场和家庭二元论的探讨中,本文将经常提及另外两种二元论,也即国家和市民社会、男性和女性之间的二元论。国家/市民社会二元论与市场/家庭二元论具有的复杂性紧密相关;男性和女性之间的二元论对于市场/家庭二元论现在影响人类生存的方式,以及我们建构新的方式来思考和引导我们生活的希望都特别重要。

三种二元论互不相同,没有一种二元论在逻辑上依赖于另一种,亦没有一种二元论为另一种所必需。然而,它们之间存在着深刻的联系,每一种二元论都反映了一种思维方式,这种思维方式导致了对世界的彻底分裂。这三种二元论似乎均具有永恒性,但通过超越所有这三种二元论,重新构想这三种二元论中两个元素之间的关系,并重组我们的思维和生活,以求创造、反思并强化这些新概念,我们极有可能带来大幅改善个人和集体生活的变革。

一、家庭和市场的意识形态

由男女两性组成的彼此分离而且并不平等的领域,对女性产生了两种截然相反的影响:女性的领域既限制女性,又为她们提供了宝贵的机会。在19世纪早期,当男性的工作大幅转移至工厂,[1]女性的工作仍然主要存留于家庭内部,相应地,"家庭"和"工作世界"之间出现了尖锐的对立。[2] 这种二元论采取了许多在天堂和尘世之神学二元论中形成的道德蕴含。[3] 通常,家庭被称为"神圣的",家庭生活因为奖励那些甘愿承受尘世劳作之苦的男人而饱受赞扬。[4] 家庭和家被人们视作美德和情感的安全仓库,而此种美德与情感被商业和工业世界放逐。据说,家庭为现代生活的焦虑提供了避难所——"商业精神和批判精神威

---

[1] 参见 V. Clark, *History of Manufactures in the United States: 1607-1860* (1916); J. Commons, *History of Labour in the United States* (1918); 2 id。
[2] 参见 N. Cott, *The Bonds of Womanhood*, 64-70(1977)。
[3] 参见 N. Cott, *The Bonds of Womanhood*, 65-70(1977)。
[4] 参见 N. Cott, *The Bonds of Womanhood*, 64(1977)。

胁要摧毁的道德和精神价值的避难所"①。

家庭被美化的同时亦被贬损。对男性来说,女性的领域是"渴望的对象,亦为蔑视的客体"②。安·道格拉斯(Ann Douglas)指出,尽管男性对家庭的描述带有感情色彩,并崇尚家庭生活,但他们在市场上仍然表现得好像相信"世俗的",认为尘世的目标代表了最大益处。"值得称赞的是,他们间接地承认,追求这些'男性化'的目标意味着破坏,也许是失去另一种好处,一种他们越来越多地纳入'女性'理想的好处。然而,事实仍然是,他们的悲叹仍旨在使他们的行动不受干涉。"③

此外,尽管市场被斥责为自私、贬损和剥削的,但也受到敬佩和尊重。自立、进步、现代化——它们中的每一个都与商业和工业世界有着积极的关联。理性、纪律、对客观现实的关注,则被认为是市场之"男性"领域的理想方面。④ 此外,虽然家庭生活价值观被用来批判市场价值观的破坏性和对财富的追求,但它们仍然"通过维护一个舒适和修正的'独立领域',服务于削弱职场上对剥削性金钱标准的反对,灌输一种鼓励自我控制的道德观念,并培养保护家和家庭情感为终极目标的观念"⑤。

鉴于家庭和市场毁誉参半,这两个领域的急剧分裂会对女性产生复杂影响也就不足为奇了。市场和家庭二元论倾向于将女性逐出有偿劳动力市场,同时确保她们在理应同等重要的家庭领域发挥核心作用。这种二元论鼓励女性慷慨大方和养育子女,但劝阻她们远离坚强和自力更生;它将女性与世界的腐败隔离开来,却不让她们得到世界的激励。虽然二元论倾向于掩盖女性地位低下和退化的情况,但也提供了

---

① I. V. Houghton, *The Victorian Frame of Mind, 1830-1870*, 343 (1957)(省略强调)。
② 参见 N. Cott, *The Bonds of Womanhood*, 62(1977)。
③ A. Douglas, *The Feminization of American Culture*, 12(1977)。
④ 通常参见 R. Tryon, *Household Manufactures in the United States, 1640-1860*(1917)(详述有纪律的生产方式的兴起);M. Weber, *General Economic History*, translated by F. Knight(同上)。
⑤ 参见 N. Cott, *The Bonds of Womanhood*, 69(1977)。

一定程度的自主权以及女性能够并确实提升地位的基础。①

南茜·科特(Nancy Cott)敏锐地指出,在19世纪早期,"家庭职业最初对女性的意义等同于世俗职业对男性的意义"②。"将'家'和'女性'从'世界'和'男性'中区分出来的整个过程往往使这两个领域具有相似性和可比性。"③本文将审视家庭和市场的"相似性和可比性",以及二者之于女性地位和女性主义理论的重要性。

(一) 自由市场和私有家庭:不干涉原则

虽然女性的领域被认为是"私人的",并与"市场和政府的公领域"形成对比,④这种归类可能具有误导性。这一对比中涉及两种不同的二元论:一方面,被视作公领域的市场和被视作私领域的家庭之间的二元论;另一方面,被视作公领域的国家和被视作私领域的市民社会之间的二元论。⑤ 在与"公共"国家的对比中,市场和家庭均被视作"私"市民社会的组成部分。⑥ 因此,称市场和国家为"公共",可能混淆我们对这两种二元论的看法。

必须要承认国家和市民社会二元论以及市场和家庭二元论的区别,因为前一种二元论以类似的方式在后一种二元论的两个方面发挥作用。⑦ 在关于市场的话语中,国家和市民社会二元论作为国家经济调

---

① 关于"女性领域"的优秀文献综述,参见 N. Cott, *The Bonds of Womanhood*, 197-206 (1977)。
② 参见 N. Cott, *The Bonds of Womanhood*, 73(1977)。
③ 参见 N. Cott, *The Bonds of Womanhood*, 72(1977)。
④ Taub & Schneider, "Perspectives on Women's Subordination and the Role of Law", in D. Kairys eds., *The Politics of Law*, 118(1982);参见 Powers, "Sex Segregation and the Ambivalent Directions of Sex Discrimination Law", *WIS. L. Rev.*, 55, 71(1979)。
⑤ 我使用的是马克思而非黑格尔意义上的"市民社会"。比较 K. Marx, "On the Jewish Question", in L. Easton & K. Guddat eds., *Writings of the Young Marx on Philosophy and Society* 216(1967)(以下简写为 *Writings*)(市民社会与政治国家的对比),和 Knox, *Translator's Foreword to G. Hegel, Philosophy of Right*, x-xi, translated by Knox, 1952 (1st ed. 1821)(市民社会作为一个抽象的普遍社会,可以通过市民生活的教育影响成熟为一个国家)。
⑥ 的确,在这种二元论中使用公共和私人语言的便利性反映了二元论之间的实际联系,但将二者混为一谈或假定二者之间的关系过于简单,肯定是错误的。
⑦ 当然,一个单独的二元论可以在自身的两个方面重现它的两个元素,这也是事实。

控的问题出现;在关于家庭的话语中,国家和市民社会二元论作为国家干涉家庭的问题出现。反对国家监管自由市场的经典自由放任观点,与反对国家干预私人家庭的观点有惊人的相似之处。这两套争论及隐藏其后的观点之间存在诸多共通之处,并非只是对政府的敌意。两者由类似的元素构成并遭受同样的攻击,我们对此的理解将丰富我们对彼的理解。

1. 自由市场

我们可以在不否认自由放任理论丰富性和复杂性的情况下,简要总结其基本主题。① 自由放任理论取决于自由和自治市场的观念。虽然自由市场无须被视作客体或事物,但"市场"至少应被认为是谈论和思考人们之间经济关系的一种连贯而明智的方式。此外,自由放任理论认为市场是"自然的",因为它反映了实际供求情况;亦是"自治的",因为它不是由国家创建,并可以独立于国家而运作。② 自由放任理论假定并断言,提倡国家对市场的中立是明智的。自由国家机构(即"政治平等"制度)之后继续存在的经济和社会不平等现象,被认为是自然的而且超出了国家活动的恰切范围。因此,虽然自由放任论者认为,人民在与国家的关系上应被视为平等的,但是,这些理论家将市民社会中裹挟着经济和社会不平等的统治与从属地位描述为不涉及政治国家的私人问题。与自由放任政策的背离被视作国家为改变不平等而倾付之努

---

① 自由放任的意识形态已经在其他地方得到详细的讨论和批判。例如参见 M. Horwitz, *The Transformation of American Law V, 1780 – 1860*, xvxvii, 101 – 08, 253 – 66 (1977)(论及自由放任政策下法官的角色);Kennedy, "Distributive and Paternalist Motives in Contract and Tort Law, With Special Reference to Compulsory Terms and Unequal Bargaining Power", 41 *MD. L. Rev.*, 563, 576-83(1982)(对契约自由意识形态的描述和批判,以下简写为 Kennedy, "Motives");Kennedy, "Form and Substance in Private Law Adjudication", 89 *Harv. L. Rev.*, 1685, 1746-48(1976)(对自由放任意识形态的描述和批判,以下简写为 Kennedy, "Form and Substance")。自由放任意识形态的经典陈述,参见 A. Smith, *An Inquiry into the Nature and Courses of the Wealth of Nations*, London, 1776。最近对这些原则的重申载于 M. Friedman, *Capitalism and Freedom*, 1962。

② 参见 A. Smith, *An Inquiry into the Nature and Courses of the Wealth of Nations*, 459-65。

力,这种不平等原本完全独立于国家。① 契约法、侵权法和财产法的执行,只有在法院仅促进自由市场交易而不危害或损害国家中立的情况下,才与自由放任原则具有一致性。

某些自由放任主义的批评者接受如下主张,也即自由放任政策实际上代表国家对自由市场的中立,但他们拒绝这些政策②并敦促,国家需要调整经济以减轻自由市场不平等的一些破坏性影响。因此,自由放任政策的支持者不仅必须坚持不干涉具有可能性,而且必须坚持它优于任何形式的国家干涉。

已经提出的两个经典论点用以支持不干涉。第一个是基于如下理论,尽管自然市场的功能有效,但这种效用是脆弱的。就像把兔子引进澳大利亚扰乱了大陆的自然生态一样,通过修补市场的一个方面来缓解人类痛苦的尝试,也可能对市场的其他方面造成出人意料且深重的灾难。③

第二个经典论点强调市场的终极力量和持久性。这里的说法是,自由市场的特点表现为强大的自然力量,除了最激进的国家控制经济的努力,这些力量将克服和抵消任何其他努力,并且只有社会主义或国家完全废除自由市场才能够产生持久的影响。这些理论家认为,法院拒绝执行"苛刻"或"压迫性"合同条款,或立法机关试图废除被告具结书,改革注定会失败。为支持这种改革而呼吁的同样的"不平等谈判立场",可以用来证明这些改革是徒劳的。一个合同条款可能被禁止,但它将被另一个合同条款或价格调整取代;因此,假设供求的基本条件保持不

---

① 例如参见 Ives v. South Buffalo Ry., 201 N. Y. 271, 294, 94 N. E. 431, 439－40 (1911)(认为劳动者补偿立法不合宪,因为财产权具有根本法基础,不能够为立法者所改变),被否决,Montgomery v. Daniels, 38 N. Y. 2d 41, 34o N. E. 2d 444, 378 N. Y. S. 2d 1(1975)。
② 例如参见 Laski, "The Basis of Vicarious Liability", 26 YALE L. J. 105, 134(1916)。通常参见 J. Frey, *The Labor Injunction: An Exposition of Government by Judicial Conscience and Its Menace*, 1922(认为针对工会的禁令被用来侵犯人身和财产权)。对这一立场的批判,参见 Kennedy, "Distributive and Paternalist Motives in Contract and Tort Law, With Special Reference to Compulsory Terms and Unequal Bargaining Power", 41 MD. L. Rev., 563, 620－24(1982)。
③ 这一说法被一些法律和经济学领域的作者再次提出。例如参见 R. Posner, *Economic Analysis of Law*, 2d eds., 1977。

变,谈判能力会保持不变,各方将继续形成反映这种谈判能力的合同。①

2. 私有家庭

对今天的大多数人来说,国家不应该干涉家庭的想法比经典的自由放任经济学更具吸引力。部分出于这个原因,自由市场和私人家庭之间的相似之处可能并不明显。事实上,鉴于家庭和市场之间的二元论关系,经典自由放任意识形态的崩溃和国家对市场的"入侵",似乎是将国家排除在家庭之外的另一个原因。就像曾经被视为在市场上被摧毁之价值的储存库一样,家庭也可以被视为人们为避免国家监管而能够撤退到其中的私人避难所。如果认为国家和市民社会二元论在市场上已经被打破,那么许多人就会加倍努力,以维护国家和市民社会在家庭方面的二元分立。

支持私人家庭论点背后的基本假设与支持自由市场的基本假设相类似。第一个假设是,"家庭"是谈论人与人之间某种关系的一种连贯方式。另一个假设是,除国家活动以外,家庭能够在某种意义上存在,也即作为一种自然形成的而不仅仅是国家建构之物。②

国家对家庭的中立问题比国家对市场的中立问题更复杂。国家对市场的中立意味着将经济生活的参与者视作法律上平等的主体。然而,当国家认可家庭内部原有的社会角色时,国家才被认为对家庭采取了中立的立场。

与普遍的自私行为理应引起社会改善的市场相比,家庭通常被希冀于建立在较少的个人主义原则上。所有的好处并非通过每个家庭成

---

① 对"不平等谈判地位"论点进行了描述和非常有效的激进批判,参见 Kennedy, "Distributive and Paternalist Motives in Contract and Tort Law, With Special Reference to Compulsory Terms and Unequal Bargaining Power", 41 MD. L. Rev., 563, 614 – 24 (1982)。

② 同样,人们不必相信家庭是一个实体,就像没有必要将市场视为一个事物一样,尽管两者都经常被谈论和概念化,就好像它们是具体的一样。只需要将家庭视为一个连贯的概念,并能够获得一定程度的自治权。另一种说法是,即使国家不承认某个特定家庭的存在,亦必须说家庭的存在具有意义。

这不代表法律家庭不能够被视为仅由法律定义的事物;相反,法律家庭只能够被视为法律所定义的事物。事实上,有些人会以这种方式来定义法律家庭。但人们也相信自然家庭的概念,而法律定义的家庭不能与自然家庭重叠的领域造成了一定的紧张关系。参见 Stanley v. Illinois, 405 U. S. 645, 651 – 52 (1972); Glona v. American Guar. & Liab. Ins. Co., 391 U. S. 73, 75–76 (1968)。

员对个人目标的追求来实现,而是通过家庭成员之间的分享和牺牲得以实现。曾几何时,社会善(social good)被认为要求丈夫控制妻子,并且人们向来希望子女顺服父母,以追求更美好的社会。父母往往被期待为子女牺牲切身利益。① 利他主义道德观被视作对家庭的激励,正如个人主义道德观应当充斥在市场中。

传统上,人们期望国家通过认可分配给家庭成员的社会角色来促进家庭内部的牺牲和分享;因此,国家法律平等对待家庭成员将会被视为干预。例如,父亲的社会角色曾经一度使他有权控制子女。如果母亲带着孩子离开丈夫,法院通常会强迫她将孩子归还给他,如果法院拒绝这样做,将被视为国家对家庭的干预。②

今天,法院通常仍然被期望认可父母作为管教者的社会角色。例如,如果法院因为父母将他或她关在房间内作为惩罚,而允许一个孩子向父母追讨侵权损害赔偿,大多数人会认为这是国家对家庭的严重侵犯,尽管如果父母的行为是由第三方实施的,这一行为将会被认定为非法监禁。③

---

① 参见 J. Locke, "An Essay Concerning the True Origin, Extent and End of Civil Government", in E. Barker eds., *Social Contract*, 1960, 33(父母照顾子女的责任);35—36(儿童顺从父母直至拥有独立生活能力);37(表明父母对子女的支配有其目的,即使孩子"最大限度地有益于自己和他人")(强调为作者添加);47—48(有必要使丈夫成为婚姻关系中所有意愿冲突的最终裁决者)。

② 参见 People ex rel. Olmsted v. Olmstead, 27 Barb. 9, 31(N. Y. Sup. Ct. 1857,授予父亲反抗妻子和岳母以获得子女监护权的人身保护令救济,归因于"父亲监护和教育子女的最高法律权利只有在父亲存在过错导致分居的情况下,才能受到衡平法院的干涉");People ex rel. Nickerson v. 19 Wend. 16, 19 (N. Y. Sup. Ct. 1837,授予丈夫对抗妻子的人身保护令,以获得子女监护权,并指出"法院干涉父亲与子女的关系……是一项微妙而有力的措施,除非有最可靠和确凿的理由,否则永远不可能实施");F. Olsen, *A History of Child Custody Law as Ideology* (Feb. 4, 1982)(哈佛法学院图书馆存档的未出版手稿)。

③ 现代法院可能允许对父母努力管教子女造成的严重身体伤害进行侵权追偿;然而,由于被告是父母,故将适用不同的标准。参见 Model Penal Code § 3.08(1)(a) (1962 年拟议的正式草案,制裁父母"为保障或促进未成年人的福利"对儿童使用武力);Restatement (second) of Torts § 147 & comment d (1975)(父母的管教特权比其他人更宽泛);又参见 Holodook v. Spencer, 36 N. Y. 2d 35, 324 N. E. 2d 338, 364 N. Y. S. 2d 859(1974)(拒绝孩子的论点,即由于没有能够适当地监督他们,父母应当对此造成的伤害负责)。

对父母殴打子女之责任的传统观点,参见 State v. Jones, 95 N. C. 588(1886)(拒绝追究父母惩罚性殴打的刑事责任)。

不干涉家庭的观念取决于某种共同的家庭角色观念,"中立"只有提及这些角色时才能够被理解。例如,废除限制获得避孕药具的法令的依据之一是,这种法令侵犯了婚姻关系。[1] 然而,政府向未成年人提供避孕药具被视作干预家庭。[2] 因此,"干预"不是对政府作为或不作为的简单描述,而是谴责特定国家政策的方式,这种国家政策通常旨在改变现状。这种现状本身被视为自然事物,而不是国家的责任。家庭内部实际存在的不平等和支配——就像自由市场中一样——被认为是国家未曾带来的私人问题,尽管国家可以承诺改变这些问题。

私人家庭理论与自由市场理论一样,包含了这样一种断言,也即对看似不平等或不人道的结果进行特殊调整,实际上不会服务于任何人的长远利益。对国家临时调整的一种攻击,乃是基于家庭关系的微妙品质。[3] 这一立场的拥护者认为,看似微妙的法律变化都可能会带来不可预见的灾难性后果。因此,英国上议院的一名议员在1838年提出,一项允许母亲探望与合法分居的父亲共同生活的孩子的法案可能会"摧毁英国半数的家庭"。[4] 据说这是"危险的……篡改"家庭法的"微妙"原则。[5]

在一个与"持久市场"理论截然不同的观点中,有人称通过国家干预以保护弱势家庭成员不受强者的虐待是无效的,因为家庭成员之间强有力的、潜在的、"真实的"关系将不可避免地再现。社会干预如果不分解家庭,很可能被证明是毫无意义的。

例如,有人认为,除非国家承诺每天二十四小时保护受到虐待的妻

---

[1] Griswold v. Connecticut, 381 U. S. 479, 485-86(1965).
[2] 里根政府最近着力要求节育诊所通知18岁以下使用避孕药具的女性的父母,这一举措部分基于不通知将有害于家庭的观点。参见 N. Y. Times, Feb. 20, 1983, at E5, col. 4(引自卫生和公共服务部部长理查德·施威克的言论,"如果没有这一通知,父母将没有机会参加")。到目前,有两个联邦地区法院根据法定的理由认为这种"告密原则"是非法的。参见 New York v. Schweiker, Civ. No. 83-0726 (S. D. N. Y. Mar. 21, 1983); Planned Parenthood Fed'n of Am. v. Schweiker, Civ. No. 83-0037 (D. D. C. Mar. 2, 1983)。
[3] 这种攻击类似于"脆弱市场"理论。
[4] 44 Parl. Deb. (3d ser.) 772, 789(1838)(温福德勋爵的陈述)。
[5] 44 Parl. Deb. (3d ser.) 788(1838)(布鲁尔姆勋爵的陈述)。

子,否则她们无法得到国家的救助。① 妻子如果不离开施虐的丈夫,她们的处境类似于弱势一方订立的没有平等谈判能力的合同。正如弱势一方选择签订合同的事实表明他认为他会从中获得利益,妻子持守婚姻的事实亦表明,根据她自己的估计,她从这段关系中获得的比失去的更多。对于警察来说,监视或评估丈夫每一次虐待妻子的行为,将类似于国家起草的合同,自由放任理论家认为,最终必须通过任何持续性的努力,以对处于商业谈判中优越地位一方权利的滥用进行监督。只要弱势一方愿意签订合同,并且只要妻子仍然想要维持婚姻关系,那么国家消除特定条款的努力就注定是徒劳的。

因此,根据这些论点,看似微妙的改革要么不会产生任何效果,要么会产生如此巨大的影响,以至于国家还不如完全废除家庭,并承诺自己抚养儿童。

(二) 自由市场和私人家庭的常规批判

1. 市场

对自由市场自由放任形象之准确性和连贯性的攻击,包含如下两个主要组成部分。首先,市场是私人的而且能够独立于国家而存在的观念受到挑战。有评论认为,"自喻为自由放任拥护者倡导的制度,实际上充斥着对个人自由的强制性限制"②。此外,这些强制性限制不符合"任何'平等机会'或'维护他人平等权'的准则"③。有人主张,国家

---

① 事实上,警察接受过避免卷入家庭局势的培训,因为这种卷入相当于构成对警察"私人"关系的侵犯(这种私人关系据说是无法改变的)。参见 Bruno v. Codd, 90 Misc. 2d 1047, 396 N. Y. S. 2d 974 (Sup. Ct. 1977), rev'd, 64 A. D. 2d 582, 407 N. Y. S. 2d 165 (1978), aff'd, 47 N. Y. 2d 582, 393 N. E. 2d 976, 419 N. Y. S. 2d 90 (1979); Parnas, "The Police Response to the Domestic Disturbance", 1967 Wis. L. Rev. 914, 916-30; "Truninger, Marital Violence: The Legal Solutions", 23 Hastings L. J. 259, 264, 272 (1971).
② Hale, "Coercion and Distribution in a Supposedly Non-Coercive State", 38 Pol. Sci. Q., 470(1923).
③ Hale, "Coercion and Distribution in a Supposedly Non-Coercive State", 38 Pol. Sci. Q., 470(1923).

干预不可避免而且无疑会"影响收入分配和经济活动的方向"[1]。因为,政府中立不可能存在,[2]自由放任经济只是虚幻的理想。

此次攻击的第二部分表明,政府实际上并不中立,而是通过牺牲劳动人民以使某些企业家受益。提出这一论点时,一些评论员认为理论上能够制定可行的自由放任政策,但也指出,实际上这些政策"从未……始终如一地落实"[3]。这一论点的极端版本表明,自由放任主义是大型工业的代表用来限制对商业普遍控制的烟幕。可以说,这些工业并不是真的想要一个全面的自由放任政策,因为它们实际上依赖于亲商政策的监管。[4]

一个涵盖了攻击自由放任之两个组成部分的论点,将所谓的"私法"视为国家对某个经济行为者的部分授权。因此,合同法并不简单地使当事人的协议生效,相反,执行合同的机制将"国家的主权权力置于一方的支配之下,使之可以对另一方行使"[5]。同样,私有财产被认为是赋予其所有者对那些需要获得财产的人所拥有的"强制服务和服从的主权权力"。[6] 这种对财产法和合同法的看法削弱了国家可以成为市场中非强制性、中立仲裁者的观念。

2. 家庭

那些类似于对自由放任的攻击中提出的论点,已经被用来[7]破坏国

---

[1] Hale, "Coercion and Distribution in a Supposedly Non-Coercive State", 38 *Pol. Sci. Q.*, 470(1923).

[2] Hale, "Coercion and Distribution in a Supposedly Non-Coercive State", 38 *Pol. Sci. Q.*, 470(1923).

[3] Cohen, "The Basis of Contract", 46 *Harv. L. Rev.*, 553, 561(1933).

[4] Cohen, "The Basis of Contract", 46 *Harv. L. Rev.*, 562 (1933). "一个权力如此有限以至于不能造成伤害的政府是无用的,因为它没有任何好处。"

[5] Cohen, "The Basis of Contract", 46 *Harv. L. Rev.*, 586(1933).

[6] Cohen, "Property and Sovereignty", 13 *Cornell L. Q.*, 8, 12(1927).最高法院将合同自由视作财产权的裁决,被认为"将某一主权领域从国家转至私人雇主"。Cohen, "Property and Sovereignty", 13 *Cornell L. Q.*, 11(1927).

[7] 例如参见 Easton, "Feminism and the Contemporary Family", in 8 *Socialist Rev.*, May-June 1978, ix, reprinted in *A Heritage of Her Own* 555 (N. Cott & E. Pleck eds. 1979)(以下简写为 *Heritage*); Taub & Schneider, "Perspectives on Women's Subordination and the Role of Law", in D. Kairys eds., *The Politics of Law*, 118(1982)。

家拒绝"干预"私人家庭的基础。① 其中一个论点试图表明国家不能够保持中立,因其不得不对家庭成员的自由施加强制性限制。例如,虽然非干预主义者认为国家不应该干预以防止对妻子的虐待,但法院将不得不以某种方式处理受虐妻子杀害丈夫的案件。② 不干涉家庭的简单原则并没有对此类案件的裁决指明方向,它既没有明确是否应该对这些女性提起刑事指控,亦未指出妻子受虐是否应该减轻刑罚或为她的杀人行为提供辩护。然而,这些问题的确定无疑会影响存在暴力的婚姻中的权力分配,从而影响家庭的社会关系。③

攻击家庭私人性的第二个部分声称,即便国家可能对家庭保持中立,但事实并非如此。人们认为,私人家庭理论没有得到一贯地落实。相反,男性声称家庭事务应当是私密的,以防止女性和儿童利用国家权

---

① 例如,我们早些时候讨论受虐妻子(见前文),不干涉主义者的观点将虐待妻子视作私人的不幸,国家对此不负责任。尽管国家可以承诺使用镇压手段,通过改变随之而来的法律后果来减少配偶之间暴力的发生,但根据不干涉主义者的观点,如此行为将冒着破坏私人家庭价值观的巨大风险,故不应该这样做。
② 参见 Schneider, "Equal Rights to Trial for Women: Sex Bias in the Law of Self Defense", 15 *Harv. C. R. -C. L. L. Rev.*, 623(1980);参见 Note, "Defense Strategies for Battered Women Who Assault Their Mates: State v. Curry", 4 *Harv. Women's L. J.*, 161(1981)(论及妻子对施虐丈夫的攻击)。
③ 在这一点上,有人可能反对说,通过像对待其他任何攻击一样对待殴打妻子,并对妻子的自我救助行为适用同样的自卫和能力受损的法律(它将普遍适用),国家确实可以对家庭保持中立。无论涉及已婚夫妇之案件的法律处理是否与其他案件相同,这种处理的细节仍然会影响家庭内部的权力平衡。鉴于丈夫的身体通常比妻子强壮,而且社会对其使用暴力的限制较少,他们往往会在没有武器的情况下赢得战斗。当妻子有枪甚至刀时,丈夫的优势就会减少。虽然从统计学上讲,杀害配偶的丈夫超过了妻子,参见 Schneider, "Equal Rights to Trial for Women: Sex Bias in the Law of Self Defense", 15 *Harv. C. R. -C.L. L. Rev.* 626(1980),一般来讲,受虐妻子可能会从一部大幅扩展的自卫法中受益。在大多数家庭中,一部相对强大的攻击法和相对较弱的谋杀法,往往会将权力从丈夫转至妻子。同样,当一对夫妻拆散他们的家庭时,是否和如何分割财产,以及在准合同追偿中,家庭服务的价值将影响大多数家庭内部的权力平衡。参见 Bruch, "Property Rights of De Facto Spouses Including Thoughts on the Value of Homemakers' Services", 10 *Fam. L. Q.*, 101(1976)。换言之,国家监管对家庭的影响并不取决于国家是否对已婚人士给予任何特殊待遇。国家为人类结社提供了法律的基本规则,这些规则影响着个人的社会权力,进而影响着人类的互动。

此外,尽管有些人呼吁国家废除婚姻或避免对婚姻做出任何法律承认,但即便是最坚定的儿童权利倡导者,也没有提出使父母身份完全非法化的建议。如果没有这种彻底的非法化,国家将继续影响家庭生活的潜在权力和情感关系,例如,通过国家监护法,该法将不可避免地影响父母之间的权力关系。

力来改善他们的生活条件。① 通过坚持家庭不应当受制于国家,男性能够保留他们的极权。此外,男性实际上利用国家的强制力量来加强和巩固他们对妻儿的权威。

不干预有助于赋予丈夫支配妻儿之权力的论点,在攻击声称国家对家庭的中立性方面特别有用。19世纪上半叶,国家中立意味着认可和巩固家庭内部公开等级划分的社会角色。人们期望丈夫控制妻子,妻子被期望应当顺服丈夫。② 19世纪的女性主义者抨击国家赋予丈夫在家庭内部的主权,并声称当它认可家庭不同成员各自的社会角色和活动领域时,国家本身即在制造不平等。③ 卢克丽霞·莫特(Lucretia Mott)认为,丈夫对妻子的征服不是使徒式的,而是"法律和公共舆论所为"④。露西·斯通(Lucy Stone)和亨利·布莱克韦尔(Henry Blackwell)抗议称,婚姻法"赋予丈夫一种有害且非自然的优越感,赋予他任何可敬之人均不会行使的法律权力,而且任何人都不应拥有这种权力"⑤。

---

① 传统上,法院将殴打妻子视作丈夫的特权。参见 Bruno v. Codd, 90 Misc. 2d 1047, 1048, 396 N. Y. S. 2d 974, 975 (Sup. Ct. 1977), rev'd, 64 A. D. 2d 582, 407 N. Y. S. 2d 165 (1978), aff'd, 47 N. Y. 2d 582, 393 N. E. 2d 976, 419 N. Y. S. 2d 901 (1979); W. Blackstone, *Commentaries*, 432-33; T. Davidson, *Conjugal Crime*, 100-13(1978); Eisenberg & Micklow, "The Assaulted Wife:'Catch 22'Revisited", 3 *WOMEN'S RTS. L. REP*., 138, 138-39 (1977); Williams, "The Equality Crisis: Some Reflections on Culture, Courts, and Feminism", 7 *Women's RTS. L. Rep*., 175, 177 & n. 9(1982)。尽管法律不再明确地纵容虐待妻子,但各州官员亦可以通过拒绝执行禁止虐待妻子的政策而积极鼓励这种行为,这项政策赋予施虐者在国家的默许下采取行动的权力。通常,警察不理睬有关虐待妻子的电话或拒绝逮捕丈夫;检察官采取松懈的立场;法官拒绝定罪或在定罪以后判处畸轻的刑罚。
② 儿童也被要求顺从父母,直到最近,不履行这一义务可能导致因为少年犯罪而被监禁。参见 Katz & Teitelbaum, "Pins Jurisdiction, the Vagueness Doctrine, and the Rule of Law", 53 *Ind. L. J*., 1(1977-1978)。
③ 1848年的《塞尼卡瀑布城宣言》指控男性"篡夺了耶和华的特权",并错误地主张赋予女性特定行动范围的权利,而这一权利实际上"归属于她的良心和上帝"。"Declaration of Sentiments and Resolutions", Seneca Falls (July 19, 1848), reprinted in *Feminism: The Essential Historical Writings*, 76, 80(M. Schneir ed. 1972)(以下简写为 *Feminism*)。
④ L. Mott, "Not Christianity, but Priestcraft (1854)", reprinted in *Feminism*, 101(在费城妇女权利大会上的讲话)。
⑤ L. Stone & H. Blackwell, "Marriage of Lucy Stone Under Protest (1855)", reprinted in *Feminism*, 104(露西·斯通和亨利·布莱克韦尔在结婚时宣读并签署的声明)。

女性主义者认识到,国家赋予丈夫能够控制家庭的权力,与约翰·道森(John Dawson)有关不恰当的影响力法则①的著作具有相似之处,该著作阐述了19世纪末期存在于不同"自由"概念之间的基本矛盾。道森解释道:

> 一方面,不恰当的影响力理论试图通过调节限制个人选择的压力来"释放"个人;另一方面,经济个人主义理论旨在实现一种完全不同的自由类型,即不受外部监管的"市场"自由。人们尚未充分认识到,"市场"自由本质上是个人和团体相互强迫的自由,国家机构自身巩固了强迫的权力。②

这与19世纪家庭法的相似之处令人惊奇。家庭法的原则旨在基于外部监管以"释放"个体家庭成员。然而,女性主义者认为,这种自由实质上是丈夫强迫妻子的自由,这种"强迫的权力通过国家自身的机构得到巩固"③。

对女性主义者攻击国家中立性的一个回应是,逐渐颁布貌似更中立的法律。19世纪末和20世纪,许多为男性提供法律特权的法律被提供法律平等的法律和法院裁决取代。④ 就这一法律变化对女性实际屈从地位的影响已经展开辩论,⑤但这里令人感兴趣的是,在法律上平等

---

① Dawson, "Economic Duress—An Essay in Perspective", 45 *Mich. L. Rev.*, 253(1947).
② Dawson, "Economic Duress—An Essay in Perspective", 45 *Mich. L. Rev.*, 266(1947).
③ Dawson, "Economic Duress—An Essay in Perspective", 45 *Mich. L. Rev.*, 266(1947).
④ 例如参见 J. Schouler, *A Treatise on the Law of Marriage, Divorce, Separation and Domestic Relations*, 6ed, 1921, §4。斯库勒观察到:

> 此乃19世纪后半叶发生于美国和英国的一场异乎寻常的运动,要求赋予妻子在各方面与丈夫同等的权利,目前几乎可以说,这是现代妻子拥有合法权利之最成功的改革。对我们所有人而言,幸运的是,她不运动,而是早上离开家去上班,由自己领取和保管工资,并让丈夫去做家务和照顾孩子。

J. Schouler, *A Treatise on the Law of Marriage, Divorce, Separation and Domestic Relations*, 6ed, 1921, §5。

⑤ 例如参见 Powers, "Sex Segregation and the Ambivalent Directions of Sex Discrimination Law", *Wis. L. Rev.*, 88-102(1979)。

的夫妻之间主张国家中立,在多大程度上与在法律上平等的企业家和工人之间宣称国家中立一样,容易受到同样的攻击。迈向法律平等的行动确实意味着解释或否认女性从属地位的方式发生了转变。它可以被视作从合法化女性的从属地位之直接方式向间接方式的转变。① 正如用不同且本质上不可比拟之领域的概念取代了上帝创造的女性不如男性的说法,隔离领域的概念为两性实际平等的主张所取代。

(三) 阶段理论并行——"滞后理论"

我们目前思考和谈论市场与家庭的方式,深受我们对这些概念的看法的历史的影响。一个颇具影响力的观念是,家庭摆脱封建主义的速度比市场慢;市场似乎是更进步的机构,引领着现代化的道路,家庭则遵循缓慢但平行的发展。根据这种"滞后理论",家庭内部的变化重新出现,但滞后于市场的变化。② 当我们努力理解滞后理论及其对我们当前思维的影响时,③考察关于市场和家庭的历史阶段的流行信念是有用的。我并非意图详述这两个组织的实际历史。相反,我将勾勒出我

---

① 女性的从属地位乃通过声称上帝或自然使女性实际低人一等,而得到直接合法化。例如参见 Corinthians 11:3-11:16; Timothy 2:82:15。它通过主张女性能力平等,她们的从属地位出于自身行为,而得到间接合法化。关于导致女性接受从属地位之条件的讨论,参见 Bem & Bem, "Homogenizing the American Woman: The Power of an Unconscious Ideology", in A. Jagger & P. Struhl eds., *Feminist Frameworks*, 6-23, 1978;参见 Freeman, "Legitimizing Racial Discrimination Through Antidiscrimination Law: A Critical Review of Supreme Court Doctrine", 62 *Minn. L. Rev.*, 1049(1978)(认为种族主义和反歧视法有助于合法化少数族裔的从属地位)。另一种对女性从属地位的间接合法化,将个别女性在取得成功之路上的特定失败视作个人缺点而非社会缺陷,从而将精力引导至内向的解决方案,而不是社会变革。
② 就为什么家庭应该落后于市场,存在诸多不同的解释;这些解释从相当简单的家庭作为市场的经济"基础"决定之"上层建筑"的组成部分的观念,到不那么物质主义的主张,即家庭捕捉并保留过去的理想以缓和变革的道路。参见 J. Mitchell, *Woman's Estate*, 1971, 152-158。这些理论涉及一些松散的观念,即不同的组织恰好在不同的时间自由化,以及一些观点,即相信由于家庭的形式是由市场决定的,而且家庭的存在是为了服务市场,家庭便必须紧随于市场之后,就像一个传统的印度女性将在两步之后紧随她的丈夫一样。此处的重点不在于这些解释中的哪一种(如果有的话)可能是对现实的准确描述,甚至不是滞后理论通常是对还是错,而是滞后理论对我们的市场和家庭观念的影响。
③ 例如,滞后理论虽然促进了家庭改革,但也强化了我们关于家庭作为一个落后组织的印象,并维持它低下的地位。从滞后理论的视角看,市场为改善家庭提供了一个模型。

们有关市场和家庭之历史发展的传统(即便有些简化,但仍强大)信念。

1. 市场阶段

在封建时期,个人不期望平等。① 等级制度是事物自然秩序的组成部分,尊崇上级即是尊崇上帝。即使某人可能适当地改变他在现存等级制度中的特殊地位,但试图改变等级制度本身将是耻辱。每个人都被认为有兴趣让下级和上级留在自己的位置上。反映和维持这种等级制度的法律不被视为对自由的破坏。法律反对的不是自由而是意志,②一个人越是追求自由,就越受法律而非上级专断意志的支配。"毋论地位高低,他们均坚持扩大生活中规则的数量,以此来寻求自由。"③

在那段时间里,不存在国家和市民社会的二元论。国家未曾被视作干预社会,因为国家没有与社会分离。即使当论及国家和社会作为独立实体变得有意义时,只要国家反映上帝选择的等级制度,"国家干预"便没有什么特殊问题。从某种程度上讲,法律准确地反映了等级制度,而且这种等级制度被视为具有合法性,法律本身将被认为是具有合法性的。④

随着自由市场的兴起,这种情况发生了改变。社会和经济关系失去了直接的政治属性,国家成为反对市民社会的事物。自由不再被视作依赖于法律的状态,⑤而是人类固有的品质。⑥ 关于社会等级的规则,也即保护人们免受上级专断意志的支配,这种支配被视为"束缚自由"⑦。逐渐地,这些束缚开始松动,而且国家似乎退出了市场。法律的

---

① 参见 R. Southern, *The Making of the Middle Ages*, 1953, 98-117(描述了封建社会的等级结构)。
② R. Southern, *The Making of the Middle Ages*, 1953, 107-08.
③ R. Southern, *The Making of the Middle Ages*, 1953, 108.
④ 参见 Kennedy, *Form and Substance*, 1725。
⑤ 参见 R. Southern, *The Making of the Middle Ages*, 108。
⑥ 关于这种意识形态在多大程度上包含女性及早期自由主义思想如何理解性别差异的讨论,参见 S. Oxin, *Women in Western Political Thought*, 1979, 99-105; 197-230; 106-194(详细审视卢梭关于女性的思想)。
⑦ R. Southern, *The Making of the Middle Ages*, 108(描述社会"乏味的等级和令人讨厌的规则"之前的时期被视为"对自由的诸多束缚")。

主要作用被认为是保护所有人都平等享有的权利。①

当然,法律平等并没有带来社会或经济平等,而且国家未曾完全离开市场。然而,这些变化非常重要。当人类被视作生而平等时,他们此后的不平等就必须被解释或否定。自由放任的意识形态,要么否认这种不平等,要么将之具体化和私人化。一些人比其他人更富有,归咎于自身的努力及有关供需的法律。这种解释倾向于将不平等的责任强加于受害者。因此,合法化的模式从直接承认普遍等级制度转变为间接证明法律平等之间的严重不平等。

市场的第三个阶段,我将之称为福利国家,特点是承认国家对经济活动的监管,包括工资和工时法、反垄断法、消费者保护条例、建立国家货币管理系统等立法改革。② 自由市场制度虽然奠基于人人平等和国家应当一视同仁的观念,但19世纪末期的福利立法经常实行特殊主体特殊对待。例如,据说雇主和雇员之间的关系产生了某些雇主为保护雇员而承担的非合同义务。因此,身份产生了各种可能被视为利他主义的义务,因为一种特定的关系需要各种形式的互动,而不是基于个人眼前利益的期望。

福利国家的宣传者可能会指出如下区别:在19世纪,人们被平等对待,但被允许维持严重的不平等;在20世纪,人们认识到了实际的不平等,通过这种认识,有可能设计出使人民在现实中更加平等的法律。然而,福利国家的反对者认为,不平等对待人民是错误的。例如,20世纪初期,他们声称,法律通过将工人视为无法签订劳动合同的劣等存在

---

① 奴隶、女性、儿童及某些穷苦男性被排除在"所有"类别之外。对他们的排斥往往被视作理所当然的并且被忽视,但某些作者竭力辩解、否认或谴责这种排斥。例如参见 J. Locke, *The Second Treatise of Government*, J. Gough eds., 1952, 13-14(合法化对奴隶的排斥);30-44(合法化对儿童的排斥)。J. Stephen, *Liberty, Equality, Fraternity*, 2ed, 1874, 188-210(合法化对女性的排斥)。

② 我不是用狭义的、现代意义上的"福利国家"一词来指代官僚化现金转移支付制度,这种制度要求政府向有需要的个人支付现金。相反,我所说的福利国家是指取代19世纪自由市场的市场体系。参见 K. Polanyi, *The Great Transformation*, 1944, 223-236。

而贬低之,要求他们每天工作 10 小时以上,①或禁止他们加入工会。②

实际不平等与压迫在福利国家中被合理化和合法化的方式,与其在自由放任理论下被合理化和合法化的方式不同。国家仍然被视为与个人完全对立的存在,但现在,它的作用不仅仅是合法化或缓和个人同他人之间的互动。国家亦被视为具备再分配功能,并保护个人免于陷入绝境。国家的合法性在一定程度上取决于如下信念,也即国家已经提供一切必要的保护,而且尽可能多地进行再分配,而不会造成弊大于利的结果。③

因此,与自由市场不同,福利国家拒绝不干预,并颁布了考虑到人民经济状况的补救性立法。亦与封建制度不同,福利国家拒绝明确的等级制度,并设想国家调控社会以促进平等。

2. 家庭的各阶段

正如人们不认为封建国家与市民社会之间存在明显的分离,封建家庭也未被视作与其他经济生活相分离,④市场和家庭之间不存在二元论。等级家庭是等级社会的组成部分。家庭生活受到复杂的规则和法律系统的高度管制,⑤当市民社会与国家分离、家庭与市场分离时,其中的许多规则和法律依旧在发挥作用。直至 19 世纪,家庭内部的等级划分仍然是公开和合法的。

家庭发展的下一个阶段,男女独立领域的观念在传统等级制度和法律平等之间提供了一种中间地带。据说女人有其特性,而非低人一等。在这个阶段,女性在法律层面上开始获得了更大的平等。女性的领域逐渐扩大,在某些情况下包含此前划归于男性领域的家庭"对外关

---

① 参见 Lochner v. New York, 198 U. S. 45, 57(1905)。
② 参见 Coppage v. Kansas, 236 U. S. 1(1915)。
③ 参见 N. Furniss & T. Tilton, *The Case for the Welfare State*, 1977。
④ 参见 J. Flandrin, *Families in Former Times*, 1979, 1-2。
⑤ 虽然我们认为这种对家庭的监管大部分是教会而非国家的产物——例如,在英国,直到 19 世纪,与家庭有关的大多数事宜由教会法庭处理——但在封建时期,由于教会和国家的融合,故这种区分在很大程度上没有意义。然而,如果可作区分,归属于国家而非教会的监管数量仍然相当可观。参见 E. Shorter, *The Making of the Modern Family*, 1975, 44-53。

系"。大约在19世纪中叶,各州开始颁布已婚妇女财产法,并且人们时而宣称母亲对子女享有平等监护权。①

家庭自由化的标志是平等的法律权利和国家的退出。这种趋势持续至今,家庭逐渐呈现出与自由市场相关的诸多特征。男性对女性的法律优越性以及父母对儿童的法律优越性日渐削弱。此外,国家在许多领域继续退出家庭。离婚限制稳步减少,法院越来越愿意允许当事人通过合同来调整婚姻关系,而不是由国家规定影响婚姻关系的事件。② 最高法院新近的案件倾向于取消国家对生育决定和已婚人士之间或他们与第三方之间性关系的监管。③

然而,随着这种自由化的发生,我们也进入了监管家庭的最新阶段。例如,早在19世纪,法院就开始使用裁决儿童监护权案件④和准予

---

① 参见 Miller v. Morrison, 43 Kan. 446, 23, 612(1890)(主张父母拥有平等和共同的子女监护权,并声称国家通常"倾向于法律上的男女平等");English v. English, 32 N. J. Eq. 738(1880)(根据子女的最大利益确定监护权,而不是父亲的普通法特权);Commonwealth ex rel. Myers v. Myers, 18 Pa. C. 385(1896)(适用州的平等监护法);参见 Hewitt v. Long, 76 Ill. 399(1875)(批判普通法中父亲权利的"傲慢",并宣称母亲的权利不会被忽视);McShan v. McShan, 56 Miss. 413(1879)(声称父亲的监护特权并非绝对,法院将调查整体的情况)。
② 参见 Shultz, "Contractual Ordering of Marriage: A New Model for State Policy", 70 Calif. L. Rev., 204, 280-86(1982)。
③ 例如参见 Carey v. Population Servs. Int'l, 431 U. S. 678(1977)(废除国家禁止非药剂师发放和宣传避孕药具的禁令);Planned Parenthood v. Danforth, 428 U. S. 52(1976)(限制国家对堕胎的管制权);Roe v. Wade, 410 U. S. 113(1973)(废除国家的堕胎禁令);Eisenstadt v. Baird, 405 U. S. 438(1972)(废除各州禁止向未婚人士分发避孕药具的禁令);Griswold v. Connecticut, 381 U. S. 479(1965)(废除国家禁止已婚夫妇使用避孕药具的法律)。参见"Developments in the Law—The Constitution and the Family", 93 Harv. L. Rev., 1256, 1296-1308(1980)(关于生育权的调查决定,以下简写为 Developments); Note, "On Privacy: Constitutional Protection for Personal Liberty", 48 N. Y. U. L. Rev., 670, 719-738(1973)(调查国家干预私人性行为的挑战)。
④ 参见 Commonwealth v. Briggs, 33 Mass. 203(1834)(命令将子女监护权从妻子转移到丈夫,以避免"制裁"妻子在未经许可的情况下与丈夫分居);People ex rel. Brooks v. Brooks, 35 Barb. 85 (N. Y. App. Div. 1861)(当发现妻子无正当理由离开丈夫时,拒绝适用平等的父母监护权法规);参见 Commonwealth ex rel. Myers v. Myers, 18 Pa. C. 385(1896)(由于法院取消了用监护权决定来控制妻子婚外行为的权力,而批判平等监护权法)。但参见 Allen v. Affleck, 10 Daly 509 (N. Y. Ct. Common Pleas 1882)(主张监护权法不应该被用以强迫不情愿的丈夫和妻子同居)。

离婚①的权力,作为规范夫妻婚姻行为的一种手段。临近20世纪初期,②童工立法和义务教育法为父母对子女的控制产生了重大的影响。正如市场的福利国家阶段,在家庭的最新阶段,国家政策通常对特定群体予以特殊对待。针对家庭的监管持续至今,而且立法现今为妻儿提供了保护。③例如,各州为处理受虐妻子的问题而通过的许多条款都涉及赋予妻子反抗丈夫的补救权,这种权利是不允许针对第三方行使的。④

3. 依据市场批判家庭

妇女政权论者及其他19世纪的家庭关系批评家,经常将当代市场的进步特征作为批判的素材。权利和机会平等的市场意识形态与剥夺女性法律平等的结构和法律规定背道而驰,并仅为她们提供有限的机会。伊丽莎白·卡迪·斯坦顿(Elizabeth Cady Stanton)告知纽约市议会,当某个女性"翻阅你们的法令全书,在其中看到你们的自由人把持着你们的女性,无异于封建贵族"时,⑤她的灵魂中充满了"燃烧的愤怒"。正如农奴受制于主人的专断意志,妻子亦受制于丈夫的专断意志。女性主义者要求妻子从这样的从属关系中解脱出来。斯坦顿强烈要求立法停止将婚姻视为"一种半世俗半神圣的制度"。如果婚姻被视

---

① 这种间接监管包含意识形态和实践两个组成部分。作为一个实践问题,某些行为可以通过允许与施害配偶离婚来阻止。这对女性(因为如果妻子被获准离婚,她可能会被拒付扶养费),以及那些出于任何原因希望维持破裂婚姻关系的配偶尤为重要。在意识形态上,将特定行为纳入离婚的理由是一项不赞成这种行为的社会声明。例如,将虐待作为离婚的理由,是收回丈夫管教妻子之明确授权的重要一步。
② 国家对贫困家庭的直接监管比对富裕家庭的直接监管要早得多。例如,在18、19世纪,无论父母的意愿如何,贫穷的孩子可以而且经常成为学徒。参见 TenBroek, "California's Dual System of Family Law: Its Origin, Development, and Present Status (pt. 1)", 16 *STAN. L. REV.*, 257, 271-81, 295(1964)。
③ 参见 Note, "Domestic Violence: Legislative and Judicial Remedies", 2 *Harv. Women's L. J.*, 167, 169-73(1979)。该立法的示例,参见 Mass. Gen. Laws Ann. ch. 209A (West Supp. 1983)。
④ 参见 People v. Cameron, 53 Cal. App. 3d 786, 790-97, 126 Cal. Rptr. 44, 4651 (1975)。
⑤ Address by Elizabeth Cady Stanton to the New York State Legislature (1860), reprinted in *Feminism*, 115.

作一种民事契约,她竭力主张"让它接受调整所有其他契约的法律的调整"①。

哈里特·泰勒·米尔(Harriet Taylor Miller)在于1851年发表的一篇文章中阐述了家庭关系的进步滞后于经济进步的观点。② 她认为,世界刚刚开始"摆脱不公正","如今才消除君主专制主义"和"世袭封建贵族"。③ 她继续谈道:

> 我们不为它对女性的作用并非如此之大而感到奇怪吗? 直至最后几代人,社会才得以形成,不平等是其根基;基于平等权利的结社几乎不存在;平等即是敌人;除非法律规定其中一人应当为另一人的上级,否则两个人很难在任何事项上合作,或在任何友好的关系中相遇。人类已经超越了这种状态,而且现在所有事物都倾向于取代,作为人类关系的一般原则仅仅是平等而非强者的统治。但是,在所有关系中,两性之间的关系最亲近,亦最私密,并与最强烈的情感相联系,故肯定是最后抛弃旧规则并接受新规则的关系……。④

在20世纪,女性主义者继续提出用个人自由来反对更传统之"家庭"价值观的主张。女性主义者对解放的要求被引导至与自由市场相关的个人权利的主张上。自由主义改革对个人主义及女性和儿童追求自身利益之权利的关注,在某种程度上使家庭关系类似于市场关系。⑤

---

① Address by Elizabeth Cady Stanton to the New York State Legislature (1860), reprinted in *Feminism*, 113.
② 参见 H. T. Mill, "Enfranchisement of Women", in J. S. Mill & H. T. Mill, *Essays on Sex Equality*, 1970, 89, 99-100。
③ H. T. Mill, "Enfranchisement of Women", in J. S. Mill & H. T. Mill, *Essays on Sex Equality*, 1970, 99.
④ H. T. Mill, "Enfranchisement of Women", in J. S. Mill & H. T. Mill, *Essays on Sex Equality*, 1970, 99-100.
⑤ 有人抱怨资本主义市场的"经济理性"已渗透进家庭关系,参见 C. Lasch, *Haven in a Heartless World*, 1977, 36。

19世纪的女性主义者抨击私人家庭的封建性质；同时，当前女性主义文学中的重要分支抨击自由放任主义对自由家庭的态度。[1] 法律平等本身不足以缓解统治和从属的实际状况。正如有人说市场的自由运作会带来难以接受的后果一样，家庭的自由运作亦将会导致统治和压迫。[2] 许多关于让国家机构以改善女性状况的立法建议，均是基于对这种实际不平等的立法承认，并可以说涉及对两性的不平等对待。简言之，推动市场迈向福利国家的国家干预和特别补救立法得益于一些现代家庭的女性主义批判家的呼吁。此外，抽象、独立、平等个人的自由市场理想正在受到女性主义者的攻击，[3] 就像半个多世纪之前受到市场改革者的进步攻击一样。

因此，可以说在19世纪，自由市场为攻击"封建"家庭提供了意识形态基础；而在20世纪，福利国家为攻击家庭是反社会和事实上不平等的提供了基础。19世纪，在家庭内部支持个人主义和法律平等的努力被视作进步；20世纪，类似于五十多年前对自由放任市场的攻击，将家庭推向成为福利国家机构的方向。在这两种情况下，市场均提供了一种模式，而且改革努力的效果之一是国家的监管倾向于使家庭更像市场。

（四）其他构想：否定理论

1. 市场和家庭的根本对立

滞后理论的局限之一是，未能解释市场和家庭之间的另一种关系——否定关系。在19世纪，当市场和家庭两者都变成"私人的"时，它们之间被认为存在根本性的对立。市场被视为是竞争性的，家庭则

---

[1] 参见资料来源引自 Easton, "Feminism and the Contemporary Family", 8 *Socialist Rev.*, May-June 1978, ix, reprinted in *A Heritage of Her Own* 555 (N. Cott & E. Pleck eds. 1979) (以下简写为 *Heritage*); Taub and Schneider。
[2] Easton, "Feminism and the Contemporary Family", 8 *Socialist Rev.*, May-June 1978, ix, reprinted in *Heritage*; Taub and Schneider.
[3] 参见 Easton, "Feminism and the Contemporary Family", 29-34, reprinted in *Heritage*, 571-75。

相互合作。市场是一个竞技场,在这个竞技场上,个人应该最自由地追求自己的利益,不必因为自己的行为对他人造成影响而负责任。事实上,自由主义意识形态的一个重要原则是,市场上的利己主义行为不仅可以被接受,而且有益于整个社会。市场受到个人主义道德的激励,无私的行为被认为是既愚蠢又不必要的。

相比之下,家庭奠基于利他主义伦理。婚姻被视为共同生活的决定,家庭生活的共同目标应取代家庭成员个人的利己主义目标。无论是丈夫还是妻子,都不被期望追求自身利益超过他人利益。分享和自我牺牲被视作合适的家庭行为。[1]

个人主义和利他主义的对立伦理,伴随国家在市场和家庭中扮演之恰当角色的相反形象。维持私人市场被认为需要国家限制和指导自身行动,以最大限度地增加个人签订他们可能希望订立之任何合同的机会。缔约当事人表达意愿旨在确定双方关系的条款;国家不是篡改这些条款,而是要把每个人当作抽象的平等来对待。同时,人们期望国家强制执行个人通过合同自愿确定的关系。从此意义上讲,市场的竞技场完全合法化,当事人的意志所订立的条款可以通过法院、由国家权力强制执行。[2] 可以要求国家强制机构保护每个人免遭市场上的犯罪、侵权以及违约行为的侵害。

然而,在家庭内部,私有化即意味着非法化。国家拒绝赋予双方为确定自己婚姻的权利、义务和责任所倾付之任何努力以法律效力。一旦一个男人和一个女人结婚,他们之间便再也不能够缔结具有可强制执行性的合同。[3] 在家庭内部,私有化创设了一种有限的"自然状态",在这里,国家拒绝保护某位家庭成员免遭任何其他家庭成员的侵害。

---

[1] 关于这类家庭的经典观点,参见 L. Alcott, *Little Women*, Boston, 1868。
[2] 参见 Pound, "The End of Law as Developed In Juristic Thought (pt. 2)", 30 *Harv. L. Rev.*, 201, 203, 210(1917)(论及法律逐步迈向个人自由制度的理论,包括"权利、义务和责任源于自愿行动")。
[3] 参见 H. Clark, *The Law of Domestic Relations in the United States*, 1968, 220, §7.1。他们也不能够通过婚前协议来改变婚姻关系的条款。例如参见 French v. McAnarney, 290 Mass. 544, 195 N. E. 714(1935)(妻子违反公共政策,放弃任何扶养规定,以换取丈夫同意承认他们的非婚生子女的合同无效)。

这些拒绝是家庭私有化和国家不干预家庭关系的重要组成部分。然而,当国家承诺界定婚姻关系,并强制执行它决定的每个家庭成员将扮演的角色时,通常不被认为是国家干预。家庭私有化的观念不代表其成员应当决定自身的角色,并能依赖国家强制执行这些角色。相反,在私人家庭中,个人的唯一选择是同谁结婚;此后,个人主义便被国家设定的利他主义取代。

因此,如果法院盲目地执行合同,并拒绝对双方之间现存关系中的权益做出任何独立的判断,那么市场即被国家孤立。相比之下,如果法院断然拒绝执行家庭成员之间的合同,并坚持权威地界定家庭关系,家庭则会被国家孤立。市场法治化和家庭非法化都避免了详细的国家调查和临时调整,但它们采取了相反的方式。当市场变成"私人"的时,国家即撤回对这一领域之个人主义的控制。相对而言,通过相信激励家庭生活的利他主义原则,国家将家庭视作"私人"的。

2. 根本对立的限制

当然,反对利他主义家庭的个人主义市场形象不是真实的图景,即便是市场和家庭的理想,亦比这幅图景看起来要复杂得多。尽管有人声称国家已经退出市场,但市场关系中存在不可化约的利他主义因素;尽管家庭内部主张分享,但家庭关系中始终存在着不可化约的利己主义因素。

在市场上,人们应当仅关注自我利益的假设在实践中向来有恰当之处。市场参与者有时会将自己的利己行为解释并证明为市场压力的恶果,无论相信与否,这些"利他主义"主张在市场上比比皆是。[1] 此外,市场已经合法化的事实——国家强制执行合同法和侵权行为法——要求,尽管市场关系被视作完全由个人的自由意志所决定,法院将会不可避免地参与到市场关系的设定中。任何此类合法化都具有利

---

[1] 当雇主拒绝加薪的要求时,他更有可能指出竞争压力,而不是仅仅声称他不会再付钱,因为他可以以更低的价格雇佣其他工人。导致雇主相信他欠工人一个解释的"利他主义",可以被视作一种更开明的自利版本。为详细阐述我正在使用的"利他主义"术语的内涵,参见 Kennedy, *Form and Substance in Private Law Adjudication*, 1717 & n. 79。

同样,家庭并非真的是一个分享和彼此牺牲的利他机构。相反,它是父权制的,由此产生的任何牺牲往往都具有片面性。据说,女性是无私的,仅仅因为她们缺乏自我谋生的手段。② 她们在经济上依靠丈夫,直至20世纪中叶已婚妇女财产法的通过前,女性获得的任何财产或收入均归于丈夫。③ 男性供养妻儿,但只要这种供养超出了最低生活水平,他便可以自行决定提供资助的多寡。④

此外,非法化的家庭跟市场非常类似。女性为了经济安全不得不结婚,因此创建新家庭的行为本身就是市场交易。⑤ 更基本的是,家庭的非法化带来同市场合法化一样的内在矛盾。非法化仅仅创造了有限的"自然状态";一旦国家承诺界定婚姻关系,它便不可能拒绝执行当事人的个人意志。国家的活动必然鼓励或阻碍特定个人依照当事人的利己主义行为重整家庭关系。例如,国家可能避免听取家庭成员之间的侵权控诉,并且可能不将大多数家庭内部的行为规定为刑事犯罪,但是

---

① Kennedy, *Form and Substance in Private Law Adjudication*, 1717-1722. 正如涂尔干在半个世纪前指出的那样,承认和保障人民之间的任何权利都必然是一种团结的形式;而且,这种强制执行具有利他主义的元素,不能够简化为开明的个人主义。参见 E. Durkheim, *The Division of Labor in Society*, translated by A. Simpson, 121-122(1933)。反盗窃法可以被视为国家对未能为自身利益采取有效行动的所有权人的保护。侵权法同样保护未能照顾好自己的受害者,并迫使侵权者考虑他的行为可能对受害者造成的损失。即使国家执行合同,也可以保护未能保护自己的一方免于违约,并迫使违约方赔偿受害人的损失。

② 参见 N. Cott, *The Bonds of Womanhood*, 20-21(1977)。

③ 衡平法院修改了这一规则,使得富裕家庭能够将财产交给女性成员,但这一修改不影响丈夫享有妻子的服务和收入的规则。参见 H. Clark, *The Law of Domestic Relations in the United States*, §7.1, 219-21。

④ 例如参见 McGuire v. McGuire, 157 Neb. 226, 238, 59 N. W. 2d 336(1953),"只要家庭被维系、双方以夫妻的名义生活,就可以说丈夫在法律上支持了妻子"。

⑤ 露西·斯通谴责了女性的经济依赖对"婚姻关系的可怕扭曲"。Extemporaneous remarks by Lucy Stone, "National Woman's Rights Convention (1855)", reprinted in *Feminism*, 108.

简·奥斯丁的小说试图创造一种道德,这种道德将理解婚姻市场的存在,并防止该市场败坏爱情和亲情的观念。凭借婚姻在社会上取得进步的女性是值得敬佩的(《傲慢与偏见》中的伊丽莎白·班纳特和珍妮·班纳特及《艾玛》中的简·费尔法克斯),那些为财富而结婚却无感情的女性则受到谴责或怜悯(《曼斯菲尔德庄园》中的玛利亚和《傲慢与偏见》中的夏洛特·卢卡斯)。参见 J. Austen, *Emma* (London 1816); J. Austen, *Mansfield Park* (London 1814); J. Austen, *Pride and Prejudice* (London 1813)。

它从不愿意将"不干涉"带至为配偶提供从谋杀法中豁免的地步。①

3. 市场和家庭的相互依存

尽管人们认为市场和家庭之间存在根本性的对立,但他们也相信每个领域的力量均取决于另一个领域的存在,每个领域都从另一个领域的存在中获得合法性。市场是可以接受的,部分原因在于它不是唯一的领域;除此之外,还有家庭。私人家庭的意识形态提供了一种保证,也即某些传统的人类价值观在被驱逐出市场之后,不会被社会抛弃。家庭为男性提供了利他主义的动机和理由,让他们在市场上进行个人主义的斗争。家庭还为男性在堕落的世界中②遭受的痛苦提供了补偿,从而减少了对市场之日益非人化的抵抗。

自由市场的存在使男性和女性都更容易接受家庭生活的限制。市场提供了自由和危险的映象。危险的映像使市场成为家庭之外可怕的替代物,从而往往使女性与自身被设定的领域相调和。此外,此种映象为男性将女性排除在其领域之外提供了冠冕堂皇的理由。与此同时,无论是实际的还是想象的,市场的自由都使男人更容易忍受家庭生活的局限面向。

4. 利用家庭批判市场

除质疑自由放任制度的可能性和现实性外,市场的批评者还利用家庭的利他主义价值观来攻击市场价值观。③ 督促合作,反对竞争;鼓励联合,反对个人主义。自私自利的人不被视作完整的人,毋宁说理想的人。因为有人这么说,在市场上,公共利益为了私人利益而被忽视,一些观察者认为,国家必须规范强势行为者的私人权利,以防止他们支配弱势行为者。他们警告称,如果没有国家的监管,市场将破坏人类价值观,即使看似促进了自由和个人权利。

---

① 然而,这关乎配偶的地位:谋杀丈夫过去作为一种叛国罪受到特别严厉的惩罚,谋杀通奸妻子在特定情况下则是被允许的,无论根据法律表达,还是其执行情况。
② 参见 Mitchell, *Woman's Estate*, 154。
③ 当滞后理论集中于将市场作为家庭的模型时,否定理论将市场和家庭视作为彼此提供模型。从某种程度上讲,家庭为市场批判提供了依据,滞后理论本身没有充分把握我们对家庭和市场之间关系的理解。

除为直接批评市场提供依据以外,源自家庭的映象还在市场中被用以改善不人道的市场条件——或至少看起来是这样做的。将家庭意识形态引入市场的最著名尝试是乔治·普尔曼(George Pullman)在他位于伊利诺伊州的卧铺汽车工厂开展的项目。普尔曼为他的工人建立了一个公司小镇,并试图将该小镇塑造成以其自身为权威人物的稳定父权制社区。① 有关该项目的文献强调家庭价值观,而且普尔曼对工人采取了一种公开的家长式态度。无论成功与否,② 这些实验对努力与市场价值观和家庭的形象相适具有重要意义。

5. 私有家庭和福利国家与封建主义的区别

虽然19世纪的私人家庭可能看似"封建",但也是自由社会的重要元素。市场和家庭共同创造了一个复杂的结构,其中二者彼此影响并相互界定。将家庭价值观和映象运用至市场上可能同样看起来是"封建的",但情况再次变得更复杂。在福利国家的社会规则中表现出来的家长式或基于群体的理想,确实代表了家庭理想对市场的渗透,③ 不能完全解释为一种对于封建主义的回归,它们不仅仅是保存在家庭中的残余封建价值观。

诚然,保守的社会改革者在攻击工业资本主义时,经常诉诸封建主义价值观念。封建社会有时候被用作批评早期实业家的狭隘自我利益和缺乏社会责任感的典范,并归咎于资本主义制度。据说,"青年英格兰"的成员——在罗伯特·皮尔(Robert Peel)爵士执政期间,由迪斯雷利(Disraeli)领导的叛徒托利党——"鼓吹了一种复兴和精神化的封建

---

① 参见 S. Lens, *The Labor Wars*, 1973, 80, 86-87。另一个众所周知的将家庭价值观运用至市场的努力被称为"洛厄尔工厂系统"。它成立于18世纪20年代,当时纺织厂老板招募新英格兰农民的女儿来经营纺织厂。参见 H. Robinson, *Loom and Spindle*, 1898, 7。老板通过要求年轻女性住在由成熟基督徒女性组成的特殊寄宿公寓中,从而营造了一种规矩的氛围,并试图"对他们工人的生活施加父亲式的影响"。参见 H. Robinson, *Loom and Spindle*, 1898, 7, 79-80。
② 见 R. Sennett, *Authority*, 1980, 62-74(描述普尔曼计划的失败);Addams, *A Modem Lear*, 1912, 29, Surv. Mag. 13(描述普尔曼的失败及其与李尔王的对比), quoted in R. Sennett, supra, 67-69。
③ 滞后理论和否定理论不是相互竞争的理论。每一种都是理解我们如何看待家庭和市场的重要方式,尽管两种均不能够完全捕捉我们的想法。

主义"①。

同样地,罗斯科·庞德(Roscoe Pound)将1930年的福利国家描述为"新的封建制度"。② 他认为,封建主义特有的那种关系已经取代或者正在取代美国地方经济自给自足早期的个人主义社会。典型的劳动者或商人并不是自由竞争的独立个体;相反,他在某家公司工作,为公司提供服务并得到公司的庇护。独立企业正在合并成为规模更大的公司,并带来庞德所说的"封建的企业组织"③。社会秩序日益不围绕孤立竞争的个人及其权利,而是涉及服务和保护的互惠义务关系。

然而,福利国家的意识形态不能够简化为封建主义。庞德本人承认,我们绝不会"完全"回到封建社会组织中去。④ 与封建社会相比,福利国家基于政府控制,并倡导平等的意识形态。国家承诺调节市场,并以这种调节主要是保护公民和促进平等为由为其辩护。在封建制度中,人们无法想象国家可能改革市民社会,因为国家未曾被视作与市民社会相分离的存在。此外,封建制度有意划分等级;封建社会不赞同人民是或应该是平等的这一信念。

这两种差异对国家和市民社会之间的二元论尤为重要。虽然在福利国家中,国家和市民社会似乎是贯通的,但两者之间的区别如此之大甚或更大。一些保守派抱怨国家接管市场,而某些修正主义者认为,福利国家由那些已经控制市场的强大企业家所创造,他们掌握了国家机器并为维护私人利益而利用它来调节市场。⑤ 然而,国家和市场(市民社会)之间的二元论仍然存在,并在维持现状方面发挥着至关重要的辩护作用。

正如自由市场意识形态倾向于通过主张所有人的法律平等来使现状合法化,福利国家意识形态通过声称促进与社会普遍福利相一致的

---

① P. Smith, *Disraelian Conservatism and Social Reform*, 1967, 8.
② Pound, "The New Feudal System", 35 *Comm. L. J.*, 397(1930).
③ Pound, "The New Feudal System", 35 *Comm. L. J.*, 402(1930).
④ Pound, "The New Feudal System", 35 *Comm. L. J.*, 403(1930).
⑤ 例如参见 G. Kolko, *The Triumph of Conservatism*, 1963, 2-10(1963)("监管……总是受制于监管行业的领导者,并指向他们认为的可以接受或令人满意的目标")。

最大平等来使现状合法化。① 福利国家意识形态的关键要素之一是限制国家的活动。市民社会从来没有被国家吞并或征服,国家总是缺乏生产资料的公有制或投资决策的公共控制。

(五) 小结

随着封建主义的衰落,国家与市民社会、市场与家庭之间出现了二元分立。自由市场将平等主义意识形态与个人主义伦理结合起来。私人家庭将等级意识形态和利他主义伦理结合起来。在市场和家庭中,国家的活动均倾向于缓和这些特征。市场上的福利国家改革在减少个人主义的同时促进了一种新的等级制度。家庭的监管在削弱等级意识形态的同时促进了个人主义。

市场和家庭反映了国家和市民社会二元论的平行发展。自由市场和家庭的意识形态均试图通过强调所有人在国家层面的平等,来合法化实际上的不平等。据说不平等归因于人们之间的私人关系,故是市民社会的自然属性而不是国家的责任。目前有人断言,国家正在家庭和市场之中尽可能合理地促进平等,任何残余的不平等都是私人的或特殊的问题。

市场和家庭之间也存在相反的关系。虽然市场价值观为批判家庭提供了依据,家庭价值观亦为批判市场提供了依据。国家干预市场使市场更像家庭,国家干预家庭使家庭更像市场。

从有利于民主及主体之间关系的角度看,这些国家干预产生了两种截然不同的效果。如果促进了利他主义,那么对市场的干预是可取的,但如果它采取家庭等级的形式,并使不平等合法化和具体化,而不

---

① 对自由市场之现实性和连贯性的批判包含两个截然不同而且有些不相容的要素。见前文。第一种说法是,国家不能够独立于市民社会,而是深深地卷入市民社会的统治和等级制度中。这种批判因素颠覆了国家和市民社会之间的二元论。支持此种二元论的第二个要素是国家实际上并不中立,而是偏袒企业家而非工人。

　　这是批判的第二个要素,也只有第二个要素由福利国家解决。据说,市民社会的某些不平等问题由国家解决并调节。例如,福利国家声称通过专门保护工人免受自由市场潜在剥削的立法来扭转对工人的偏见。

是消除不平等,那么干预又是不可取的。国家介入保护工人;工人不会通过地方组织和巩固权力来维护自己的控制。① 同样,对家庭的干预是可取的,因为它促使女性主张更大的权力,并倾向于破坏正式的家庭等级制度;但就它促进个人主义并使等级制度具体化和合法化而非消除之而言,它又是不可取的。干预将家庭成员暴露在市场的剥削之下。此外,它需要国家介入,以平衡家庭互动的结果,国家介入不会使家庭民主化。

二、意识形态与法律改革

市场和家庭二元论渗透进我们的思想、语言和文化。它限制并耗尽了我们体验自身情感和创造性生活的方式,我们可以想象其重组共同生活的可能性,以及我们试图改变的方式。

在过去的两个世纪里,为改善女性的生活进行了广泛的改革。本部分讨论的改革努力及成败早已耳熟能详。不太熟悉的是改革未能取得更大成功的原因——改革破坏及改善女性生活的原因。通过从市场和家庭二元论的角度探讨这一问题,我希望能够对改革的尝试及好坏参半的结果有新的认识。

寻求提高女性地位的改革者试图改革家庭,要么(1)促进家庭内部的平等,要么(2)鼓励丈夫对妻子表现出无私的态度。改革者试图提高女性在市场中的地位,要么(1)通过要求市场主体平等对待两性,要么(2)通过使市场更适应女性的需求。从市场和家庭的角度看,这四类改革可以更笼统地描述为如下努力,分别是使家庭更像市场、使家庭更像理想家庭、使市场更像理想市场、使市场更像家庭。

虽然它很简单,但这种概念框架具有相当大的描述和分析能力。其一,这四个类别在多大程度上描绘了改革努力的大致轮廓,这表明从

---

① 家庭为安全、包容的市场体制提供了模式。激进的提案将废除国家和市民社会二元论,提出了一项通过利用市场和家庭二元论来保持国家和市民社会二元论的改革主义计划。在非常重要的方面,福利国家是家长式而非民主的。

市场和家庭之间二元论的角度来考虑这些努力,可能会获得洞见。其二,从这个角度审视改革,就会发现改革成功和失败的规律。使市场更像理想市场或家庭更像理想家庭的改革,往往会消除每种结构的不完善,但只要我们将市场和家庭视为一种二元论,市场和家庭的理想形象将仍然不完整而且不令人满意。市场的失败特性破坏市场的改革,家庭的失败特性破坏家庭的改革。

使家庭更像市场、市场更像家庭的改革,同样没有破除市场和家庭之间的二元论,但这种改革是破除市场和家庭二元论的前提。虽然这些改革似乎是迈向超越市场和家庭二元论的一步,但改革的经验表明,在每个领域中简单地再现失败和成功均是持久的趋势。市场和家庭二元论完好无损,改革的效果与其说是为克服二元论,不如说是简单地将之重新定位于每个领域。因此,旨在使家庭更像市场之改革的成功即是市场的成功:它们增加了自由和平等。同样地,此种改革的失败即是市场的失败:其一,改革促进的平等是法律上的平等,这往好里说是不够的,往坏里说是使市场平等特有的不平等结果合法化;其二,改革以市场个人主义为基础,这种个人主义削弱了共同的纽带,并助长了孤立。同样地,以家庭为模式完善市场的改革既反映了家庭的缺陷,又显示出了家庭的优点。这些改革的成功归因于缓和了市场个人主义的破坏性影响,但它们所取代的利他主义与等级制度紧密相连,最终不尽如人意。

平等和个人主义之间的联结是一方面,利他主义和等级制度之间的联结是另一方面——这一联结困扰着家庭和市场的改革——构成了改善女性生活之努力的核心问题。本部分的分析没有提供一个使改革更有效的方案,亦未规划出替代性的改革策略。相反,本部分试图从市场和家庭二元论的角度重新审视改革的努力,以便既了解问题的本质,又为超越这种二元论奠定基础。

(一)通过改革家庭提高女性地位的策略

致力于提高女性地位的家庭改革,倾向于鼓励家庭效仿市场的平均主义,或保护家庭免受市场之自私、个人主义倾向的影响,并鼓励丈夫善待妻子。

1. 通过市场批判实现更大程度的平等

(1) 独立和平等。布莱克斯通(Blackstone)关于中止妻子在婚姻关系存续期间①合法存在的著名格言,在早期的普通法条款中得到了支持,这些条款似乎将妻子的法律人格合并到丈夫的法律人格中。② 女性拥有合法所有权的任何财产一经结婚便转归丈夫所有,丈夫有权取得妻子在婚姻关系存续期间赚取的所有工资。已婚妇女不能够订立合同或执行遗嘱,她的丈夫应当对其侵权行为负责,如果实施犯罪行为时丈夫在场,丈夫便需要对妻子的罪行负责。丈夫有权"惩罚"妻子,强奸她,③并强迫她待在他的家中。通常,妻子不能够在法庭上指证丈夫。丈夫对孩子拥有完全的监护权。女性一旦结婚,便不能够离婚,只有在极端的情况下,她才被准许与丈夫分开生活。④

改革者谴责这些规定的封建性和压迫性,并努力为已婚女性发展出一种独立于丈夫的法律人格和主体身份。他们说服法院将父亲的优越监护权限定在子女身上,⑤使准许女性与丈夫分开的例外情形成倍增加,并在某些情况下听取妻子指控丈夫的证词。⑥ 衡平法院发展了财产所有权的形式,使富裕家庭能够为他们的女儿置办财产。⑦ 19 世

---

① 参见 W. Blackstone, *Commentaries*, 430。
② 关于妻子法律地位的简要概述,参见 H. Clark, *The Law of Domestic Relations in the United States*, §7.1, 219-22。
③ 参见 Woodhull, "The Elixir of Life", in *Feminism*, 152-54;又见 L. Gordon, *Woman's Body, Woman's Right*, 1976, 103-06(论及早期的女性主义者为确立妻子拒绝性行为的权利而进行的斗争)。
④ 参见 B. Babcock, A. Freedman, E. Norton & S. Ross, *Sex Discrimination and the Law*, 1975, 56-63。
⑤ 例如参见 State v. Smith, 6 Me. 462(1830); State v. Smith, 22 N.J.L. 286(1849);另参见 F. Olsen, *A History of Child Custody Law as Ideology*(追溯改革者努力限定父亲监护权的历史)。
⑥ 参见 People v. Mercein, 8 Paige Ch. 47, 52(N.Y. 1839)(论及允许女性就针对她的暴力行为做出不利于其丈夫的证词的例外情形是否应扩大,以允许她提交一份关于丈夫不适合监护其子女的宣誓书), rev'd, 25 Wend. 63, 73 (N.Y. Sup. Ct.), rev'd, 25 Wend. 83 (N.Y. 1840)。
⑦ 参见 H. Clark, *The Law of Domestic Relations in the United States*, §7.1, pp.221-22; Warren, "Husband's Rights to Wife's Services", 38 *HARV. L. REV.*, 421, 422(1925)。

纪中叶前后,几个州通过了允许女性拥有自己的财产、从事商业活动、订立合同、起诉、应诉以及保留可能赚取的任何工资的已婚妇女财产法。①

确立妻子独立和平等生存的改革一直持续至今,②并在许多方面使女性受益。它们通过破坏家庭等级制度的合法性和丈夫声言之压迫性特权,促进了女性在婚姻中的平等。但同时,这些改革的结果往往被证明对女性不利。虽然这些改革促进了平等,但它们也破坏了家庭的利他主义基础,从而将女性置于市场关系所特有的那种个性化的、特殊的统治之下。改革倾向于赋予女性平等权,却未使家庭民主化。

例如,已婚妇女财产法没有强制要求丈夫分享对家庭财富的权力,而是规定配偶双方拥有各自的财产。鉴于女性从事大量的无偿劳动,③男子拥有绝大多数财产并赚取大部分金钱,这些法律对大多数女性的生活几乎不产生任何影响。同样,当法律宣称妻子是子女的平等监护权人时,这一声明本身不妨碍丈夫就子女问题做出所有重要的决定。父亲权威的基础从法律优势转变为了其他形式的权力,如财务控制和身体力量,但该权威仍然存在。母亲可能不再仅仅因为是妻子而

---

① 参见 H. Clark, *The Law of Domestic Relations in the United States*, §7.2, 222 & n.4; Warren, "Husband's Rights to Wife's Services", 38 *HARV. L. REV.*, 422-28, 433-46 (1925)。尽管对这些法规是否旨在提高女性的地位尚存在一些争议,参见 L. Friedman, *A History of American Law*, 1973, 186; O'Neill, *Introduction to The Woman Movement*, W. O'Neill eds., 1969, 21,当时的女性主义者支持这些法案,理由是增加了女性的自由、权力和平等。例如参见"Introduction to Addresses by Elizabeth Cady Stanton to the New York State Legislature (1854 & 1860)", reprinted in *Feminism*, 110, 117。
② 妻子对自己的侵权和犯罪行为负责,参见 H. Clark, *The Law of Domestic Relations in the United States*, §7.2, 229,并且她有能力与丈夫共谋犯罪。参见 United States v. Dege, 364 U.S. 51(1960)。妻子可以出庭指证丈夫的情况急剧增加,例如参见 Trammel v. United States, 445 U.S. 40(1980)(认为作为认罪协议的一部分,妻子可以选择指证丈夫),其余的证明瑕疵同等适用于夫妻双方。参见 Orfield, "The Husband-Wife Privileges in Federal Criminal Procedure", 24 *Ohio ST. L. J.*, 144(1963)。
③ 参见 H. Clark, *The Law of Domestic Relations in the United States*, §7.2, 224 & n.17; J. Kreps, *Sex in the Marketplace*, 1971, 64-68; Warren, *Husband's Rights to Wife's Services*, 422-28。

无权,她很可能会出于更特殊的情况变得无权。①

女性在婚姻中获得了更多的独立权,但这些权利既可以孤立女性,又能够为她们赋予权力。改革不是强迫丈夫分享他们在姓氏和住所上拥有的权力,而是只赋予已婚妇女保留自己姓氏②和建立自己住所的权利。③ 此外,根据习俗,有时候是法律,允许父亲将他的姓氏附加于婚生子女,④母亲的不同姓氏象征着孤立,而这种孤立经常裹挟着女性的平等。⑤

改革者虽然试图为已婚妇女建立独立和平等的法律地位,他们也着力使女性能够离开令人不满的婚姻。放宽分居的理由后,改革者开始着手放宽离婚的理由。⑥ 立法改革增加了准许离婚的理由,新法还不时包括"合不来"或"残忍"等"包罗万象"的笼统理由。改革亦倾向于使离婚法更加性别中立。改革者说服初审法院在证据不充分的情况下同意无争议的离婚,并鼓励制定一项自由主义政策,承认在法律较宽松

---

① 法律平等对待女性不代表她不会遭到胁迫和虐待。例如,妻子在法律上平等可能仅意味着女性在丈夫胁迫从事犯罪活动时负有刑事责任。这也可能预示着,妻子可以自由地放弃婚姻特权,故当受地方检察官的特殊压力时,她不需要牺牲自己来保护丈夫,而地方检察官指控她犯有丈夫的罪行,主要是强迫她作不利于丈夫的证言。参见 Trammel v. United States, 445 U. S. 40, 52 n. 12 (1980)。关于这种具体或个体政治影响的讨论,见 F. Olsen, *The Politics of Family Law* (Apr. 15, 1981) (存于哈佛法学院图书馆的发言手稿档案)。
② 参见 B. Babcock, A. Freedman, E. Norton & S. Ross, 580-83 (描述旨在为已婚妇女争取保留自身姓氏权的诉讼和政治努力); Carlsson, "Surnames of Married Women and Legitimate Children", 17 *N. Y. L. F.*, 552 (1971) (认为没有法律阻止一个已婚妇女保留自己的姓氏)。
③ 妻子虽然可以选择自己的住所,但是丈夫的工作选择仍旧决定着大多数夫妇的居住地。参见 Gillespie, "Who Has the Power? The Marital Struggle", in H. Dreitzel eds., *Family, Marriage, and the Struggle of the Sexes*, 1972, 121-150。在一些双职工家庭中,确实发生了大量的谈判,但习俗和男性工资较高二者结合起来增强了丈夫的谈判能力。
④ 参见 Carlsson, *Surnames of Married Women and Legitimate Children*, 563-64; Daum, "The Right of Married Women to Assert Their Own Surname", 8 *U. MICH. J. L. REF.*, 63, 96-99 (1974)。
⑤ 某些夫妇给他们的孩子取一个由母亲和父亲的姓氏组成的连姓。与仅使用父亲的姓氏相比,这一制度似乎是一个相当大的改进。当然,在七代人中,一个人的名字可以由128 个姓氏组成,由 127 个连字符连接起来。然而,仅仅是三代人之后的结果,听起来就可能非常有尊严: Frances Elisabeth Olsen-Dige-Sorensen-Andersdatter-Hood-McIntyre-Licht-Pfefer。
⑥ 参见 W. O'neill, *Divorce in the Progressive Era*, 1967。

的司法辖区内获准的州外离婚。① 这些改革增强了女性实现离婚的能力,减少了伪证和选购法院的需要。20 世纪 70 年代,几乎每个州都规定了某种形式的"无过错"离婚,也即允许解散任何不成功的婚姻。② 长期以来,促进离婚法自由化的事业与争取已婚女性平等权的事业紧密相关,③部分原因是男性比女性更有能力避免不幸婚姻造成的破坏性影响。④

尽管这些改革使得女性能够离开不如人意的婚姻,但它们未能解决离婚对女性的经济、社会和情感的影响。此外,这些改革无助于防止女性一开始就进入不尽如人意的婚姻。事实上,这些改革可能会对女性产生不利影响,因为它们使男性更容易摆脱婚姻,并削弱了一些妻子曾经在丈夫需要其同意和协议才能离婚时所拥有的权力。⑤ 男性的赚钱能力通常在婚姻关系中得到增强,而女性的赚钱能力大多保持不变甚或是减弱。⑥ 如果一对夫妻结婚 20 年后离婚,尽管有扶养费的规定,

---

① 参见 Williams v. North Carolina, 317 U. S. 287, 299–300(1942)(Douglas, J.)(认为根据完全信任和信用条款,在准予离婚的州内居住的一方的离婚必须得到姐妹州的尊重)。但参见 Williams v. North Carolina, 325 U. S. 226, 229(1945)(认为该州可以通过质疑离婚一方住所的有效性,附带攻击姐妹州法院批准离婚的管辖权)。

② 参见"Developments in the Law – The Constitution and the Family", 93 *Harv. L. Rev.*, 1308–1309(1980)。

③ 参见 W. O'neill, *Divorce in the Progressive Era*, passim。关于这种联系的早期例子,参见 C. Hill, *The World Turned Upside Down*, 1972, ch. 15(论及 17 世纪英国的这种联系)。

④ 此外,严格的离婚法历来对女性比男性更严格。例如,女性单方面的通奸行为在许多州构成离婚的理由,但除非反复或公然通奸,否则男性通奸不是离婚的理由。参见 H. Clark, *The Law of Domestic Relations in the United States*, §12.2, 328 & n. 9。同样地,这对夫妇如果因为居于何地的争执而分手,妻子而不是丈夫将被认为被抛弃了。参见 H. Clark, *The Law of Domestic Relations in the United States*, §12.3, 339。

⑤ 犯有婚姻过错的妻子可以违背自己的意愿而离婚,但更常见的做法是,一对夫妻以(有时是捏造的)残酷为由,同意无争议的离婚。参见 H. Clark, *Cases and Problems on Domestic Relations*, 1974, 681–682。虽然这是一种在技术上赋予法院拒绝离婚之权力的合谋,但实际上,无争议的离婚通常会获得批准。见 H. Clark, *The Law of Domestic Relations in the United States*, §12.9, 362。此外,一些州专门为州外离婚案件的原告提供离婚便利。对这些离婚的附带攻击,参见 Williams v. North Carolina, 317 U. S. 287, 299–300(1942),如果被告在离婚州出庭,即被取消抵押品赎回权。参见 Johnson v. Muelberger, 340 U. S. 581(1951)(禁止第三方受到附带攻击);Sherrer v. Sherrer, 334 U. S. 343(1948)(禁止配偶受到附带攻击)。

⑥ 参见 J. Kreps, *Sex in the Marketplace*, 28–30(描述和解释女性在男性黄金工作年限中劳动参与率的下降)。

妻子的生活水平仍然可能急剧下降,丈夫的生活水平通常会提高。① 婚姻不稳定对女性的社会和情感影响亦可能比男性更明显:一个40岁的离异男性在社会上的地位与40岁的离异女性截然不同。②

(2)合法化。倾向于确立夫妻法律平等的改革,亦倾向于将此种关系"合法化",即是说,像在市场上强制执行人与人之间的权利一样,允许在夫妻之间强制执行权利。③ 合法化要求任何偏离将夫妻视作陌生人的做法,均应基于他们自愿达成的协议,而非国家强加的任何婚姻定义。④

在婚姻中就像在市场上一样,缔约双方的意愿越来越被视作他们关系的适当基础。夫妻之间的契约不再被视作改变国家适当强加之婚姻条款和条件的非法努力。⑤ 相反,这种契约被视为是有效的,即便过于正式,亦是双方协议的有效表达,这种协议是婚姻的本质。即使许多法院在婚姻关系存续期间不执行婚姻契约,它们通常也会在当事人一方死亡或婚姻关系解除时赋予这些协议一定的效力。⑥

在夫妻之间的合同变得可以强制执行的同时,配偶一方对另一方实施的侵权行为和犯罪行为也变得具有可诉性。改革者不断打破家庭

---

① 参见 Weitzman, "The Economics of Divorce: Social & Economic Consequences of Property, Alimony & Child Support Awards", 28 *UCLA L. REV.*, 1181, 1241-54(1981)。
② 参见 M. Roman & W. Haddad, *The Disposable Parent*, Penguin eds., 1979, 76-80。无论在何种程度上,女性都比男性对人际关系做出更大的情感承诺,她们都可能因为婚姻不稳定而失去更多。参见 Easton, "Feminism and the Contemporary Family", 8 *SOCIALIST REV.*, May-June 1978, 29-30, reprinted in Heritage, 571-72。此外,妻子似乎比丈夫更容易被替代;离异的丈夫比前妻更可能再婚。参见 H. Carter & P. Glick, *Marriage and Divorce: A Social and Economic Study*, 1976, 238-41。但见 M. Roman & W. Haddad, supra, 3-4, 75, 80-83(认为离婚在某些方面对男性的伤害和对女性的伤害同样严重)。
③ 参见 Glendon, "Marriage and the State: The Withering Away of Marriage", 62 *VA. L. Rev.*, 663, 697-711(1976)。
④ 参见 Weitzman, "Legal Regulation of Marriage: Tradition and Change", 62 *Calif. L. Rev.*, 1269, 1249(1974)(论及个人婚姻契约的优势);1241-45(批判国家强加的婚姻定义)。
⑤ 参见 Shultz, *Contractual Ordering of Marriage: A New Model for State Policy*, 288-91。
⑥ 参见 Shultz, *Contractual Ordering of Marriage: A New Model for State Policy*, 280-86。

内部侵权豁免的原则,①曾经被认为是丈夫"纠正"的权利,现在被认为是攻击和殴打。② 越来越多的是,如果侵害陌生人的行为被认定为侵权或犯罪行为,那么,以同样的方式侵害配偶的行为,亦将被认定为侵权或犯罪行为。③ 即便很少有丈夫或妻子起诉他们的配偶,配偶之间的犯罪亦极少被指控,取消此类行为的豁免权即是夫妻关系的重要合法化。在刑法和侵权行为法中,国家承诺执行女性个人的基本权利,甚至是同她的丈夫作对。④

这些改革对如下两方面均有益处。其一,合法化通常有助于提高妻子的地位和保护女性的独立。例如,殴打妻子和婚内强奸在某种意义上已经失去了社会认可,而且发生的频率可能较低。其二,夫妻关系

---

① 参见 F. Harper & F. James, *The Law of Torts*, 1956, 643-652, §§ 8.10-11; McCurdy, "Torts Between Persons in Domestic Relation", 43 *Harv. L. Rev.*, 1030, 1035-56 (1930)。虽然废除这些侵权豁免论的动机往往与保险责任范围和关注损失的扩大有关,但这种废除也具有使家庭内部关系合法化的效果。
② 参见 Davidson, "Wifebeating: A Recurring Phenomenon Throughout History", in M. Ray eds., *Battered Women*, 2, 1977; Note, "Domestic Violence: Legislative and Judicial Remedies", 2 *HARV. WOMEN'S L. J.*, 167(1979)。
③ 最近对妻子指控丈夫强奸的能力进行了大势的宣传。根据《女士》杂志报道的统计,有10个州已经取消了强奸法中的配偶豁免。然而,有13个州已经将豁免范围扩大到未婚同居者。Ms., Apr. 1982, at 23.
④ 随着配偶开始受到更像任何其他法律平等那样的待遇,未婚夫妇的法律待遇开始与已婚夫妇的法律待遇难作区分。正如曾经被视作合法的虐待行为(如果在夫妻之间)现在已经被规定为犯罪,其他曾经只在配偶之间才合法的行为也已经被规定为犯罪。进行性行为的自由已经被视作每个人用以针对国家的隐私权的一部分,而非赋予已婚夫妇的特权。曾几何时,这种特权是重要的婚姻事件,参见 Diemer v. Diemer, 8 N. Y. 2d 206, 165 N. E. 2d 413, 203 N. Y. S. 2d 829(1960),而且未婚夫妇可能被控同居或通奸。此类法律通常不再执行,在许多州已经从法律文本中删除。无论在司法辩论还是立法斗争中,反抗法令最常见的武器均是主张隐私权。但参见 *Generally Developments in the Law-The Constitution and the Family*, 1208-09 & n. 77(注意到一些最高法院的大法官会承认州有权禁止"不道德的"性行为)。

改革增加了个人可以自由选择与一个或多个同性或异性共同生活的便利性。The celebrated California case, Marvin v. Marvin, 18 Cal. 3d 660, 557 P. 2d 106, 134 Cal. Rptr. 815(1976),这允许女性在关系结束后起诉与之共同生活数年的男性,可以部分地解释为通过家庭关系合法化来促进平等之家庭改革的延伸。非婚性关系的非刑事化,鼓励法院支持原告指控的明示合同。Id. at 683, 557 P. 2d at 122, 134 Cal. Rptr. at 831. 这份合同正是法官想象中的已婚夫妇会同意的那种:女性承诺为男性履行传统的妻子任务,男性则承诺为女性提供经济保障。Id. at 666, at 110, 134 Cal. Rptr. at 819. 如果婚姻只被视作双方的同意,双方的协议可以由法院全部强制执行,那么一对夫妻的协议不应仅因为它不涵盖正式的婚姻就失去可强制执行性。对马尔文案的深入探讨,见下文。

合法化的改革确实使一些人能够通过协商来获得比国家提供的更优越的婚姻条件。人们有更多的选择,他们更自由地体验家庭关系的新形式。①

然而,改革仍然不够深入。国家将强制执行女性的个人权利,但女性在社会中的地位可能使这些权利变得毫无意义。例如,受虐妻子可能在法律上有权将丈夫送进监狱,但她也许有拒绝这样做的压倒性经济动机。虽然改革结束了某些特定类型的统治,但它们使其他类型的统治合法化。例如,一个妻子如果不对施虐丈夫提起刑事攻击指控,则可能因为允许自身成为受害者而受到谴责。同样,只要女性能够离婚但又不这样做,便可以视为她同意丈夫施加的任何虐待行为。夫妻被视作平等谈判伙伴对待,尽管事实上女性系统性地从属于男性。

此外,改革虽然促进了法律平等和个人自由,但是可能会妨碍利他行为。当一种关系合法化时,当事人就应当自行照顾自己,除非合同另有规定,一方当事人的共享行为可能不会得到对方的回报。如果一段婚姻很容易被解除,那么无论谁为婚姻而牺牲,都比她或他为一种永久的关系而承担的风险更大。

最后,正如市场上的契约既可以表达当事人的意愿,又能够使控制规范化,恋人和朋友之间的契约也可能反映并延续他们关系中的不平等。② 对涉及已婚夫妇和涉及陌生人的情况做出类似的法律处理,可能不会促进女性的平等或者独立。正如福利国家的倡导者所言,为了保护工人的权利和创造真正的平等,特别立法是必要的。监管家庭的拥护者也认为,为了在家庭内部创造真正的平等和保护家庭成员的个人权利,特别规定是必要的。

---

① 这些改革也增强了人们为自己设定非婚姻关系的能力,参见 The celebrated California case, Marvin v. Marvin, 18 Cal. 3d 660, 557 P.2d 106, 134 Cal. Rptr. 815(1976),包括同性夫妇和更大的社群型团体关系。关于新亲密关系形式的讨论,参见"The Family", in S. Teselle eds., *Communes and Utopian Societies*, 1971; N. O'neill & G. O'neill, *Open Marriage*, 1972。压制性性别立法的废除增加了人类的自由,减少了许多形式的人类痛苦。它还倾向于减少警察性骚扰男同性恋者和女同性恋者的理由。
② 契约意志理论的大多数批判,参见例如 Cohen, *The Basis of Contract*, 575-78,而且许多对自由放任理论的攻击同样适用于这种新的婚姻契约理论。

（3）监管。为了在家庭内部营造"真正的平等"，许多改革把夫妻之间的正式法律平等规则，改为了将已婚夫妇之间的关系和陌生人之间的关系区别对待的规则，这些规则大多使家庭更像福利国家市场。① 这类规则的最早形式之一，旨在确保婚姻契约表达当事人的"真实意愿"。承认和执行改变婚姻财务后果的合同的法院经常制定关于不当影响的特殊规则。避免商业合同无效的过甚形式，极有可能导致婚姻契约失效。② 一些法院对涉婚姻关系合同的特殊处理是基于公开的家长式诉求，以及男性放纵和女性天真的刻板形象，③其他法院则认为，婚姻关系为配偶双方都施加了某些信托义务。④

此类监管的另一个例子出现在家庭暴力法中，该法允许妻子获得禁令救济，以对抗施虐的丈夫，而不需要经常出示这种禁令所需要的证明材料。⑤ 有人认为，配偶之间暴力的特殊问题使得此类特殊规定成为必需。如果已婚妇女要得到与未婚时遭受暴力的同等保护，国家必须考虑她已婚的事实。

第三个例子涉及已经提出的将家务劳动转变为有偿劳动的建议：⑥法

---

① 从某种程度上讲，市场的福利国家改革者已经向家庭寻求一种模式（见前文），福利国家市场可能类似于家庭。因此，试图使家庭更像福利国家市场的改革将与试图使家庭更像家庭理想形象的改革相关联（见下）。前一类改革的重点是承认女性的实际不平等，以便建立不仅仅是法律上的平等。使家庭更像理想家庭之改革的不同在于，它们侧重于家庭团结而不是平等。此种区别可以通过两种处理虐待妻子的不同方式来说明。福利国家的方式是赋予妻子反抗丈夫的额外权利；家庭的方式是试图在配偶之间进行调解，甚至不惜牺牲妻子的权利。

② 参见 Posner v. Posner, 233 So. 2d 381 (Fla. 1970); Kosik v. George, 253 Or. 15, 452 P. 2d 560(1969); H. Clark, *The Law of Domestic Relations in the United States*, §1.9, at 30。

③ 参见 Kosik, 253 Or. at 15, 452 P. 2d at 560。

④ 参见 In re Estate of Hillegass, 431 Pa. 144, 244 A. 2d 672(1968)。

⑤ 参见 Note, "Domestic Violence: Legislative and Judicial Remedies", 2 *Harv. Women's L. J.*, 167, 169-73(1979)。此类立法的例子参见 MASS. GEN. LAWS ANN. ch. 2o9A (West Supp. 1983)。

⑥ 参见 S. Federici, *Wages Against Housework*, 1975。有人会把这类建议视作最终将家庭融入市场。市场关系确已取代家庭关系，如果女性希望基于她们一直作为家庭主妇付出的照料劳动而获得报酬，那么争论就会一直延续下去。

律可能意味着丈夫同妻子签订合同,①以向为他们打理家务的妻子支付工资,并可以允许妻子对违约的丈夫提起法律诉讼。② 一些倡导者会拒绝让家庭主妇放弃或否认她们的诉讼理由,就像福利国家市场的工人不能够放弃保护性劳动立法赋予他们的权利一样。

2. 通过国家监管增强利他主义和团结

另一种策略是试图改革家庭,不是通过使家庭更像市场,而是使家庭更像家庭的理想形象,并施行利他主义道德。③ 通常,这些改革倾向于扩大市场和家庭的分裂,而且经常增强性别等级。一些改革在家庭内部造成经济上的相互依赖;另一些改革则以逐案详细规范家庭行为的策略,取代了家庭成员的个人权利制度。

(1) 经济依赖。8 个州颁布的共同财产法,④确立了对配偶共同努力获得的财产和婚姻关系存续期间夫妻所挣工资的共同所有权。这些法律规定了夫妻共有财产。虽然已婚妇女财产法具有个人主义的特性,但是共同财产法具有利他主义的属性。共同财产法的缺陷源自破坏平等和促进等级制度的倾向。正如最初颁布的法律,这些法律中的

---

① 虽然原告在马尔文案中声称只有一份明示合同,法院考虑了她可能在修改后的诉状中提出的其他诉由,并认为她可以"根据公认的默示合同或衡平法原则主张权利"。Marvin v. Marvin, 18 Cal. 3d 660, 682, 557 P. 2d 106 121, 134 Cal. Rptr. 815, 830 (1976). 具体而言,法院建议,"如果'非婚姻伴侣'能够证明他提供的服务具有预期的金钱回报,那么他应该能够从数量上恢复家庭服务的合理价值(除去他获得之合理支持的价值)"。Id. at 684, 557 P. 2d at 122-23, 134 Cal. Rptr. at 831-32. 这一异议暗示了这种持有与家务劳动工资概念之间的关系,他们担心持有会给"非婚姻伴侣"带来比妻子通常获得的更大的益处。Id. at 686, 557 P. 2d at 123, 134 Cal. Rptr. at 832(克拉克·J. 部分赞同,部分反对)。

② 有人可能会争辩说,要求为家务劳动支付工资不是国家对婚姻的监管,承认不支付工资是一种诉讼理由只是使婚姻关系合法化之改革的逻辑结果。丈夫不应该期望他们的妻子整日从事无偿劳作,就像期望他们的水管工这样做一样。即使水管工在工作时有饭吃,或如果工作时间超过一天,就有过夜的地方,他们也希望获得报酬,法院会发现业主签订了一份默示行为合同来支付这笔款项。因此,可以说,法院允许丈夫而不是业主违背他们的默示合同的唯一理由是,法院历来拒绝执行丈夫和妻子之间的任何合同。然而,一个更令人信服的论点承认,家务劳动工资是国家监管婚姻(或与婚姻相类似的关系)的一个例子,但断言,如果女性要实现真正的平等,这种监管是必要的。

③ 试图使家庭更像其理想形象的改革与试图使家庭更像福利国家市场的改革之间的区别。

④ 参见 H. Clark, *The Law of Domestic Relations in the United States*, §7.2, at 226 & n. 37。

大多数规定了丈夫将管理婚内共同财产。① 因此，已婚妇女的工资将成为受丈夫管理的共同财产。

另一组改革试图确保丈夫供养家庭。这些改革有时将拒绝扶养规定为犯罪，或提供一种程序使妻子能够强制丈夫履行扶养义务。② 一些生活费和儿童抚养条款，同样要求男性承担家庭经济责任。已经颁布的法律允许寡妇"强制继承"逝去丈夫的遗产，从而限制丈夫剥夺妻子继承权的能力。③ 这些改革是成功的，因为它们限制了丈夫滥用他所行使的控制权力，但就它们让丈夫掌握了控制权而言，这些改革并不尽如人意。

最近的这类改革倾向于对配偶双方施加相互扶持的义务，并防止配偶任何一方剥夺对方的继承权。④ 然而，这种表面上的改变未能消除性别不平等的意识形态，因为仅仅是形式上的性别中立并不能解决经济依赖的现实情况。

（2）非形式化。"非形式化"作为改革策略的最明显例子是世纪之交开始的家事法庭运动。⑤ 家事法庭建立起来，以非正式和体贴的方式

---

① 参见 Glendon, "Marriage and the State: The Withering Away of Marriage", 62 *Va. L. Rev.*, 703(1976)。最近，大多数实行共有财产制的州放弃了这一规则，并规定了平等管理。见 W. Reppy & C. Samuel, *Community Property in the United States*, 1982, 205；又见 Kirchberg v. Feenstra, 450 U.S. 455(1981)，认为路易斯安那州赋予丈夫单方面处置共同财产的权利，违反了宪法第十四修正案规定的平等保护条款。一些实行共同财产制的州允许经营企业的配偶保留对企业的专属控制权。参见 Prager, "The Persistence of Separate Property Concepts in California's Community Property System", 1849-1975, 24 *UCLA L. REV.*, 1, 74 & n. 353(1976)。

② 参见 H. Clark, *The Law of Domestic Relations in the United States*, §6.4, 192-94; id. §6.5, 200-06。

③ 参见 W. Macdonald, *Fratd on the Widow's Share*, 1960, pp. 21-25。遗孀产法往往具有同样的效果。参见 C. Moynihan, *Introduction to Real Property*, 1962, 55-57, ch. 2, §11。

④ 例如参见 UNIF. Probate Code §§2-201 to-207(1977)；又见 Orr v. Orr, 440 U.S. 268 (1979)(裁定扶养费法必须性别中立)。

⑤ 第一阶段是少年法庭的成立，始于 1899 年。参见 *International Prison Comm'n, Children's Courts in the U.S.*, 1973, lx-xvii, 1-9。建立统一家事法庭的倡导始于 1917 年。参见 Chute, *Divorce and the Family Court*, Law & Contemp. Probs., Winter 1953, 49。

处理家庭内部出现的问题。① 通常,强调调整与和解的社会工作者及其他"襄助"专业人员在家事法庭中任职。争端将逐案处理,并针对特定家庭精心制定解决方案。重点并非保护配偶双方的个人权利不受对方侵犯,而是利用国家机器来促进家庭的团结。

非形式化应当被视作一种替代策略,不同于非法化和合法化。非法化的私人家庭营造了一种有限的"自然状态",在这种状态下,如果丈夫更强壮或更强大,他便可以支配他的妻子。家庭合法化将丈夫和妻子确立为具有相互对抗权的个人,并将国家的执行机制置于他们的支配之下。在这两种策略中,国家都避免对家庭关系的结果进行特别的调整。

非法化通过拒绝执行个人权利而威胁到个人权利,合法化通过强制执行与家庭相对的个人权利而威胁到家庭团结,非形式化试图在不破坏个人权利的情况下保护家庭团结。避免了非法化的无政府状态:国家确实承诺保护配偶一方免遭对方的侵害。此外,由于国家并非盲目且客观地保护抽象的权利,故这种保护应该是对家庭团结的较少颠覆。非形式化不要求国家在形式上保持中立,而是允许国家对家庭关系的结果做出特别的调整。因此,非形式化既可以避免在非法化的私人家庭内部可能存在的暴力统治,亦能够避免在现代法治化家庭内部可能出现的自由市场统治。

但同时,非形式化改革策略或许会对女性产生不利影响。其一,未能为个体化的家庭成员提供充分的保护,因为在鼓励双方达成协议的同时,可能迫使弱势一方接受一项决议,这一决议赋予她的权利远远低于她在正式裁决中应获得的权利。试图通过家事法庭系统处理施虐丈夫的女性,很可能发现她们自己是遭受持续虐待的受害者。

---

① 参见 Arthur, "A Family Court-Why Not?", 51 *Minn. L. Rev.*, 223(1966); Foster, "Conciliation and Counseling in the Courts in Family Law Cases", 41 *N. Y. U. L. Rev.*, 353(1966); Kay, "A Family Court: The California Proposal", 56 *Calif. L. Rev.*, 1205(1968)。对家事法庭表现的有力批判,参见 Paulsen, "Juvenile Courts, Family Courts, and the Poor Man", 54 *Calif. L. Rev.*, 694(1966)。

因此,虽然非形式化的目标是利他主义和家庭团结,但实际结果往往是等级制度和统治的延续。其二,非形式化违反了法治观念,并可能带来本身就具有压迫性的特别调整。家庭成员的福利也许取决于国家机构不受控制的自由裁量权,[1]结果是国家可能直接支配家庭生活。

最近为使家庭法和家庭关系非形式化所做的努力,具有与以往努力相同的可能性和风险模式。非正式争端解决机制时好时坏。社区法院本身就可能具有压迫性,而且无法保护一方不受对方的伤害。对非正式争端解决的有效地方控制减少了这两种风险,[2]但不应事先支持非形式化。

(二) 通过改革市场提升女性地位的策略

提升女性市场地位的策略,往往攻击市场要么太像家庭,要么太不像家庭。据说市场太像家庭了,因为家庭的不平等在市场上得到了再现:人们在家庭内部形成的性别身份[3]和与两性相关的社会意义被带入市场,破坏了它所谓的平等主义特性。改革者寻求的一个解决办法是,通过防止就业和其他市场活动中的性别歧视与基于家庭角色的不平等对待,将性别考虑排除在市场之外。因此,市场将与人们在家庭中的生活隔绝开来。

据说市场与家庭相去甚远,因为市场不能够再现家庭的利他主义伦理。改革者经常认为,女性尤为受市场个人主义的伤害。他们批评的焦点是市场不负社会责任或无政府主义,改革的目的是使市场更能

---

[1] 参见 Snyder, "Crime and Community Mediation-The Boston Experience: A Preliminary Report on the Dorchester Urban Court Program", 1978 WIS. L. Rev., 737, 788-89(注意到基本成功的社区调解计划的问题之一在于,普遍缺乏有效的标准来控制调解人员的自由裁量权)。

[2] 参见 J. Auerbach, Justice Without Law?, 115-37(1983); Snyder, "Crime and Community Mediation-The Boston Experience: A Preliminary Report on the Dorchester Urban Court Program", 1978 WIS. L. Rev., note 171。

[3] 关于"家庭主义意识形态"中性别结构的更复杂解释,参见 M. Barrett, Women's Oppression Today, 1980, 205-206。

满足人类的需求。特别是,这些改革要求调整市场,使之考虑到人们的家庭生活,而非家庭和市场之间的根本分离。

1. 消除女性歧视:使市场有别于家庭

改革者普遍认为,反歧视法是使女性能够像男性一样自由且有效地参与市场的一项策略。就女性参与市场而言,首先必须改变国家立法,这些立法使女性成为市场上的客体,或仅是丈夫的代理人,抑或是禁止女性进入市场。[1] 使女性平等参与市场的进一步项目是持续不断之政治和法律斗争的主题。[2] 市场尽管有平等主义的理论前提,却再现了家庭的不平等。[3] 这种再现产生的原因较多,并通过多种机制运行。因此,打击家庭不平等的努力在意图和效果上也各不相同。

女性在市场中身处劣势的原因之一是某些市场主体蓄意歧视她们。在这种歧视被宣布为非法之前,人们经常努力为它辩护。理由从

---

[1] 使女性融入市场的第一步是解放奴隶,其中许多是女性。已婚妇女财产法或共同财产法的通过,参见 M. Barrett, *Women's Oppression Today*, 1980, 1531-1532, 1540,以及司法或立法推翻禁止女性从事各种市场活动的法规,如从事法律实务或酒吧服务,例如参见 Sail'er Inn, Inc. v. Kirby, 5 Cal. 3d 1, 485 P. 2d 529, 95 Cal. Rptr. 329 (1971)(废除禁止女性当酒保的州法律);Act of Mar. 22, 1872, 1871 Ill. Pub。第578号法律(确保所有人选择职业的自由;作为对州最高法院拒绝接纳一名女性加入州律师协会的回应,美国最高法院在"布拉德韦尔诉伊利诺伊州案"83 U. S. [16 Wall.] 130[1873]中维持了这一拒绝);又参见 M. Barrett, *Women's Oppression Today*, 1980, 1539(家务劳动作为市场活动)。

　　奴隶占女性劳动力的很大比例,故她们的解放从根本上增加了参与市场的女工人数。黑人女性的工作也产生了复杂的意识形态影响。一方面,它破坏了女性没有工作能力的任何陈规定型观念。另一方面,它确定了女性的工作,这些工作与黑人女性的地位低下、黑人奴隶忍受的健康问题以及强迫奴隶女性的性行为有关。这些复杂的关联继续影响着所有人的生活,讨论载于 A. Davis, *Women, Race & Class*, 1981; B. Hooks, *Ain't I a Woman*, 1981。

[2] 了解这些斗争的情况,参见 W. Chafe, *Women and Equality*, 1977。通常见 *Women and Philosophy: Toward a Theory of Liberation*, C. Gould & M. Wartofsky eds., 1980(论及女性主义策略的哲学基础,以下简写作 *Women and Philosophy*)。

[3] 参见 C. MacKinnon, *Sexual Harassment of Working Women*, 1979, 18-21; Alexander, "Women's Work in Nineteenth-Century London: A Study of the Years 1820-50", in J. Mitchell & A. Oakley eds., *The Rights and Wrongs of Women*, 59, 1976。

保护家庭①和女性免受市场腐败的影响②,到保护男性③和市场本身免受女性参与市场产生的不良影响。④ 这四项关切通常不再被视作国家

---

① "女性独立领域"的支持者认为,如果女性参与市场,家庭将会受影响。市场机遇将诱使女性远离她们作为妻子和母亲的自然角色。高工资使得一些女性不愿意结婚和养育孩子,也会使其他女性忽视自己的家和家庭、挑战丈夫的权威以及在性方面的不忠诚。参见 W. Wandersee, *Women's Work and Family Values: 1920-1940*, 1981, 67, 70 (注意到已婚女工人被视作破坏了家庭的稳定); Morris, "Inequalities in the Labor Force: Three Sociological Explanations", in A. Stromberg & S. Harkness eds., *Women Working*, 1978, 162, 164("如果不鼓励女孩和妇女进入有偿职业,她们很容易被说服离开劳动力市场、结婚和养家糊口",以下简写为 *Women Working*)。根据1873年最高法院做出的一项允许各州禁止女性从事法律实务的裁决,女性从事与丈夫相分离的职业是对家庭和谐的"厌恶"。参见 Bradwell v. Illinois, 83 U. S. (16 Wall.) 130, 141 (1873) (Bradley, J., concurring)。女性平等的支持者和反对者一致认为,市场上的平等往往会破坏家庭中的性别等级制度。例如参见 H. T. Mill, "Enfranchisement of Women", in J. S. Mill & H. T. Mill, *Essays on Sex Equality*, 1970, 104-07。
② 有人认为,女性本身将因为充分参与市场而受到损害。女性被认为在身体上比男性更容易受伤害,而且女性的健康被认为至关重要,因为种族延续取决于女性的生育能力。例如参见 Muller v. Oregon, 208 U. S. 412, 421 (1908)。
　　在家庭之外工作的女性被认为危及她们的"精致"和道德优越性,并可能会失去"所有的女性特质"。F. Engels, *The Condition of the Working Class in England*, translated by IV. Henderson & XV. Chaloner, 1958, 164. 最后,与男性一同工作被视作道德的堕落,蓄意歧视女性被说成意图保护她们免受市场性压力的影响。例如参见 Hargens v. Alcoholic Beverage Control Appeals Bd., 263 Cal. App. 2d 601, 608-09, 69 Cal. Rptr. 868, 874-75(1968)(支持禁止女性担任酒吧服务员的法规,理由是她们在从事酒类销售时可能犯有"不当行为")。
③ 歧视具有正当性,理由是必须保护男性的市场作用。参见 W. Wandersee, *Women's Work and Family Values: 1920-1940*, 67, 70(女工人从男性手中夺走工作)。即使工作被性别隔离,使女性不与男性直接竞争,当雇主能够将男性从事的工作转换为"女性的工作"时,他们可以节省开支。参见 C. MacKinnon, *Sexual Harassment of Working Women*, 11-12(1979)(通过简化工作并将之分解为技术要求较低的组成部分,雇主创造了"女性的工作")。在一些男人看来,有无数的年轻女性与父母同住,因此她们愿意并能够以不足以养活一个人的工资工作,更不用说养活一个家庭了。故女工被认为拉低了工资水平并导致男性失业。
　　"大量的男女挤在一起"(F. Engels, *The Condition of the Working Class in England*, 106)被认为会引起额外的问题。女性也许会看到男性处于不体面的环境中,这可能破坏两性之间的尊重。男性可能因为女性的存在而分散工作注意力;性嫉妒会削弱男性的团结。女性性行为的不确定性可能腐蚀男性的道德,并引起误解。到如今,对职场女性施以性骚扰的证据仍然可用以证明歧视女性的雇佣行为是正当的。参见 W. Ryan, *Blaming the Victim*, rev. ed., 1976(认为对种族歧视的反应经常采取企图指责受害者的形式)。
④ 有人断言,女性比男性差,因为女人太弱,无法从事许多工作,缺乏机械能力,而且受教育不够。参见 C. MacKinnon, *Sexual Harassment of Working Women*, 10-12。此外,她们的心理构成——"自然且恰好好处的胆怯和细腻"——使其无法为市场追求做好准备。参见 Bradwell v. Illinois, 83 U. S. (16 wall.) 130, 141(1873)(Bradley, J., concurring)。人们认为女性的智力和情感均无力在市场上承担许多负责任的工作。与担心女性如果能够抓住市场机会便会忽视家庭责任相反的是,担心她们会将家庭责任置于工作之上。工资和晋升方面的不平等仍然被视为具有正当性,因为女性将会为抚养子女而中断职业生涯。参见 Note, "Toward a Redefinition of Sexual Equality", 95 *Harv. L. Rev.*, 487, 502(1981)。

政策排除女性在市场上工作的充分理由,但它们继续以各种形式出现,①并在某些情况下使男女差别待遇合理化。②

① 首先,职业母亲和"双职工"家庭被认为会产生特殊的问题。流行书籍断言,养育家庭和女性平等可能是无望的不相容目标。例如参见 C. Bird, *The Two-paycheck Marriage* (1979); C. Degler, *At Odds*, (1980)。

其次,女性主义者和反女性主义者均表示担心,过于排他性地关注消除歧视可能会鼓励女性采用在市场上习得的工具理性和攻击性,从而在心理和精神上损害她们。参见 J. Kreps, *Sex in the Marketplace*(注意到女性的焦虑通常被视作部分倾向于将成就等同于丧失女性特质); F. Lundberg & M. Farnham, *Modern Woman: The Lost Sex I*(1947)(认为女性不适合粗鲁而且跌宕起伏的竞争,必须牺牲自己最基础的本能努力和情感才能够在工作上取得成功); id. 177(观察到女性经常选择"男性化"的职业道路)。如果女性为了成功而表现得像男人,女性的特性和"女性文化"就可能受到损害或丧失。

再次,人们担心女性参与市场会损害男性的利益。例如,有些人认为女警员和消防员给同事造成了特殊的问题,他们可能因为骑士精神而被迫陷入不安全的境地。参见 Wall St. J., Feb. 3, 1958, at 1, col. 1;参见 Note, "Height Standards in Police Employment and the Question of Sex Discrimination: The Availability of Two Defenses for a Neutral Employment Policy Found Discriminatory Under Title VII", 47 *S. Cal. L. Rev.*, 585, 630 – 33 (1974)(反驳女警官无法工作并会干扰安全的论点)。男性(及他们的妻子)表示担心,如果男性和女性的工作紧密联系在一起,婚姻的忠诚度可能受影响。参见 Eslinger v. Thomas, 476 F. 2d 225, 231 (4th Cir. 1973)(认为南卡罗莱纳州参议院以会"引起不当行为的表象"为由拒绝录用女性的网页有悖于平等保护); M. Korda, *Male Chauvinism! How It Works*, 1973, 106, 110-11(声称办公室"事务"经常被双方视为身份的缔造者)。

最后,仍然有人断言,妇女的参与可能对市场造成损害。令人关切的依旧是,女性对许多工作和职业的心理准备不足。许多雇主还继续预想,如果孩子生病,女工将会休假;如果丈夫被调任,她们将会辞职。参见 W. Wandersee, *Women's Work and Family Values: 1920-1940*, 3(认为如果有工作的妻子怀孕或丈夫涨工资或获得新的工作,她们就可能退出劳动力市场);参见 Frug, "Securing Job Equality for Women: Labor Market Hostility to Working Mothers", 59 *B. U. L. Rev.*, 55, 56-58(1979)(注意到,由于人们期望女性承担大部分的父母责任,她们必须经常从事兼职、责任较轻的工作,并在就业机会面前做出让步)。

② 例如,女性最近被禁止从事某些工作,理由是有毒化学品可能危及女性的生殖能力。参见 Oil, Chem. & Atomic Workers v. Occupational Safety & Health Review Comm'n, So U. S. L. W. 2524 (D. C. Cir. Feb. 26, 1982); Andrade, "The Toxic Workplace: Title VII Protection for the Potentially Pregnant Person", 4 *Harv. Women's L. J.*, 71(1981); Williams, "Firing the Woman to Protect the Fetus: The Reconciliation of Fetal Protection with Employment Opportunity Goals under Title VII", 69 *GEO. L. Rev.*, 641(1981)。最近,人们对女性可能损害工作环境的担忧被援引至禁止女性在戒备森严的监狱中担任警卫职务。参见 Dothard v. Rawlinson, 433 U. S. 321(1977)。凯瑟琳·麦金农教授对这一案件的讨论非常出色。参见 C. MacKinnon, *Sexual Harassment of Working Women*, 184-86(1979); F. Engels, *The Condition of the Working Class in England*, translated by IV. Henderson & XV. Chaloner, 1958, 493-495(论及多萨德案)。最高法院在多萨德案中声称,不会允许这种限制仅作为对女雇员的家长式保护,参见 433 U. S. at 335,但得出的结论是,监狱对排除可能被男囚犯强奸的警卫有纪律利益,因为只有女性才能够被强奸。参见 id. 335-36。通常参见 C. MacKinnon, *Sexual Harassment of Working Women*, 186-88(讨论旨在保护女性免受性骚扰的歧视)。

即使这些关切被当作差别待遇的理由而被拒绝,但它们经常被接受为对市场上普遍存在的不平等和性别隔离模式的解释。① 因此,可以承认市场再现家庭的不平等,但否认此种不平等的产生是出于蓄意歧视女性。相反,市场上的不平等结果被解释为在家庭中成长和生活对两性市场行为的影响。这些不平等可以被称之为"性别盲"歧视。②

性别盲歧视的运作存在两种一般机制。其一,不同的家庭责任和对两性的期许使女性受到偏见。③ 其二,女孩在家庭中接受的特殊教养以及女性过去扮演的角色,确实让女性没有准备好在市场上取得成功,因为市场现在是有组织的。④

---

① 参见 J. Kreps, *Sex in the Marketplace*, 3-4。
② 歧视还有自我延续的特征。女性在今天的市场上处于不利地位,部分原因是她们过去一直处于不利地位。全面讨论过去的种族歧视是如何长期存在的,以及可以采取哪些措施来应对持续存在的歧视,参见 Schnapper, "Perpetuation of Past Discrimination", 96 *Harv. L. Rev.*, 828(1983)。
③ 即使市场参与者在完全无视彼此性别的情况下展开所有的交易,两性现在实际承担的不同家庭角色和家庭责任亦会影响市场结果。女性的确会从职业生涯中抽出时间来生养孩子。女性确实最终要做大部分家务,而且她们花在维持大家庭联系和养育家庭成员上的时间要比男性多。女性比男性更经常地适应家庭的需要;女性比男性更可能辞职或拒绝某项特殊任务,因为工作或任务似乎对配偶不方便或构成威胁。参见 J. Kreps, *Sex in the Marketplace*, 43-44。这一事实可能部分地归因于女性的心理构成,但也是家庭内部的隐性劳动分工造成的。参见 Frug, "Securing Job Equality for Women: Labor Market Hostility to Working Mothers", 59 *B. U. L. Rev.*, 58(1979)。

家庭内部的不平等和市场内部的不平等相辅相成。丈夫的职业之于家庭的经济保障和社会地位通常比妻子的职业更重要,因为丈夫的薪水更高;丈夫的薪水更高,地位也更高,因为家庭认为他的职业之于家庭的福利比妻子的职业更重要。此外,目前许多工作的结构是"好像工人没有家庭责任"。Frug, "Securing Job Equality for Women: Labor Market Hostility to Working Mothers", 59 *B. U. L. Rev.*, 5(1979). 隐含的假设是,从事这类工作的人将有一个贤妻来照顾家庭。
④ 虽然确实也有例外,但大多数女性在特定工作方面接受的培训比男性少,在某些学科上接受的教育也较少,这种相对缺乏影响了女性在市场上的有效竞争能力。参见 Baker, "Women in Blue-Collar and Service Occupations", in *Women Working*, 339, 357-59(注意到女性经常得不到机械、技术和职业培训)。通常参见 J. Chabaud, *The Education and Advancement of Women*, 1970(论及全球范围内男女平等受教育的问题)。大多数女性被教导要以被动和接纳的方式行事;这种行为在市场上得不到回报。女性比男性更害怕成功,而且对能力和自我价值的安全感亦不如男性。关于重新审视这一观点,参见 C. Gilligan, *In a Different Voice: Psychological Theory and Women's Development*, 1982, 14, 23。(批判"女性害怕成功"的主张,并基于"人类生命周期"提出了女性心理学理论。)这些特征倾向于毁掉女性在工作中晋升的机会。小男孩身上根深蒂固的与男性相关的不良特征对男性参与市场的破坏性要小得多。参见 Note, "Toward a Redefinition of Sexual Equality", 95 Harv. L. Rev. 507(1981)。市场包容甚至可以奖励侵略性和竞争力。

这两种机制的一个重要方面是,市场主要由男性构建,市场上可用的角色及与之相关的报酬是在性别歧视和歧视性环境中产生的。正是女性的行为与市场特殊需求之间的互动,导致了对女性的性别盲歧视。①

(1)旨在将女性纳入自由市场的改革。许多反歧视条款可以被解释或证明为努力使女性融入自由市场。禁止女性从事某些职业或禁止女性在适用于男性的同等条件下就业的法律,②明确限制了自由市场;只有废除这类法律,雇主才能够按照自由市场的理想使用女性劳动力。法律禁止在就业、③教育、④信贷⑤和住房⑥领域的蓄意性别歧视,以及规定雇主必须遵循雇佣程序以保护女性免遭此类歧视的法律和条例,⑦亦可以被视作使市场更像自由市场理想的努力。蓄意歧视女性之四大经典理由中的三个——保护女性免受市场腐败、使家庭免受市场压力、确保男性的市场地位——这是理想之自由市场行动者在纯粹的趋利活动中不会考虑的因素。只有第四个关注点——女性在市场上普遍的低价值或低生产力——才为蓄意歧视提供了市场理由。然而,即便是这一论点,也不足以支持针对所有女性的歧视。因此,要求市场参与者放弃对女性的非理性偏见,或他们为保护女性、家庭生活、男性而采取的错误的、利他主义倾向,可以被视为迫使这些参与者表现为理性利润最大化者的一种方式。

---

① 参见 Frug, "Securing Job Equality for Women: Labor Market Hostility to Working Mothers", 59 *B. U. L. Rev.*, 55-61(1979)(认为劳动力市场对女性心怀敌意,因为她们有抚养子女的责任)。
② 关于要求区别对待女性的保护性劳动立法的讨论,见下文。
③ 例如参见 Equal Pay Act of 1963, 29 U. S. C. §206(d)(1976); Civil Rights Act of 1964, 42 U. S. C. §§2000e to 2000e-17 (1976 & Supp. V 1981)。
④ 例如参见 Education Amendments of 1972, 20 U. S. C. §1681(1976)。
⑤ 例如参见 Equal Credit Opportunity Act of 1974, 15 U. S. C. §§1691-1691f. (1976 & Supp. V 1981)。
⑥ 例如参见 Fair Housing Act of 1968, 42 U. S. C. §§3604-3607(1976)。
⑦ 这些程序保障只是规定了一种方法或程序,它们不要求甚至不鼓励做出具有性别意识的决策,也不要求任何社会结果。因此,它们不是我使用的"平权行动",或是通常使用的"平权行动"。

即便是针对女性的平权行动①,也可以以自由市场为由,作为消除针对女性不合理歧视的措施。首先,可以设定一个目标或配额,以接近在没有不合理歧视的情况下将被雇佣或提拔的女性人数;这样的配额可以是性别中立决定的代表,②特别是在学术招聘等难以监管的领域。③ 此外,即使平权行动旨在补偿个别女性先前遭遇的歧视,④或通过奖励女性超出她们个人应当得到的报酬来创造一个性别融合的市场,⑤这被认为是

---

① 我所说的针对女性的"平权行动"是指任何具有性别意识、针对特定性别的计划,旨在增加市场上获得特定福利的女性人数。这些计划包括为雇佣、晋升以及受益于女性的其他方式设定目标、配额或时间表。通过提供更宽松的标准,平权行动计划还可以使女性更容易获得一些好处。

② 平权行动计划使用基于性别盲系统中将雇用的女性人数的配额,可能产生与性别盲系统中将发生的结果最接近的结果。此类方案为女性提供了许多不存在蓄意性别歧视之雇佣政策的诸多好处。然而,它确实对女性存在意识形态上的不利影响。见下文,雇佣的人可能不是在没有性别歧视的制度下雇佣的同一批人。

③ 参见 Bartholet, "Application of Title VII to Jobs in High Places", 95 *Harv. L. Rev.*, 945, 959-78(1982)。

④ 这种形式的平权行动的基础是,关注每个女性都有公平的机会获得市场上的回报。为实现这一目标采取的办法是使女性作为一个整体而受益,以便每个女性都能够有效地在市场上竞争,尽管此前的歧视使她们处于不利地位。

⑤ 如果改变目前不利于女性的某些制度条件——例如,如果男性主导的职业在性别方面融合——女性将在市场竞争中拥有更公平的机会。许多职业很少有成功的年长女性成员。法律便是典型的例子。在纽约著名的希尔曼律师事务所,105 名合伙人中只有 2 名女性。参见 *Employer Directory for the Use of Harvard Law School Students*, 1982, 714(哈佛法学院图书馆档案)。贝克与麦肯锡律师事务所芝加哥办事处的 58 名合伙人中,仅有 1 名女性。参见 *Employer Directory for the Use of Harvard Law School Students*, 1982, 396。华盛顿的科温顿与柏林律师事务所的 81 名合伙人中,仅有 3 名女性,参见 *Employer Directory for the Use of Harvard Law School Students*, 1982, 252。费城的摩根路易斯律师事务所的 70 名合伙人中没有女性,参见 *Employer Directory for the Use of Harvard Law School Students*, 1982, 809。成熟职业女性的稀缺可能大幅减少年轻女性可以确立为生活或职业榜样的人数。它还减少了女性可以获得的导师人数,因为许多男性似乎不愿意接受女性门生或没有能力帮助她们。参见 J. Kreps, *Sex in the Marketplace*, 58-59。此外,只要女性在任何职业中都是少数,她们便会遭受必须与之打交道的人的偏见和贬低。通常参见 Fried, "In Defense of Preferential Hiring", in *Women and Philosophy*, 309-19(当前社会背景下对少数族裔优先雇佣需求的务实辩护)。此种陈规定型观念可能降低女性的效率,或至少会增加她们的工作负担。

这些体制条件可以通过建立性别融合职业的平权行动方案来改变。这种方案旨在确保下一代女性至少更可能获得公平的机会。与其他平权行动方案一样,这是一项权宜之计,旨在在未来创造一个无性别歧视的市场。从此意义上讲,它也是个人主义的,因为最终的目标是让每个人都有机会平等地竞争市场回报。这种办法具有集体主义的成分,因为它的策略是提高一些女性的地位,使她们能够为其他女性创造公平的条件。最早进步的女性是否被认为个人应当得到她们所获得的福利可能并不重要。偏爱特定女性的初衷不是对她们公平,因为平权行动的目标早已被理解,而是利用她们以带来更公平的局面。

一种临时的权宜之计。它可能被认为是对自由市场制度的暂时背离，这种背离旨在纠正不合理、蓄意歧视造成的失灵，并恢复自由市场、利润最大化的合理性。①

最后，消除不利于女性之表面中立政策的改革，有时作为净化自由市场的努力得到支持。例如，基于格里格斯诉杜克电力公司案（Griggs v. Duke Power Co.）确立的原则，②法院宣布对女性影响过大且不能证明与工作有关的最低身高、体重和体力的要求无效。③ 这些要求与工作无关的事实表明，从自由市场角度看，它们是不合理的。法院还开始利用反歧视法为性骚扰受害者提供救济，④虽然从技术上讲，纵容性骚扰的就业政策表面上是中立的。⑤ 禁止性骚扰的解释之一是，这种行为不

---

① 然而，在针对市场的改革能够充分有效地消除就业歧视之前，可能有必要使家庭摆脱性别歧视，或界定性别盲的雇佣实践，使之能够弥补家庭中的不平等角色。参见 Frug, "Securing Job Equality for Women: Labor Market Hostility to Working Mothers", 59 *B. U. L. Rev.*, 58-61(1979).; infra 1553-54。
② 401 U. S. 424(1971).
③ 例如参见 othard v. Rawlinson, 433 U. S. 321(1977)。
④ 参见 Tomkins v. Public Serv. Elec. & Gas Co., 568 F. 2d 1044 (3d Cir. 1977); Barnes v. Costle, 568 F. 2d 983 (D. C. Cir. 1977); Garber v. Saxon Business Prods., 552 F. 2d 1032 (4th Cir. 1977) (per curiam); Bryan, "Sexual Harassment as Unlawful Discrimination Under Title VII of the Civil Rights Act of 1964", 14 *Loy. L. A. L. Rev.*, 25(1980); "Symposium: Sexual Harassment", 10 *Cap. U. L. Rev.*, 445(1981)。
⑤ 当然，男性可以受到性骚扰，对女性的性骚扰也可能伤及男性，但负担不成比例地落在了女性身上。
　　另一个旨在消除不成比例伤害女性之表面中立政策的改革例子涉及所谓的"可比价值"。支付给秘书的工资低于门卫的就业政策表面上是中立的，但它是系统地向女性支付低于男性工资之制度的组成部分。当报酬较低的"女性"工作与报酬较高的"男性"工作基本相当时，法院很容易以构成性别歧视为由推翻薪酬差别。例如参见 Hodgson v. Corning Glass Works, 474 F. 2d 226 (2d Cir. 1973); Hodgson v. Miller Brewing Co., 457 F. 2d 221 (7th Cir. 1972); Hodgson v. Fairmont Supply Co., 454 F. 2d 490 (4 th Cir. 1972); Shultz v. Wheaton Glass Co., 421 F. 2d 259 (3d Cir.), cert. denied, 398 U. S. 905(1970)。当涉及的工作不同，但"女性的"工作可以说与高薪"男性的"工作一样对企业有价值时，就会出现"可比价值"的问题。参见 Blumrosen, "Wage Discrimination, Job Segregation, and Title VII of the Civil Rights Act of 1964", 12 *U. Mich. J. L. Ref.*, 397(1979); Nelson, Opton & Wilson, "Wage Discrimination and the 'Comparable Worth' Theory in Perspective", 13 *U. MSCH. J. L. REF.*, 231(1980); Comment, "Equal Pay for Comparable Work", 15 *Harv. C. R. -C. L. L. Rev.*, 475 (1980)。

属于市场。①

试图将女性纳入自由市场之改革的主要好处是,这些改革倾向于促进女性的自由和平等。此种改革有助于女性摆脱对男性的经济依赖、扩大女性的职业选择、增加某些女工群体的工资和晋升机会。② 此外,要求平等待遇的法律往往会侵蚀贬损和削弱女性及其角色的陈规定型观念。最后,反歧视法使女性对不公平待遇的起诉合法化,并为女性提供了反击压迫她们之机构的工具。③

然而,这些改革在实现女性的真正平等或赋权方面还远远不够。此外,它们鼓励市场个人主义。反歧视法并没有结束女性在市场上的实际从属地位,而是主要惠及一小部分扮演"男性"角色的女性。④ 同时,它使得对大多数女性的持续压迫合法化:⑤改革通过特殊化和私有化不平等,并鼓励女性为她们在市场上的失败感到自责来维持现状。

反歧视法提倡市场个人主义,并向每位独立女性承诺,只要选择自我发挥,便可以在市场上取得成功。它掩盖了女性受压迫的真正原因,并将歧视女性视作背离市场正常客观运作的不合理和反复行为,而非承认这种歧视是二元论制度的一个普适方面。改革强化了自由市场的意识形态,鼓励女性寻求个人主义的、内向型的社会问题解决之道。

---

① 更令人满意的做法是,禁止性骚扰的法律是对强迫性行为的攻击,故类似于禁止强奸的法律。参见 C. MacKinnon, *Sexual Harassment of Working Women*, 46–47。然而,性骚扰诉讼的成功似乎在很大程度上归因于这样一种感觉,即性行为属于家庭领域,应当被排斥在市场之外,正如家庭应当与市场分开一样。因此,性骚扰法与反裙带关系法的联系似乎比强奸法更紧密,我们不应该指望妻子可以在不远的将来随时指控丈夫的性骚扰。麦金农教授认为,应当禁止丈夫对妻子进行性骚扰。麦金农在哈佛大学法学院的演讲(Jan. 20, 1983)。

② 然而,公平就业法和同工同酬法规尚未全面提高女性的工资。观察到从事全职工作的女性的薪酬中位值从 1956 年占男性收入的 63% 降至 1973 年的 57%。

③ 通过赋予女性反击的权力,反歧视法可能会消除性别角色的一些心理影响。因此,它可以通过缓和阻碍女性进入市场的被动性与自满来减少性别盲歧视。

④ 正如大多数法院阐明的那样,反歧视原则"使许多愿意并能够采用其男性同行之行为模式的女性进入传统的男性角色。然而,它没有为那些不愿意或不能够如此行为的女性提供任何获得政治和经济权力的替代途径"。

⑤ 对反歧视法合法化作用的经典分析涉及种族歧视。参见 Freeman, "Legitimizing Racial Discrimination Through Antidiscrimination Law: A Critical Review of Supreme Court Doctrine", 62 *Minn. L. Rev.*, 1049(1978)。

（2）旨在帮助女性的福利国家改革。针对反歧视法的第二个共同理解是它为促进女性平等而缓和自由市场的影响。[1] 如果将蓄意歧视视作理性[2]但不负社会责任，那么反对此种歧视的法律可以被视作一种抵制市场个人主义伦理的努力，并迫使市场主体更负责任地行事。[3] 同样，平权行动不仅被视作消除不合理歧视的努力；亦可以被视为打击性别盲歧视的手段，甚或是一种重组市场的尝试。[4]

另一类旨在抵消性别盲歧视的福利国家改革，意图减少家庭责任分工不平等对职场女性的歧视性影响。[5] 这种类别中最重要的改革可

---

[1] 例如参见 Fried, "In Defense of Preferential Hiring", in *Women and Philosophy*, 315-16。同样的法律可以被理解为支持和颠覆自由市场，这似乎很奇怪。就反歧视法而言，这种奇怪的结果好像存在两个原因。其一，歧视女性可以被视作对自由市场的背离，亦可以被认为是自由市场原则的自然后果。其二，不同市场行为者对同样的法律具有不同的反应。有些人坚持歧视，有些人试图同等对待所有人，还有些人会更善待受保护阶层以免遭受歧视他们的指控。

　　实际上，一项政策可以说是支持或颠覆自由市场的声明，是断言国家不可能对自由市场中立的简单推论。为了生动地说明这一原则，请考虑禁止盗窃的法律。所有权人通常认为这些法律支持自由市场，但对小偷来说，它们代表了国家对他的自由市场活动的干预——如果"偷窃"之物是竞争对手的商业信誉，许多人可能会赞同这个"小偷"。

[2] 可以说，男女工资差异及其他明显歧视女性的迹象，不是非理性偏见和不当保护的结果，而是市场自由运作的结果。如果女性的工作效率果真低于男性，那么反歧视法无疑会阻碍自由市场的有效运作。

[3] 还可以说，旨在要求对女性实行性别中立待遇的法律实际上鼓励雇主歧视女性——雇用和提拔她们，而非同等资格的男性。首先，未被雇用和晋升的女性可能比男性更容易被起诉；其次，雇主工资单上的女性越多，他们被判犯有性别歧视罪的可能性就越小。但参见 Connecticut v. Teal, 102 S. Ct. 2525, 2534-35(1982)（驳回大量少数族裔雇员的证据，作为对就业歧视指控的辩护）。

[4] 平权行动也可以被理解为创造性别融合市场的有效手段，性别隔离不仅被谴责为对女性的不公正，而且是一种社会的损失。从这种角度看，确保学校、办公室、工厂等机构中有女性本身就非常重要。蕴含性别意识的政策不仅仅被视为权宜之计，而且是市场监管的一个潜在永久特征，只要实际上根据性别分配家庭角色，或只要人类依照性别被定义，这种特征就是必不可少的。参见 Ginger, "Who Needs Affirmative Action", 14 *HARV. C. R. -C. L. L. Rev.*, 265, 270-75(1979)；参见 Regents of the Univ. of Cal. V. Bakke, 438 U. S. 265, 311-14(1978)（认为大学对多元化的学生群体具有合法利益）；Detroit Police Officers' Ass'n v. Young, 608 F. 2d 671, 695-96(6th Cir. 1979)（认为城市试图在警察队伍中增加少数族裔成员以改善警民关系是恰当的）, cert. denied, 452 U. S. 938(1981)。

[5] 就家庭被用来批判市场而言，福利国家市场可以说类似于家庭，而使市场更像福利国家的市场改革将与那些使市场更像家庭的市场改革建立联系。然而，福利国家改革的重点是促进女性平等，市场改革的主要目的是缓和个人主义。改革只有在开始超越市场和家庭二元论的情况下，才能够促进平等并减少个人主义。

能是修订《1964年民权法案》第七编,①以将大多数形式的怀孕歧视囊括到性别歧视中。② 修正案是在联邦最高法院裁定反歧视法不要求各州或私营雇主将怀孕福利纳入其他全面医疗计划③之后颁布的,该修正案也许是用中性措辞表达的典型改革,但这种改革被认为是针对女性的改革。④ 政府为失业家庭主妇提供的培训方案,也可以被视作主要旨在帮助女性克服家庭角色对参与市场之负面影响的改革。⑤ 中性措辞对其他方案和建议具有重要意义,比如政府对儿童保育费的补贴,这些方案和建议通常被理解为帮助在职母亲,亦有益于在职父亲的计划。⑥

这些改革分享了福利国家的优势。正如其他福利国家的规定,反歧视法可以促进的不仅是形式上的平等。通过承认女性的屈从地位,法律可以解释并抵消性别盲歧视。由于平权行动承认每个女性都遭受压迫的共同主题,⑦它鼓励女性承认她们的共同利益,并有助于赋权女性成为一个群体。改革补偿了女性不平等的家庭角色,增加了女性的市场机会,并将生养子女的某些费用分摊给雇主和政府,否则这些费用将会不成比例地落在女性身上。最后,通过承认附加在女性身上的不公平待遇,反歧视法可以抵消男女双方均将女性在市场上的失败归咎于女性自身而非对女性的系统性偏见的倾向。

这些改革的弊端与福利国家的局限性有关。尽管国家声称要促进更大程度的平等,但它在这方面的努力是不够的。反歧视法只帮助了

---

① 42 U.S.C. § 2000e(k) (Supp. V 1981).
② 该修正案明确否认选择性堕胎的费用由医疗计划支付的任何要求。42 U.S.C. § 2000e(k) (Supp. V 1981).
③ 参见 General Elec. Co. v. Gilbert, 429 U.S. 125 (1976) (title VII); Geduldig v. Aiello, 417 U.S. 484(1974)(平等保护条款)。
④ 事实上,改革可能必须采用性别中立的措辞才能够通过目前最高法院的违宪审查。例如参见 Orr v. Orr, 440 U.S. 268(1979)(使丈夫而非妻子承担扶养费义务的计划无效)。
⑤ 通常参见 L. Shields, *Displaced Homemakers*, 1981(论及失业家庭主妇的计划)。
⑥ 扩大儿童保育津贴以帮助在职父亲,不仅在经济上很重要,而且对于父亲养育角色的发展和合法化也至关重要。参见 W. Farrell, *The Liberated Man*, 1975, 128-30.(论及照顾孩童的需要);S. Greenberg, *Right from the Start*, 1978, 71-82(论及赡养父母的需要);Cannon, "Michael and Me", in J. Plack & J. Sawyer eds., *Men and Masculinity*, 1974, 65; Fein, *Men and Young Children*, in id. at 54。
⑦ 参见 C. MacKinnon, *Sexual Harassment of Working Women*, 116-18。

一小部分成功的女性,但未能改变职业性别隔离的基本模式,从而使大多数女性将继续从事毫无前途的工作。然而,少数人的成功被用来为继续压迫大多数女性的制度辩护。虽然平权行动原则预先假定针对女性的歧视,但是平权行动政策假装结束了这种歧视。因此,平权行动为女性在市场上失败时的自责创造了另一个理由。此外,虽然平权行动可能扩大女性的社会作用,但它也倾向于强化不平等的意识形态,①并重新引入了家长式作风的问题。②

2. 迫使市场回应人类需求:使市场更像家庭

旨在通过缓和市场个人主义来提高女性地位的改革通常改善了女性的条件,但它们也强化了性别陈规定型观念,扩大了等级制度,从而降低了女性的生活质量。保护女性的劳动立法很好地说明了这一改革策略的优点和缺点。颁布于世纪之交的劳工立法经常对女性给予特殊的待遇,特别是在穆勒诉俄勒冈州案(Muller v. Oregon)③确立了这些法律的有效性之后,洛克纳诉纽约州案(Lochner v. New York)④确立的同等适用于男女两性的契约自由原则将违宪。

近年来,社会条件的变化使人们很容易谴责穆勒案公然的性别歧视和令人反感的陈规定型观念,⑤但在该案件判决时,人们认识到案件本身及其授权的基于性别的劳工立法有着更复杂和模棱两可的含义。⑥ 一方面,穆勒案参与了对与洛克纳案相关的自由放任政策和洛克

---

① 虽然平权行动可能使女性对性别歧视严重伤害女性的控诉合法化,但因为暗示女性可能由于这种伤害而降低竞争能力,也存在弊端。
② 参见 B. Gertner, "On Affirmative Action for Women: Pedestal or Cage?", 14 *Harv. C. R. -C. L. L. Rev.*, 173, 179-88(1979)。我认为,格特纳高估了人们在多大程度上可以区分为女性开辟新社会角色的平权行动方案与强化不平等意识形态或重新引入家长式作风问题的平权行动方案;单个的方案可以同时做到这两点。关于家长式作风及其积极方面的更好分析,参见 Kennedy, *Motives, Form and Substance in Private Law Adjudication*, 588-90, 635-49。
③ 208 U. S. 412(1980).
④ 198 U. S. 45(1905).
⑤ 例如参见 Taub & Schneider, "Perspectives on Women's Subordination and the Role of Law", in D. Kairys eds., *The Politics of Law*, 127-130(1982)。但参见 Kahn v. Shevin, 416 U. S. 351, 356 n. 10 (1974)(Douglas, J.)(援引穆勒案以支持财产税豁免,这使寡妇受益,但不适用于鳏夫)。
⑥ 例如参见 Bernstein, *The Lean Years*, 1960, 222-225。

纳案本身的攻击。穆勒案承认,洛克纳案试图否认——保护性劳工立法有益于工人和社会。穆勒案可以被视为通过"非法化"某些形式的剥削和限制市场个人主义的自由统治来使市场回应人类需求的部分努力。穆勒案确立的保护性劳工立法,通过削弱雇主的专断权力和改善女性的工作条件,直接使诸多深受沉重剥削的女性受益。

另一方面,穆勒案破坏了女性争取平等的斗争,①矛盾的是,本案甚至根据女性脆弱的体格以及在家庭中的特殊角色,为洛克纳案确立的自由市场原则开辟了一个有限的例外,从而支持了这一原则。② 该例外的一个效果是,通过使自由放任更容易被接受,来缓解更广泛改革的压力。事实上,将保护性劳工立法的必要性与女性的脆弱性联系起来,③为保护性立法是女性化的主张提供了意识形态支持。④ 此外,保护性劳工立法只有在受益人别无选择、只能接受保护的情形下才生效。如果个

---

① 穆勒案批准的那种改革,实际上可能对女性争取平等权的斗争产生模棱两可的影响。如果改革走得够远,它们可能激励男性为性别平等而努力,以便使自身从改革中受益。这种情况不经常发生。但参见 Cowen, "Women's Rights Through Litigation: An Examination of the American Civil Liberties Union Women's Rights Project 1971–1976", 8 *COLUM. Hum. RTS. L. R.* 373(1976)(温伯格诉维森伯格案中女性权利项目的诉讼时效策略,420 U. S. 636 [1975]);Kanowitz, "'Benign' Sex Discrimination: Its Troubles and Their Cure", 31 *Hastings L. J.*, 1379, 1419-29(1980)(认为将女性仅仅因为"良性歧视"而享有的福利扩大至男性,将使两性受益)。
② Muller, 208 U. S. 422. 女性被允许参与市场,但她们对市场的参与从属于对家庭的参与。故穆勒案倾向于巩固市场和家庭之间的二元论,并"让女性留在自己的位置上"。
③ 将女性作为整体进行隔离,可能增加改革的机会;也许有可能为女性实施改革,而为男性实施改革在政治上是不可行的。产假、"分时轮班"、较慢的职业道路选择以及工作场所的托儿或日托设施,均是女性比男性更容易接受改革的例子。但凡一项改革被接受,就可能将覆盖范围扩大至男性。例如,如果不是考虑到女性的依赖,一些目前提供给丈夫的配偶的军事福利就不会被设计出来。参见 Frontiero v. Richardson, 41 U. S. 677, 688-89(1973)废除歧视性立法,但有可能证明妻子对丈夫的依赖可以成为给予配偶军事福利时差别待遇的理由。
　　女性比男性更容易获得某些改革的第二个原因在于,这些改革可能引起家长式冲动或者需要利他行为。长期以来,女性都被视作家长式及其他"利他行为"的受益者。将女性确定为改革的受益者可能使改革更受欢迎。
④ 参见 Lochner v. New York, 198 U. S. 45, 55(105)。对女性的区别对待可能会出于男性受到的更糟糕待遇而破坏改革的努力。例如,如果不把女性排除在它的规定之外,就很可能无法颁布现行的登记法草案。参见 Williams, "The Equality Crisis: Some Reflections on Culture, Courts and Feminism", 7 *Women's RTS. L. REP.*, 175, 183-85 (1982);参见 Kanowitz, "'Benign' Sex Discrimination: Its Troubles and Their Cure", 31 *Hastings L. J.*, 1379, 1419-29(1980)(认为排他性的男性草案深深地植根于我们的文化对性别角色的认知)。

别工人或整个群体可以放弃福利,便能够更富成效地在市场上竞争,保护性立法将失去大部分价值。只要可以雇佣放弃保障的工人,雇主便没有足够的动力去改善工作条件。因此,通过将保护性立法限制适用在女性身上,穆勒案将女性置于竞争的劣势,这跟各州颁布性别中立的劳动立法,但允许男性放弃接受保护,可能会产生同样的效果。保护性劳工立法成为许多改革之恶性循环特征的牺牲品:如果一项改革的适用范围太过有限,它就不太可能非常有效;因为看似无效,故它的适用范围不太可能拓展。

穆勒案表明了试图使市场回应人类需求之改革的另一个缺陷:它们用以反对市场个人主义的利他主义与等级制度挂钩。穆勒案依托的论点是男女两性在重要方面存在差异,本案虽然可能提升女性的地位,但是通过将所宣称的差异性视作女性从属性的证据,亦降低了她们的地位。

穆勒案展示出的同样的可能性和风险的基本模式,在试图使市场不过于个人主义的其他改革中再现。例如,带薪产假要求为诸多女工提供即时性福利,因为她们迫使雇主适度牟利以满足家庭的需求。然而,它们只对市场的正常运作产生小例外,并缓解了更广泛改革的压力,这些改革将允许工人在社会需要时休假。关注产假意味着生孩子是暂时退出市场的唯一合法理由。最后,对休产假的女性继续采取或显或隐的偏见形式。① 产假规定往往助长了陈规定型观念和等级制度,它虽然远不如穆勒案那样具有攻击性,但运作方式与穆勒案相同。

似乎只要改革不把女性视作一个整体单独挑出来,②它们就不会扩

---

① 即使有宽松的产假规定,一些工人也担心,如果他们充分利用这些规定,主管和同事就不会像工人那样认真地对待他们。例如参见 Brill, "Headnotes: The Woman Problem", *AM. Law.*, Feb. 1983, 1, 9(报告称,律师事务所的一些同事对怀孕感到"防御性,甚或是内疚",并试图"像怀孕之前一样努力工作到第九个月来重新证明自己和他们是'平等'的")。
② 目前宪法学说的发展限制了将女性单独挑出来作为一种允许的改革策略的可能性。例如参见 Williams, *The Equality Crisis: Some Reflections on Culture, Courts and Feminism*, 178-79。

大等级分化。虽然中性的措辞确实产生了某些影响,但它往往看起来只是表面性的:改革显然针对的是女性。对于给予父母带薪产假和陪产假、要求在工作场所提供托儿设施以及改变职业模式,以消除人们在最有可能抚养幼儿的年岁里长时间工作的压力,已经有了全面的建议,防止雇主将不情愿的工人从一个城市转移到另一个城市,并减少那些选择离开劳动力市场几年的人所忍受的不利条件。① 如果这些政策毫无例外地适用于每个人,人们也没有放弃的机会,非父母或其他人很可能谴责这些政策是对核心家庭的强制性补贴。

如果不是这样,若市场改革法律规定给予福利的条件是受助人自愿接受,则会出现两个问题。其一,男性通常不会选择福利,如果他们这样做,便会被认为在扮演女性角色。② 因此,实践而非具体措辞可能强化等级制度和陈规定型观念。此外,自愿方案引入了一种可能性,即两性均会因为选择参与而受到惩罚。例如,旨在使父母能够花时间照顾儿童的规定,可能只会促成一个子类儿童照料者(主要为女性),他们将能够参与市场,但在市场上仍然不尽成功。③ 因此,利他主义再次与等级制度紧密联系起来。有时候,如果女性想要获得良好的待遇,她们就必须接受二等身份。

---

① 这些改革也可以被视作反歧视条款。这些方案的倡导者敦促说,鉴于我们目前的家庭生活模式,如果女性要在市场上拥有平等的机会,这些方案是必要的。家庭生活对市场的影响将会减少,但减少这些影响的方法是调整市场以适应家庭。参见 Frug, "Securing Job Equality for Women: Labor Market Hostility to Working Mothers", 59 B. U. L. Rev., 99-100(1979)。

② 例如参见 Letter from Professor Lis Sejr, Aarhus University, to Frances E. Olsen (Mar. 18, 1983)(哈佛法学院图书馆档案)(讨论了让瑞典男性参加性别中立陪产假的困难,并应丹麦女性主义者的要求,建议强制实行陪产假,因为它是"改变传统模式的唯一途径和……避免对希望休假的父亲的歧视的最简单方法")。

③ 为应对之,法律可以规定缩短所有人一周的工作时间,以迫使每个人腾出足够的空闲时间来抚养孩子。这种规定可以通过对任何希望延长工时或要求他人如此行为的人处以巨额罚款或附加费来执行。我认为这个计划不可取,在政治上也不可行,因为它会强制将工作与休闲区别开来,并将儿童保育归为非工作。然而,该建议作为一种启发式手段是有用的,可以确定为父母创造公平市场机会实际上可能需要的政策类型。关于另一套有用的批评建议,参见 Frug, "Securing Job Equality for Women: Labor Market Hostility to Working Mothers", 59 B. U. L. Rev., 102-03(1979)。

（三）小结

通过改革家庭来改善女性生活的策略，往往促进女性在家庭内部的平等，有时候还鼓励丈夫更好地对待妻子。然而，提升妻子法律平等地位的改革亦倾向于破坏利他主义，并助长个人的自私。此外，其中的一些改革通过个体化和具体化来使实际不平等合法化。鼓励家庭内部利他行为的改革，往往同时鼓励并合法化家庭内部的性别等级制度。虽然有些改革可能有助于使家庭民主化，但没有一项改革特别适合这项任务。

通过变革市场改善女性生活的策略经常促进了女性的平等，有时候使市场更能够满足人类的需求。然而，旨在要求平等对待女性的改革，经常通过个体化和具体化而使实际不平等合法化。这种改革亦倾向于强化市场意识形态，助长个人的自私。试图迫使市场回应人类需求的改革，经常在这一过程中产生并合理化等级制度。尽管这些改革中的任何一项在某些情况下都可能使市场民主化，但没有一项改革特别适合这一目的。改革家庭和改革市场这两套策略有时都会有意义地改善女性的生活，但不应毫无保留地倡导这些策略：没有一套策略足以在人民之间建立民主、共享的关系。

三、迈向新愿景

到目前，我已描述了一个特定的意识结构——市场和家庭二元论，并探讨它对意图改善女性生活的各种改革策略的破坏性影响。只要话语和思维仍然受限于这种主导性概念模式，我们就会面临一种僵局。就像一年级读者故事里的角色一样，我们试图用同一套积木搭建两座不同的儿童游戏屋；改善我们生活某一方面的每一次努力均会给其他方面造成损失。

我现在审视打破这种僵局的可能性，并思考设想以及体验我们的感情和富有成效生活的替代方式。我的目标只为开启一场关于此种替代性方案的对话。① 左翼和女性主义理论家的思辨思维丰富了这场对话。卡尔·马克思等人对国家和市民社会二元论的批判,有助于理解市场和家庭二元论的性质,以及克服此种二元论的可能性。女性主义者对超越男性和女性二元论的思考,为超越市场和家庭二元论的可能性及优势提供了洞见。

意识到这些二元论,并认识到它们对我们的生活和改善我们生活的努力的严重影响,不会自动带来改变。二元论不仅是一种思维方式:事实上,我们已经通过它们来体验我们的生活。因此,我们必须把我们的理论和政治实践结合起来。更好地了解世界的其他概念,可以帮助我们更有效地进行改革。改革可能反过来改变我们生活的实际状况,使我们自己的经验能够肯定并阐述对市场和家庭、国家和社会、男性和女性的不同看法。

(一) 女性主义和反自由主义理论

女性主义改革失败的一个重要因素是,接受对国家及其与市民社会关系的自由主义理解。百余年来,对自由主义国家的批判及对国家和市民社会二元论的攻击,向来是左翼攻击自由主义的重要内容。② 一

---

① 我在此所言之一切并非为解决我勾勒的困境,亦非为建构一种可能变得像市场和家庭二元论那样僵化和压迫的新体系。相反,它旨在成为我们可以且应该掌握的那种投机性思维的一个例子,作为朝着更好方向迈出的第一步。前几部分提出的批评促进了这种努力,但这种批评的恰当性和价值不取决于我在这里进行的推测。批判或拒绝我建议的方向,不应对我的批判本身产生怀疑。相反,它应鼓励读者继续对话并提出新的方向和替代方法。

② 作为一项开创性的工作,参见 K. Marx, *On the Jewish Question*, 216。

最近,许多批评公私领域二元划分的法律学者应当被理解为超越国家和市民社会二元论的呼吁。例如参见 Frug,"Cities and Homeowners Associations: A Reply", 130 *U. Pa. L. Rev.*, 1589, 1589-91(1982); Frug, "The City as a Legal Concept", 93 *Harv. L. Rev.*, 1057(1980); Horwitz, *The History of the Public/Private Distinction*, 130 *U. Pa. L. Rev.* 1423, 1428(1982); Klare, "Labor Law as Ideology: Toward a New Historiography of Collective Bargaining Law", 4 *Indus. Rel. L. J.*, 450, 470-73(1982); Klare, "The Public/Private Distinction in Labor Law", 130 *U. Pa. L. Rev.*, 1358, 1360-61(1982)。一些理论家认为,我们已经进入后自由主义的企业福利国家社会,在该社会中,国家和市民社会的区别已经变得模糊。例如参见 R. Unger, *Law in Modern Society*, 1976, 192-193。国家确实承诺监管经济,"私营"经济企业被认为履行准政府职能。参见 R. Unger, *Law in Modern Society*, 1976, 201。许多思想家不再认为(转下页)

些女性主义者曾经参与了这场攻击,但大多数女性主义者改革的努力均在自由资本主义的背景下进行,并倾向于修补和完善国家自由主义理论,而不是挑战或瓦解它。这种改革暴露了自由主义的内在矛盾,却未曾引导我们提出一种女性主义的国家理论。改革未能取得较大成功的原因之一是,接受国家和市民社会的二元论,并被视作国家对社会某些方面的管理,或国家创建和执行女性的个人权利。

正如女性主义改革理论未能充分了解左翼的自由主义批判,左翼理论亦未能充分回应女性主义的父权制批判。左翼理论家经常忽视性别问题,或者将它们视为社会变革之重要问题的外围问题,仅仅是自由主义原则不完整或不一致胜利的反映。左翼理论家虽然承认两性没有受到公平对待,但认为对女性的压迫仅仅是自由主义国家未能实现理想的特殊例子,很少有左翼思想家试图审查男性和女性以及市场和家庭二元论之于自由主义思想的意义所在。

反自由主义理论家在处理家庭问题上犯了两个错误。有些人忽视了家庭,或者只是在滞后理论的背景下思考家庭,因此将家庭表面上的落后仅仅视为一种好奇,或者在理论探讨中忽视家庭的理由。家庭尚未被视为自由主义结构的组成部分。因此,某些反自由主义理论的支持者低估了家庭的重要性。① 另一些拥护者把家庭当作社会主义共同体来庆祝,使家庭受到了错误的重视。在断言马克思主义者将家庭视

(接上页)国家和市民社会之间存在显著的区分。例如参见 Kennedy,"The Stages of the Decline of the Public/Private Distinction", 130 *U. Pa. L. Rev.*, 1349(1982)。官僚政府已经取代早先自由主义的政府观念。故可以断言,左翼对自由主义的批判现在已经超越社会理论,成为思想史更恰当的主题,克服国家和市民社会二元论的结果令人失望。

然而,夸大国家和市民社会二元论的破裂是错误的。福利国家意识形态的一个重要因素是限制国家对市民社会可能采取的特定行动。这种限制起着至关重要的辩护作用。显然,通过限制我们对现有可能替代方案的认识,国家和市民社会二元论继续影响着改革的努力。例如,对核心家庭的攻击和防御就深受这种二元论的影响。尽管核心家庭具有压迫性,但如果我们假设实际的替代方案可能是面对一个单一国家的原子化个体的社会,那么废除它的可能性就丧失了大部分的吸引力。害怕成为一个与国家对立的完全孤立个体,这为组建家庭提供了强烈的动力。家庭之所以具有如此强大的吸引力,原因之一是它缓和了国家和市民社会之间的二元对立。

① 关于左翼家庭分析的一般处理,参见 M. Barrett, *Women' Oppression Today*, 1980; E. Zaretsky, *Capitalism, The Family & Personal Life*, 1976。

作"人类秩序的典范"归因于他们从中看到"真正的人性和相互关系的缩影"时,①卡尔·德格勒(Carl Degler)只是稍作夸大。德格勒论及,"共产主义的口号——'从个人依据能力到依照需要'——是家庭生活的中心原则"。②

这两种对待家庭的左翼做法无疑均接受市场和家庭二元论,却未认识到家庭作为市民社会要素的重要性。利他主义、等级制度、私人家庭是19世纪意识形态的基本要素。自由家庭是现代意识形态中同样必不可少的要素,亦是现代企业福利国家社会的结构性组成部分。由于尚未解决甚或注意到市场和家庭之间的二元论,大多数左翼理论假定并因此鼓励二元论的继续存在。

通过认识左翼分子和女性主义者贡献之间的关系及各自丰富彼此的力量,我们能够学到很多东西。针对国家和市民社会二元论的左翼批判,以及针对男性和女性二元论的女性主义批判,共同为市场和家庭二元论的批判提供了信息,并使之更加丰富。此外,左翼分子和女性主义者关于超越国家和市民社会之间以及男性和女性之间二元论的思考,表明了超越市场和家庭之间二元论的可能性。

(二) 批判二元论

市场和家庭二元论是一种人类结构,它包含卡尔·马克思在有关国家和市民社会二元论的经典文章《论犹太人问题》③中描述的那种自我异化。马克思认为人类过着"双重生活"——一种生活在国家,另一种独立生活在市民社会。他指的是政治国家,在这里,我们将自身视作公共存在和人类的"类生命",政治"公民"是抽象和普遍化的。④ 然而,市民社会是特定的领域;市民社会的每个成员均是与共同体分离,仅仅关心自身利益和愿望的"私个体"。类生命和个体生命之间的二元论涉

---

① C. Degler, *At Odds*, 472.
② C. Degler, *At Odds*, 472. 第二个错误在重要左翼的著述中很明显。例如参见 C. Lasch, *Haven in a Heartless World*。
③ K. Marx, *On the Jewish Question*, 216.
④ K. Marx, *On the Jewish Question*, 225, 240-241.

及一种自我异化的形式,也即人为地将人分裂成国家的抽象公民和市民社会中的利己主义者。① 马克思认为,人类解放的目标正在于克服这种异化:人类可以通过将抽象的普遍公民与具体的特殊个体重新结合起来成为类生命。② 因此,我们可以把自身的权力恢复为社会权力,从而成为完整和道德的存在。

市场生活和家庭生活之间的二元论与类生命和个体生命之间的二元论略有不同,但甚至更明显。我们期望市场能够实现产品和服务的高效生产,而不是在其中发展个性或满足人类关系需求的竞技场。市场中普遍存在的等级制度乃基于效率而被强加和证成。市场是异化劳动的领域。发展个性及与他人互动之愿景的表达被降格至家庭,同时被美化和贬损。我们将市场视作达致目的的手段,家庭则被视为目的本身。市场是工作和商品生产的场所,家庭则是大多数娱乐和消费形式的场所。将生活划分为市场和家庭,把人类的经验划分开,使我们无法意识到实际可供选择的范围。许多社会和生产性生活似乎实际超出了我们的控制范围。

既想在共同体中获得自由,又想与他人取得联系,这一看似矛盾的愿望是自由社会的重要困境。③ 在自由放任意识形态中,市场主要与自由相连,家庭主要与共同体相连。在福利国家意识形态中,市场应由共同体(国家)控制,家庭应被庆祝为国家不得干预的自由领域。但事实证明,自由与共同体的自由主义困境没有通过市场和家庭之间的相互作用来解决。

家庭对男性和女性均具有双重作用。对男性而言,家庭首先是能

---

① 马克思引用了卢梭关于建立自由国家之先决条件的陈述:
每个个体本身都是一个完整但孤立的整体……"必须被转化"为比他自己更伟大的事物的一部分,他以某种方式从中衍生出他的生命和存在,用有限的和道德的存在来代替一种物质与独立的存在。人必须被剥夺他自己的力量,并被赋予不能在没有他人帮助的情况下行使的外在力量。
  K. Marx, *On the Jewish Question*, 225, 240-241.(删除强调)引自 J. Rousseau, *The Social Contract*, 1782, 67-68。
② K. Marx, *On the Jewish Question*, 225, 240-241.
③ 有关这一困境的最佳表述载于 Kennedy, "The Structure of Blackstone's Commentaries", 28 *Buffalo L. Rev.*, 209, 211-213(1979)。

够暴露"弱点"的地方,在这里,他们可以毫无羞耻地接受与女性有关的传统价值观。通过与家庭中女性的联系,男性试图恢复完整。其次,家庭是男性可以充当老板的地方。在家庭中,男性可以表达竞争性的价值观,以及其他在传统上被视作男性化的价值观。男性在市场上的失败可能在家庭中得到补偿。家是男性的避难所。

家庭对女性也发挥双重作用。家庭应是女性的归属地,亦是其价值观得到赞赏和自由表达的地方。但是,家庭不是女性的避风港,而是她们传统的工作领域;而且,现今大多数女性在市场上工作,家庭成为她们的第二个工作场所。与人们必须经常发挥作用的市场不同,家庭应是人们可以表达真实自我的舞台。然而,对许多女性来说,情况恰恰相反:正是在家庭中,她们必须服从自己并发挥作用。

市场服务于少数女性,其中的某些功能与家庭为男性提供的服务相同。作为雇员或管理者的女性,可能更容易表现出被认为是男性的特质。市场可能会为女性提供社会认可的理性、客观甚或是自私的机会。从理论上讲,市场将女性从她们被赋予的角色中解放出来。事实上,大多数女性被迫进入市场中的从属性岗位,而且她们的自由受到了很大的限制。①

对男性而言,市场应该是男性价值得以提升和褒奖的领域。市场呈现出自由、理性和权力的形象。对大多数男性和大多数女性来说,市场的现实是,他们出于雇主行使超乎其上的支配权而受到控制和压迫。在某些情况下,看似中立的规则的斡旋会减少个人的支配感,但人类在很大程度上是市场上"外部势力的玩物"。② 因此,无论在市场上,还是家庭中,我们都面临着一种无能为力的感觉。

事实上,我们已经创造了一个包含扭曲和贫乏的自由观念市场,一个以商品生产异化和彻底丧失对市场活动的人为控制感为特征的市

---

① 当然,即便女性从事的工作允许或鼓励她们背离传统的女性角色,她们仍然是在用一种角色换另一种角色。观察传统的性别平等倾向,通常以男性的标准来判断所有人。
② 该术语源自 K. Marx, *On the Jewish Question*, 216, 225(评论市民社会中个人的无助)。

场。① 虽然孤立的个人选择是自由市场的标志,但这种选择成为超出人类自觉控制的"客观"供求力量的一部分。即使在福利国家市场中,我们也低估了我们能够有意识地决定生产什么以及如何生产的程度。

我们还创建了一种包括扭曲且无力的共同体和自由观念的家庭。家庭中的共同体具有等级性。此外,家庭自由在很大程度上只是一种幻象。家庭正是我们创建的——它的存在仅为取悦我们。我们褒奖家庭缺乏客观目标;在家庭中,个人本应自由地表达个性,并满足人类与他人交往的愿望,但试图将这些目标与其他有目的或生产性的活动分开,使这些目标的实现成为问题。

我们时常忘记了,当前的家庭和市场安排纯粹是人类创造的。马克思认为,由于市民社会是封建社会解体的附属品,它似乎是自然的,彼时人们的自觉活动集中在形成国家的政治行动上。② 现代核心家庭亦如此,它被视作早期形式的大家庭或家族解体后的残余社会形态。家是那些没有被吸收进市场的人留下的地方,也是人们在市场上工作结束后返回的地方。

每一次成功的政治变革似乎都为家庭留下了一个更自然的实体,更自由地表达人类的冲动。这一过程反过来增加了家庭特殊性和家庭生活多样性的表象。只要人们认为家庭的存在仅仅是为满足缺乏实际目的的人类情感需求,他们就认为家庭正在变得更纯粹和家庭化。

大多数时候,家庭和市场生活似乎都不尽如人意,但对彼此的不满导致我们在恶性循环中将对方浪漫化。在某种程度上,市场自由被证明是一种骗局,人们坚持婚姻美满和家庭幸福的观念。从某种意义上讲,家庭内部的共同体被证明为一种幻觉,人们就会在工作中寻求庇护。一旦我们接受"无情的世界"是给定的,那么其中的"避风港"价值

---

① 通常参见 K. Marx, "Alienated Labor", in Writings, *On the Jewish Question*, 287(异化劳动的经典讨论)。
② K. Marx, *On the Jewish Question*, 216, 240.

似乎是不言而喻的。① 然而,只有摧毁避难所的假象,我们才能够为真正的自由和共同体奠定基础。

(三) 超越二元论

国家和市民社会之间与市场和家庭之间的二元论,很大程度上是我们思维的组成部分。正如对市场的批判可能被误解为对有效生产商品和提供服务的攻击,对家庭的批判经常被误解为对人性化、联系、父母身份的攻击。然而,就像表达个性和满足人类与他人交往的愿望是值得的一样,生产商品和提供服务是一个有价值的目标。目前,生产主要由市场进行,表达个性的机会主要发生在家庭中。我认为,这种功能的分离和两极分化巩固了现状,并限制了人类交往的可能性。

支持市场和家庭二元论的人认为,如果所有的生活都"处于一套术语之下",生活就会变得贫瘠。② 然而,问题在于,生活经常受到一套双重术语的限制。市场和家庭被视为相互关联的存在,彼此对立但又相互巩固。但我的论点是,我们不需要非人道的环境来享受人道的环境,也不需要非生产性或不切实际的联想来享受生产性或实际的环境。两极化的家庭和市场不会增加个体和人类个性的可能。相反,它重现了"市场"和"家庭"的抽象概念,并使我们无能为力。

努力超越市场和家庭二元论的其他批判,与努力超越国家和市民社会二元论的自由主义批判紧密相关。一些评论者表示担心,如果女性主义者如愿以偿,家庭将会被废除,而且不会出现足以取代家庭的事物。人们认为,机构化的儿童抚育采取的是一种忽视的形式,很可能会养育出无法形成亲密人际关系的儿童,因此这些儿童不是完全的人。③ 公共或其他形式的社会生活仅仅被视作家庭的"空洞复制"——无力、毫无意义的复制。④

---

① 克里斯托弗·拉什推广了这一术语。参见 C. Lasch, *Haven in a Heartless World*。
② J. Elshtain, *Public Man, Private Woman*, 1981, 335.
③ 例如参见 J. Elshtain, *Public Man, Private Woman*, 1981, 328-331。
④ J. Elshtain, *Public Man, Private Woman*, 1981, 330.

这种担心与对极权主义的恐惧具有一致性。批评者认为,在家庭结构之外抚养孩童将会导致成年人过于社会化和墨守成规,人们会自觉地服从原本应该质疑和挑战的命令。[1] 这些评论家认为家庭是潜在的藏身之所——主观和非理性幻想的避难所,一个与极权主义存在相对立的领域。[2] 他们认为,使家庭有别于市民社会的其余部分,对维持市民社会作为自由而且没有被强权国家侵吞之独立领域的希望至关重要。

纳粹德国和冷战时期苏联的形象,被认为是国家和市民社会二元论的可怕替代。国家控制人类生活的各方面,没有任何东西是个人和私人所有的,这里没有自由。[3] 国家既理性、有效和客观,同时又具有极度的非理性和令人恐惧的主观性。有人认为,即便极权主义国家可以采取民主的形式,结果亦是多数人的专政,人类的自由也将会被摧毁。

我不主张用一个全能的国家和包罗万象的市场来取代目前的二元论,就像不主张让女性像男性一样。现存的国家必须与现存的市民社会同时结束;并且,当我们改造当代家庭时,必须同时改造市场。

我既不支持浪漫地回归朴素的生活方式,也不赞成回到早先而且未分化的世界。重建家庭手工业,让父母在家庭中工作和照顾孩童,并不是问题的解决之道。我不打算逃避作为自由意志者而存在于这个世界上的复杂性,亦不主张逃避冲突,这种冲突也许是痛苦的,却是人类成长所固有的。相反,我想到的是一种冲突可以更有效发生的情形。二元论通过避免和取代冲突——个体心理的冲突和人与人之间的冲突,妨碍了人类的成长。通过条块分割将冲突外化的问题,以及通过超越二元论获得的好处,可以通过对男性和女性二元论的审查来阐明。

两性之间的差异像饥饿、宗教和野蛮一样自然。两性之间的不平等一直存在于历史纪录中,并贯穿于不同的文化。饥饿、宗教、野蛮亦如此。

---

[1] J. Elshtain, *Public Man, Private Woman*, 1981, 330; C. Lasch, *Haven in a Heartless World*, 91.
[2] 参见 C. Lasch, *Haven in a Heartless World*, 92(认为家庭的衰落导致个人被新形式的胁迫征服)。
[3] 例如参见 J. F. Dulles, *War or Peace*, 1950, 5-16(描述了苏联的"敌人")。

这些现象均长期存在,不代表它们中的任何一个都是不可改变的。

我们有时将性别差异视作马尔萨斯主义者所称之饥饿——这对个别受害者来说是不幸的,但在社会上是必要的,逻辑上是不可避免的。① 在其他时候,性别差异被视为社会建构的,但同宗教一样②有益于维持社会和政治的稳定,甚至可能对普通人有益处。最近,性别差异被认为类似于残酷——我们可以在某种程度上减少或克服,却永远无法彻底消除它们,如果我们可以的话,世界也许会变得过于同质化。无论如何,人们可以认为,为完全消除残暴或性别差异而有必要采取的胁迫手段,将构成对人类自由的过大侵犯。

1. 费尔巴哈模式:历史的演化

也许无神论者路德维希·费尔巴哈(Ludwig Feuerbach)对宗教的描述是捕捉男性和女性二元论之性质的最佳模式。③ 费尔巴哈认为,宗教是人类想象的产物,上帝是人类品质的投射。在费尔巴哈的术语中:

> 人类——正是宗教的奥秘——将其存在投射到客观现实中,随后再使自己成为这个投射之自我镜像的对象,从而转化为一个主体;他认为自己是自己的一个对象,但作为一个对象的对象,是另一个存在而非他自己。因此,在这里,人类是上帝的对象。④

费尔巴哈假设,人们将自己的本性投射到所创造的上帝身上,在思考这位上帝时,他们感知到了自己的本性:"上帝的意识是自我的意识,认识上帝

---

① 参见 C. Lasch, *Haven in a Heartless World*, 79-80(坚持弗洛伊德认为的性别差异既非先天特征,也不是文化条件的产物,而是"成为女人的过程"的结果,在任何文化中,这都需要"压抑女性性行为中活跃和阴茎崇拜的一面")。通常参见 S. Goldberg, *The Inevitability of Patriarchy*, 1973(关注男性统治的生理"必要性")。

② 参见 T. Hobbes, *Leviathan*, 1651, ch. 12(断言宗教的种子存在于人类身上,并已经被培养成了服从、法律、和平、慈善及文明),with S. Weitz, *Sex Roles*, 1977, 5(注意到社会"在性别角色中具有既得利益,只要它们允许主要体制结构的顺利运作")。

③ 参见 L. Feuerbach, *The Essence of Christianity*, translated by G. Eliot, 1957。

④ L. Feuerbach, *The Essence of Christianity*, translated by G. Eliot, 1957, 29-30。

就是认识自己。"①通过同上帝的关系,人们重新找回了自己的本性。

就像宗教一样,男性和女性二元论也是人类建构的。性别的"奥秘"在于将人类的特质分别投射到男性和女性身上,以使彼此成为对方的对象。两性之间的关系成为每种性别的成员可以恢复自身投射本性的一种手段。在彼此相识的过程中,男性和女性也开始熟悉自己。

费尔巴哈认为,将人类的品质投射到上帝身上的过程,服务于一个对人类有益的目的。"人类首先看到自己的本性,仿佛本性脱离了自己,然后才在自己身上找到它。"②宗教的历史是人类越来越认清自身本性的历史。每种新宗教均正确地将此前的宗教视作偶像崇拜——对人类事物的崇拜,就好像它是神圣的一样。③"人类赋予自身客观性,却没有认识到对象乃自己的本性;后来的宗教向前迈出了这一步。因此,宗教的每一次进步都是更深刻的自我认识。"④

类似于宗教,性别分化服务于有益的人类目的。我们对男女两性的理解逐渐发生了改变,可以被视作一个历史过程的反映,引起了更深层次的自我认识。性别分化的历史进程在于认识到,此前被认为不可更改的事物具有偶然性并受到人类的控制。将人类划分为男性和女性,可以被视为一种使我们能够意识到人类广泛可能性的有用工具。因此,超越男女二元论将是回归本我的最后一步,亦是这一历史进程的最后阶段。

2. 详述该模式:性别的复杂性

将性别分化视为历史性进步存在几个问题。第一个问题与费尔巴哈对宗教的分析相同。费尔巴哈不相信上帝的真实存在,尽管他的著作是有关上帝不存在之论证的一部分,但同时也以上帝不存在为前提。⑤当代信徒要么不同意费尔巴哈的观点,要么坚持认为,尽管早期

---

① L. Feuerbach, *The Essence of Christianity*, translated by G. Eliot, 1957, 12.
② L. Feuerbach, *The Essence of Christianity*, translated by G. Eliot, 1957, 13.
③ L. Feuerbach, *The Essence of Christianity*, translated by G. Eliot, 1957, 13.
④ L. Feuerbach, *The Essence of Christianity*, translated by G. Eliot, 1957, 13.
⑤ L. Feuerbach, *The Essence of Christianity*, translated by G. Eliot, 1957, 34-35.

的上帝是人类的投射,但因为没有能够抓住当代信仰的本质,费尔巴哈犯了一个关于上帝之存在的简单事实错误。同样地,我认为性别分化具有历史的偶然性,我论点的一个基本前提是男女两性的特质无可变更。任何相信生理即命运的人均不会为我的论点所折服。鉴于被认定为女性的人确实存在,并且在生物学上有别于男性,一些观察人士总会争辩说,感知到的差异是真实而非投射的。

正如费尔巴哈可能永远无法真正反驳上帝或众神的存在一样,我也无法反驳一般的说法,也即两性的差异由生理学所决定,而非自我投射的结果。然而,很明显,我们对两性的理解发生了巨大的变化,故此前对生物决定论的理解是错误的。每当在足够具体的背景下断言生物限制时,学者和研究人员都准备反驳它们。[①] 但这种反驳将永远不会使信徒相信,男女之间不存在其他基本的差异,使得超越男性和女性二元论变得不可能或不明智。也许我们最多可以肯定地说,即使生物限制的存在或将最终限制重塑社会的可能性,除非我们正确评估性别角色的社会建构所起的作用,否则将无法确定这类限制所起的作用。目前,我尚未发现任何证据表明生物学阻碍我们对男女关系做出重大调整或超越男女二元论。

费尔巴哈的历史进步模式在性别分化中的运用,由于两性关系中存在人类和上帝之间的关系中不存在的因素而变得复杂。首先,两性之间的关系涉及两个人和两种不同的投射关系。[②] 两性之间存在的真实关系与两种投射关系同时发生。作为当前性别制度[③]之组成部分的投射干预了真实的关系。我将这种对友谊和爱的干预,及其对人类交

---

① 例如参见 C. MacKinnon, *Sexual Harassment of Working Women*, 152-55。
② 同样地,相信上帝存在的人可能会质疑一个人和上帝之间的关系与两个人之间的关系是不同的。例如参见 M. Buber, *I and Thou*, translated by R. G. Smith, 2 ed., 1958。
③ 我所说的"性别系统"是指两性在社会上被建构为相互关联的系统。对立形成二元论,其中男性在等级上优于女性。盖尔·鲁宾将之称为"性和性别系统"。Rubin, "The Traffic in Women: Notes on the 'Political Economy' of Sex", reprinted in R. Reiter eds., *Toward an Anthropology of Women*, 1975, 159, 166-67. 凯瑟琳·麦金农批判这种性与性别的划分是自然和文化的区别。参见 MacKinnon, "Feminism, Marxism, Method, and the State: Toward Feminist Jurisprudence", *Journal of Women in Culture and Society* (1983)。我现在采用了麦金农教授的用法。

往可能性的限制称为"爱的问题"。其次,历史的进程被男性统治女性的现实阻碍了。费尔巴哈的模式基于对上帝积极特征的投射,然而,投射到女性身上的特征同时被轻视和赞扬。① 因此,费尔巴哈的宗教形象不存在以男女关系为特征的统治问题。

(1)爱的问题。女性主义者一直认为,当前不平等和统治性的性别制度使男女之间的真爱变得困难,甚或是不可能。② 目前的爱情被描述为"女性对男性的片面病态依赖"。③ 男性被视为强壮和有力的,女性则是软弱和依赖的。此外,在当下社会,女性在经济和社交方面均依靠男性。女性地位的主要决定因素是她被男性接受及其与男性的关系。相应地,浪漫的爱情扮演着羞愧的角色,它迷惑了女性对男性的依赖,并强化了男性的霸权。④

苏拉米斯·费尔斯通(Shulamith Firestone)的观点建立在约翰·斯图亚特·穆勒(John Stuart Mill)⑤和其他人提出的关于性别不平等对爱情可能性的不利影响的想法上。⑥ 费尔斯通解释说,健康的爱情需要相互的自我尊重,当两性均不认为女性是自主、平等和值得尊重的存在时,这种爱情就会被摧毁。女性缺乏自尊,并试图通过男性的爱来获得身份和价值。⑦ 男性实际上不尊重女性,相反,他们通常低估女性;同时,将"所爱的"女性理想化。⑧ 因为女性知道自己不符合这种理想形象,所以在被爱中没有安全感,势必会害怕将要暴露真实自我之坦诚而亲密的接触。⑨ 因此,费尔斯通认为,我们知晓的爱情既是一种错觉,亦是一种针对女性的陷阱。但解决之道在于性别平等:有意义的爱情存

---

① 普通男性感受厌女症的强烈程度远远超过了弗里德里希·尼采和乔治·萧伯纳等臭名昭著的"亵渎者"对上帝的敌意。
② 对其中一些观点进行出色的总结和评价,参见 Rapaport, "On the Future of Love: Rousseau and the Radical Feminists", in *Women and Philosophy*, 185。
③ Rapaport, "On the Future of Love: Rousseau and the Radical Feminists", in *Women and Philosophy*, 185.
④ S. Firestone, *The Dialectic of Sex*, 1970, 146-48, 165-75.
⑤ 参见 J. S. Mill, *The Subjection of Women*, in J. S. Mill & H. T. Mill, 233-36。
⑥ 参见 S. Firestone, *The Dialectic of Sex*, 142-64。
⑦ 参见 S. Firestone, *The Dialectic of Sex*, 155-56。
⑧ 参见 S. Firestone, *The Dialectic of Sex*, 128-29, 148, 153。
⑨ 参见 S. Firestone, *The Dialectic of Sex*, 149。

在于平等之中。①

伊丽莎白·拉帕波特(Elizabeth Rapaport)②扩大了费尔斯通的批评,以展示爱情如何转化为对两性均有破坏性的依赖关系。她借用卢梭③的观点,认为实现男女权力和影响力的平等本身并不能解决爱情问题。爱情始于一种健康的吸引,一种对同样的情感的认可。但她认为,恋人会关注差异,因为他们试图在伴侣身上找到他们担心自己缺乏的品质,因此在某种意义上寻求拥有这些品质。④他们不选择与其分享最多的伴侣,而是寻找异性中的"杰出"者。⑤每个渴望被爱的人都必须努力使自己成为那个杰出者。因此,即便男女之间存在平等,依赖关系也可能导致对自我的错误呈现,以及对暴露真实而且不完美之自我的恐惧。这样,情侣便失去了他或她的身份和自主。

卢梭认为,爱最善良和最美丽之人的倾向,⑥加之被爱的渴望,导致了"模仿、竞争和嫉妒"。⑦然而,如果我们选择分享而非德行和美丽,结果会大相径庭。人们会为他们必须要分享多少东西所吸引。他们将关注自己所拥有的,而不是缺乏或害怕缺乏的事物。

因此,真正的问题不是依赖,而是个人对待己身的态度。重要的

---

① 参见 S. Firestone, *The Dialectic of Sex*, p. 149; Rapaport, *On the Future of Love: Rousseau and the Radical Feminists*, 185-86。
② 参见 Rapaport, *On the Future of Love: Rousseau and the Radical Feminists*, 185。
③ 拉帕波特关注 J. Rousseau, *Emile*, Everyman eds., 1911(1st ed. Paris 1762); J. Rousseau, *La Notjvelle Heloise*, Penn. State Press eds., 1968(1st ed. Geneva 1761); J. Rousseau, "Discourse on the Origin and Foundation of Inequality Among Mankind", in L. Crocker eds., *The Social Contract and Discourse on the Origin and Foundation of Inequality among Mankind*, 1969, 149(1st ed. Amsterdam 1755)。
④ 参见 Rapaport, *On the Future of Love: Rousseau and the Radical Feminists*, 199。
⑤ 正如拉帕波特所言:
爱人是依赖的、完全的,非常依赖他所爱的人来获得所需要的东西,他的爱具有互惠性……爱人不能够通过行使自己的权力来实现爱情的欲望和互惠。只有当她发现他出类拔萃时,他才会被爱。他必须将自己伪装成她想要看到的心爱之人的样子。这导致了自我的错误呈现,以及对暴露和丧失爱情的长期恐惧。一路走来,爱人失去了自我,也必然有机会为这个失去的自我获得爱。
⑥ 参见 J. Rousseau, *Emile*, 175-76, discussed and quoted in Rapaport, *On the Future of Love: Rousseau and the Radical Feminists*, 197。
⑦ 参见 J. Rousseau, *Emile*, 175-76, discussed and quoted in Rapaport, *On the Future of Love: Rousseau and the Radical Feminists*, 197。

是,一个人要自给自足,但不能够遗世独立。选择不是在成为完整、独立的个体和成为不完整、依赖的个体之间做出的。

拉帕波特认为,健康的爱情是不可能的,不仅因为男女之间的不平等,还由于自由主义的个人主义假设以及资本主义社会的实际竞争和等级环境。① 因此,她认为,社会主义和女性平等是对健康爱情的承诺。② 拉帕波特拒绝将依赖和自主看作两种极端化的选择是正确的。一个成年人可以而且应该在成为圆满和完整之人的意义上是"自主的"。然而,社会生活比与世隔绝更丰富;分享和亲密使得一个人能够更充分地享受生活。在某种程度上,我们的社会互动提高了我们的生活质量,我们可以说是通过"依赖"他人获得了这种改善的生活。不得不依赖另一个人来满足眼前的情感需求,可能是一件坏事,但能够依靠他人来丰富自己的生活,则是一件好事。自主意味着不需要借助他人来感觉完整;这并不意味着一个人无法通过社会互动来丰富自己的生活。

然而,社会主义和两性平等的结合不足以恢复爱情。我们还必须消除现行性别制度中固有的自我异化。当我们将人类特质分别投射到男人和女人身上时,我们确保自身仍然是不完整的存在。我们对异性的吸引力具有紧迫性,因为与这一异性的关系之于自身的完整性是必要的。当前的性别制度倾向于促进基于需求而非欲望的关系。需要另一个人来使自身完全,最终是不令人满意的;它干扰了人与人之间可能的亲密分享,这种分享使得我们想要与他人接触。③

(2) 统治问题。男性对女性的统治是自保。女性不熟悉她们被拒绝进入的世界的各方面,这使她们有理由被继续排斥在外。月经、怀

---

① Rapaport, *On the Future of Love: Rousseau and the Radical Feminists*, 203-04.
② "正如我们知道的那样,如果我们从爱中学到的对依赖关系的合理恐惧不是基于对自己的恐惧,而是不公正、破坏性和可成功改变的社会秩序对人类个性的病态扭曲,那么爱情可能就会恢复。"Rapaport, *On the Future of Love: Rousseau and the Radical Feminists*, 204.
③ 当然,基于需求的依赖可以是同性恋,也可以是异性恋。关于同性恋关系再现异性恋关系模式的趋势,参见 J. Money & A. Ehrhardt, *Man & Woman, Boy & Girl*, 1972, 163-64, 234-35。

孕、分娩使女性处于不利地位,并允许女性为男性所统治而且需要他们的保护。现实世界中女性的堕落与其在幻象世界中的升华相匹配。女性被认为是美妙而可怕的。①

世界更普遍地被视作一系列复杂的二元论——理智与激情、理性与非理性、权力与情感、思想和感觉、灵魂和身体、主观和客观。创建我们统治意识的男性将这些二元论组织成一个系统,在这个系统中,每个二元论都有强势或积极的一方面,也有弱势或消极的一方面。男性将他与二元论中的强势方面联系起来,而将弱势方面投射到女性身上。就像男性同时赞美和贬低女性及家庭一样,他们同时赞美和贬低二元论中的弱势方面。例如,大自然被美化为令人敬畏的事物,是男性英雄征服的有价值的主题,同时它又被贬低为被开发和塑造以达成人类目的的惰性物质。非理性的主观性和敏感性,同时受到重视和诋毁。②

在主流文化中看待这些二元论的另一个重要方面是,任何二元论中的弱势部分通常被认为对强势部分构成持续性的威胁。男性被警告要与肉体、自然,甚或是女性斗争。与自然一样,非理性主义被认为是必须征服的事物。二元论的弱势方面对男性来说是不可或缺的,也是威胁性的。③

女性貌似能够获得的有限选择,可以用女性与这些二元论的关系来描述。一种女性主义策略接受将女性与二元论的传统一面等同起来,但试图否认男性在两方面之间建立的等级制度。另一项策略是努力将女性与二元论中的强势方面联系起来,而不是挑战传统上与女性有关方面的贬值。改革者经常同时采取这两种策略。例如,妇女政权论者认为,不仅应当允许女性投票,因为她同男性一样明智和理性,而且给予女性投票权将有益于社会,因为女性对人类的价值具有较高的

---

① 例如参见 N. Hawthorne, "Rappaccini's Daughter", in Riverside Press eds., *Mosses from an Old Manse*, 1902, 91. (1st ed. New York 1846)。
② 参见 C. Christ, *Diving deep and Surfacing*, 1980, 25-26, 129-31。
③ 参见 C. Christ, *Diving deep and Surfacing*, 1980, 25。

敏感度。① 这两种女性主义策略虽然都不一定与拒绝二元论本身相抵触,但这种拒绝在实践中并没有被强调。

将女性与二元论的弱势方面(自然、主观性、养育)等同起来的传统做法一直是压迫的残留。接受这种身份认同,可能等于接受女性的从属地位。然而,身份认同亦是权力和洞见的潜在来源。拒绝二元论的弱势方面,就是忽视女性被允许培养的品质。② 这两种方法均可以被视作接受甚至可能强化二元论。

我赞同的答案不是拒绝认同女性的力量和价值观,而是承认女性的传统角色以及通过二元论的单方面来认同女性是不完整的。因此,我不否认女性的传统价值和角色,而是拒绝赋予这些价值和角色以专属地位。最主要的问题是二元论的接受和性别化。当二元论的一方面被强加给我们时,仅仅坚持选择另一方面的权力是不够的。当然,在二元论被强加给我们之前,自愿抓住它的弱势方面也无济于事。我们不能在二元论的两方面之间做出抉择,因为两者我们都需要。同样,我们不能在男性和女性的角色之间做出选择,因为二者均为我们所必需。如果我们为被撕裂成两半之身体的更大部分甚或是同等部分而战,我们永远无法获得胜利;我们必须防止最初的破坏。③

3. 批判和结论

早在 19 世纪,女性主义者就意识到了废除性别角色的想法。④ 女权复兴运动再次将这一想法带入大众话语,批评者对被粗略地贴上"雌雄同体"标签的事物发起了各样的攻击。为了澄清我的立场,我将简要地阐述其中的两次攻击以及我对它们的回应。

---

① 同样不一致的是那些反对给女性投票的人,他们认为赋予女性选举权只能够产生微妙的差别,而且是有害的。参见 B. Harrison, *Separate Spheres*, 1978, 81(讨论詹姆斯·布莱斯子爵的论点,即没有特许经营权的女性比拥有特许经营权的女性享有更大的政治权力);参见 B. Harrison, *Separate Spheres*, 1978, 84(讨论布莱斯对赋予女性选举权之社会主义蕴含的恐惧)。
② 参见 C. Christ, *Diving deep and Surfacing*, 25-26, 130。
③ 参见 C. Christ, *Diving deep and Surfacing*, 26(认为女性在推翻近代西方思想中的经典二元观念方面发挥了至关重要的作用)。
④ 关于 19 世纪女性主义观点的回顾,参见 W. Leach, *True Love and Perfect Union*, 1980。

首先,"雌雄同体"的反对者警告称,消除当前的性别制度将减少人类交往中的激情和多样化的可能性,从而使每个人都变得千篇一律。① 诚然,只要我们将二元论性别化,并将自己塑造成不完整的存在,我们就必须依靠寻找其他相对不完整的存在来使自身恢复完整。作为不完整的存在,我们发现,考虑突然失去其他不完整的存在是危险的,这些存在是我们的反面。或许正是出于这个原因,无神论或上帝"已死"的观念对某些人来说是如此可怕:②他们担心自己将永远失去神性,而且永远不完整。然而,费尔巴哈认为,消除对上帝的信仰将使人们认识到,所谓的神圣品质实际上为人类所有。③ 关于男性和女性之间的划分,整个人类不需要相互关联,并且会发现他们的社会需求更容易被其他完整的存在满足。我们可以认识到,我们不会通过砍掉所有女性的右臂和所有男性的左臂来增加多样性;然而,一些雌雄同体的反对者所认为的并不明智。性别角色对人类潜能的限制,远远超过了它们对人类潜能的扩张。

对"雌雄同体"的第二个反对意见表明,男女二元论的联合或超越可能是不可取的,因为它要求女性接受男性作为自身所追求之整体的一部分。④ 相反,这种论点认为,女性应当摒弃男性的过往,并在女性文化和我们前辈的价值观中寻求力量。⑤ 对此,我的回应是,男性犯过的大部分错误就在于他们没有成为什么样的人。重点不是激情优于明智、主观优于客观、自然优于文化等。扭转二元论可能会为女性在分裂的灵魂中争取更公平的部分,但反对二元论的两极分化就是创造整体的可能性。虽然我和其他人一样,拒绝了很多男性曾经是什么(或者更

---

① 例如参见 J. Elshtain, "Against Androgyny", 47 *Telos*, 5, 21(1981)。
② 参见 F. Nietzsche, *Thus Spoke Zarathustra*, in The Portable Nietzsche, translated by W. Kaufman, 1954, 124。
③ 参见 L. Feuerbach, *The Essence of Christianity*, xxxviii-xxx, 20-25。
④ 这一立场归功于艾德里安·里奇。参见 C. Christ, *Diving deep and Surfacing*, 83-84。
⑤ C. Christ, *Diving deep and Surfacing*, 84. 这可能被视作对里奇立场的过度简化。诚然,她的设想不仅是扭转二元论;她还会让我们超越男性赋予女性的价值观,并让我们重新参与命名——试图根据我们自己的经验创造一个新的定义。参见 C. Christ, *Diving deep and Surfacing*, 84-85。这只能够解决一半的问题,因为我们的经验本身就因男女二元论而变得贫乏。C. Christ, *Diving deep and Surfacing*, 15, passim.

确切地说,他们不是什么)的观点,但我觉得我也必须拒绝许多女性曾经没有成为什么(因此,在同样的意义上,我们曾经是什么)的观点。

当我谈到超越男女二元论时,我想到了创建一个将男性和女性同世界联系起来的新参照系统,这是与男性和女性作为相互依赖之人的普通形象相背离的参照系统。这不意味着让女性更像男性,或者让男性更像女性。相反,它意味着从根本上增加了每个独立个体的自主选择,更为重要的是,允许人类的人格突破当前的二元论系统。我们都经历过偶尔的一瞥,这可能代表着什么——权力、敏感和联系的时刻。我们应该认识到,这些稍纵即逝的经历是希望的源泉,是我们可以成为人类的预兆。在某些方面,女性不太像现在的男性,而男性也将不同于今时的女性。与其用灰色的阴影代替所有的黑白两色,我设想的是红色、绿色和蓝色。

社区型城市权利探赜

王金霞

摘要：城市是法治的中心，社区法治则在整个城市法治中占据核心的位置。权利和法治具有同构性，社区法治"呼唤"社区型城市权利。在争取城市权利和寻求空间正义的过程中，人们必然会寻求社区理论、社区运动和社区权利的相互契合。社区型城市权利具有建构性和批判性、综合性和具体性、集体性和个体性等权利特征。从城市权利的内容中可以推导出社区型城市权利的内容，从社区的要素中则可以更加细致地建构社区型城市权利的内在体系。个体主体、公共主体和边缘主体是社区型城市权利的主体结构，也是生成社区型城市权利的具体路径。同时，社区型城市权利也是对新兴权利、社区营造、社区主体等问题的应和与形塑。回归和复兴社区是世界范围内的社会运动，社区型城市权利的理论建构则是对这一运动的回应和推动，而对其进行深入的理论探赜则具有重要的理论和实践意义。

关键词：社区法治 空间正义 社区型城市权利

---

* 基金项目：陕西省教育厅青年创新团队项目"马克思主义法社会学基本问题研究"（项目编号23JP181）；国家社科基金一般项目"'建构人类命运共同体'理念的哲学研究"（项目编号20BZX019）；西北政法大学校级教改项目"生成性教学法指导下法律社会学课程探索"（项目编号XJY202208）。
** 作者简介：王金霞，西北政法大学法治学院讲师，法学博士，硕士生导师，西北政法大学法治文化研究中心主任，西北政法大学法律、科技与人文高等研究院院长助理。

引　言

　　法国哲学家列斐伏尔曾经断言,"未来的社会,将不再是工业社会,而是都市社会"[①]。城市化是现代化的核心机制之一,是未来的普遍性趋势。城市也是法治的中心,现代民主法治体制与城市的崛起紧密相关,城市化是驱动民主法治发展的关键机制,法治又是构成现代城市文明的核心方面。[②] 传统的政治理论比较强调文本主义,意大利著名史学家斯金纳则主张用意识形态史书写政治理论史,以期增进政治思想和政治实践之间的联系。因此现代政治思想的起源首先就不应该从思想家的文本中去寻找,而是在意大利的城市共和国(如比萨、伦巴第、博洛尼亚、佛罗伦萨等)中找到自由、民主和法治的实践根源。他曾引用德国历史学家奥托的话明确指出,"这些城市如此地向往自由,以致自己转变成独立的共和国,每个城市宁可依照执政官的意志而不是统治者的意志进行治理,而且这些城市每年更换执政官,以保证他们的权力欲望得到控制,并使人民的自由得到维护"[③]。"城市生活更需要法律",[④]无论是公法体系还是私法体系,都可以看到其城市架构和城市起源。这些都意味着我们必须要把法治研究的重心放在城市。

　　2019年末至今,全球抗击新冠肺炎的过程中,城市作为人口的中心而成为抗疫的焦点。社区作为城市的基本单元,其作用得到了重要彰显。城市社会中,结合各自生活的区域进行有效的管理和控制,社区成

[①] 亨利·列斐伏尔:《空间与政治》,李春译,上海人民出版社2015年版,第70页。
[②] 参见魏建国:《城市史视域中的民主法治》,商务印书馆2021年版,第1—16页;舒扬、莫吉武等:《现代城市精神与法治》,中国社会科学出版社2007年版,第29页;张志铭、谢鸿飞等:《世界城市的法治化治理》,上海人民出版社2005年版,导言第1页;等等。
[③] 昆廷·斯金纳:《现代政治思想的基础(上卷 文艺复兴)》,奚瑞森、亚方译,译林出版社2011年版,第3页。
[④] 朱苏力:《城市生活是一种法治教育方式》,载《共产党员》2015年第1期。

为城市最为重要的治理单元,也是疫情"群防群治"的关键。①这也促使我们去重新思考社区的功能以及和社区相关的一些重要主题。社区治理的法治化是提升社区治理效能的关键,社区法治是社区法治化和法治社区化的动态过程,社区治理现代化必然需要社区法治化,法治要社区化才能在城市社会奠定更为坚实的基础,法治的一般理论也需要在社区层面开展研究。②就此而言,社区法治也成为城市法治的核心构成。权利和法治具有内在的同构性,权利是法治的元概念,城市法治需要具有城市权利的根基,维护社区型城市权利是社区法治的价值基点。

在诸多思想家那里,城市权利和空间正义紧密联系在一起,对社区型城市权利的理论建构也不能割裂其与空间正义的联系。空间正义是国外马克思主义关注的核心主题,在西方社会的诸多学科产生了重大影响。③法国学者亨利·列斐伏尔较早关注空间问题,④并于1974年出版《空间的生产》,⑤建构了一种有关空间哲学的一般理论,并试图把马克思主义的总体社会批判(政治经济学批判)转化为现代空间批判、日常生活批判等,在国外马克思主义研究中逐渐形成重要的"空间转向",⑥并扩

---

① 参见李强、卢尧选:《疫情防控与我国基层社会治理创新》,载《江苏社会科学》2020年第4期;田毅鹏:《治理视域下城市社区抗击疫情体系建构》,载《社会科学辑刊》2020年第1期;唐燕:《新冠肺炎疫情防控中的社区治理挑战应对》,载《南京社会科学》2020年第3期;等等。
② 参见梁迎修:《我国城市社区治理法治化探析》,载《郑州大学学报(哲社版)》2014年第2期;李广德:《社区治理现代化转型及其路径》,载《山东社会科学》2016年第10期;马涛:《基层社区治理需要注入法治化的动能》,载《人民论坛》2018年5月上;等等。
③ 就国外马克思主义的空间探讨而言,空间理论相对于空间正义具有更为宽广的适用性,但考虑到在法学语境下研究空间问题,空间正义更加具有理论的亲和性,所以文中主要采用空间正义这一概念作为对空间理论的综合性概括,因而空间正义也不仅仅局限于苏贾等人在《寻求空间正义》中的相关探讨,特此说明。
④ 相关著作包括:《进入城市的权利》(1968);《都市革命》(1970);《马克思主义与城市》(1972);《空间与政治》(1973)等。
⑤ 中译本参见亨利·列斐伏尔:《空间的生产》,刘怀玉等译,商务印书馆2021年版。
⑥ 参见 Barney Warf and Santa Arias eds, *The Spatial Turn: Interdisciplinary Perspective*, Routledge, 2009;刘怀玉:《历史唯物主义的空间化转型问题》,江苏人民出版社2022年版;等等。

展到左派（后现代）地理学、城市规划学、社会学、法学①等诸多领域。20世纪70年代戴维·哈维发起的城市政治经济学批判，20世纪80年代爱德华·苏贾的后现代地理学研究，新世纪以来的城市研究、全球化、建筑学等广泛领域，都不同程度地受到列斐伏尔空间理论的持续影响。苏贾在完成空间研究"三部曲"②之后，明确提出空间正义概念，于2010年出版《寻求空间正义》，论证"空间是人类生活的第一原则"等空间本体论思想，并着重寻求空间正义的实践，谋求空间层面的知行合一（空间价值论与空间实践论的统一）。③ 结合空间正义和空间理论的视角探究社区型城市权利，可能发现现有研究不太关注的一些新的方面，并提供更充分的论证。

一、城市权利和空间正义的社区展现

理论上看，城市权利理论必然会寻求社区型城市权利的支持。一般认为，城市权利有两个最为核心的内容构成，即进入城市工作的权利和生活的权利。工作权利和生活权利不能分割来进行理解，两者不容偏废，工作权利需要生活权利的支撑，生活权利的内容也会自然延伸到工作权利。生活权利很大部分由社区型城市权利构成。费孝通先生指出，社会学上所说的"社区"（community），它的含义中一个重要的部分，就是这个"com-"，和"commune""communion"有共同的词根，就是"共同的""一起的"，加上"共享的"，就是一群人有共同的感受，有共同的关心的事情，也常常有共同的命运。④ 共同的感受是共同意识，共同的

---

① 参见伊沙依·布克、艾克·罗森-兹维：《法律理论中的空间转向》，杨静哲译，载《西部法学评论》2020年第1期；谭俊：《法学研究的空间转向》，载《法制与社会发展》2017年第2期。
② 苏贾空间研究"三部曲"包括：《后现代地理学——重申批判社会理论中的空间》(1989)，《第三空间——去往洛杉矶和其他真实与想象地方的旅程》(1996)，《后现代大都市——城市与地区的批判研究》(2000)。
③ 参见爱德华·W.苏贾：《寻求空间正义》，高春花、强乃社等译，社会科学文献出版社2016年版。
④ 费孝通：《居民自治：中国城市社区建设的新目标》，载《江海学刊》2002年第3期。

关心的事情以及共同的命运则是共同的利益,社区有一定的"共享"和"共有"的基础。社区本身的公共性会和城市权利的公共性存在交叉,相应地,社区的服务内容和功能承担会在一定程度上吸收城市权利的相应方面。如依据国务院《"十四五"城乡社区服务体系建设规划》,①在服务内容上主要包括,一体推进为民服务、便民服务、安民服务,强化社区养老、托育、医疗、就业、文化体育、退役军人服务等方面的社区服务功能,全面推进城市一刻钟便民生活圈建设,加快推进农村生活服务便利化。(详见下表)"没有无义务的权利,也没有无权利的义务",政府社区服务的公共义务则和社区型城市权利的内容存在对应关系,两者相互影响、相互建构、相互证成。

表 1 城乡社区服务内容

专栏3 新时代新社区新生活服务质量提升行动
1. 社区固本强基行动。健全党组织领导、基层群众性自治组织为基础的村(社区)组织体系,推动机关和企事业单位党组织、在职党员到社区报到全覆盖,组织党员参加以服务群众为主要内容的"设岗定责"活动。 2. 社区养老服务行动。支持一批县(市、区、旗)建设连锁化运营、标准化管理的示范性社区居家养老服务网络,提供失能护理、日间照料以及助餐助浴助洁助医助行等服务。特殊困难老年人月探访率达到100%。建成一批示范性城乡老年友好型社区,更好地满足老年人多方面的需要。 3. 社区未成年人关爱行动。推进乡镇(街道)未成年人保护工作站、儿童友好社区建设,依托社区综合服务设施拓展社区托育服务功能。推动在社区普遍建立青年之家和校外实践教育场所,开展学龄儿童课后托管和寒暑假集中看护服务,在村(社区)推广建立家长学校或家庭教育服务站点。 4. 社区助残服务行动。开展社区残疾人康复,做好家庭医生签约、康复训练、辅助器具适配、支持性服务等。为重度残疾人提供日间照料、居家服务等多种形式的托养和照护服务。结合智慧城市、乡村建设行动等,同步推进社区无障碍环境建设和改造。实现村(社区)残疾人协会全覆盖。 5. 社区就业服务行动。依托社区综合服务设施,加强基层公共就业服务,重点为村(社区)居民中的失业人员、就业困难人员、高校毕业生、退役军人、农村转移劳动力、残疾人等群体提供服务。 6. 社区卫生服务行动。深化推进"优质服务基层行"持续提升基层医疗卫生机构服务能力,拓展医养结合服务。推进社区医院建设工作,科学规划布局,结合群众需求,突出服务特色。

---

① 《国务院办公厅关于印发"十四五"城乡社区服务体系建设规划的通知》(国办发〔2021〕56号)。

续表

> 7. 社区教育行动。创新发展社区教育，推动开展学习型社区、学习型家庭等各类学习型组织创建活动，统筹村（社区）教育协调发展，优先扩大老年教育资源供给。
> 8. 社区文化服务行动。引导各类文化资源向城乡基层倾斜，村（社区）普遍建立综合性文化服务中心。
> 9. 社区体育服务行动。整合社区体育服务资源统筹建设全民健身场地设施，推动学校体育设施向社区居民开放，实现社区15分钟健身圈全覆盖。
> 10. 社区科普服务行动。依托社区综合服务设施、社区图书馆等拓展科普服务功能、开展科普活动，支持社区科普设施流动巡回服务，加大流动科技馆、科普大篷车进村（社区）服务力度。
> 11. 平安社区建设行动。加强社区警务工作保障，推进警务室与村（社区）"两委"同址办公，配齐必要装备设施，开展平安社区（村）建设活动。
> 12. 法律服务社区行动。推进村（社区）法律顾问工作全面升级，引导社会力量参与公共法律服务，发展壮大法律服务志愿者队伍，加强村（社区）人民调解员队伍建设，进一步深化普法宣传教育、法律援助和人民调解工作。
> 13. 社区应急服务行动。整合社区公园、广场等场馆服务资源，改造或完善社区应急避难场所，推进应急信息化建设，完善应急广播体系，定期开展应急避险知识宣传和应急避难演练活动。全国所有村（社区）均设置1名灾害信息员。
> 14. 社区共建共治共享行动。全面落实村（社区）协商制度，建立居民需求、服务资源、民生项目"三项清单"工作制度，实现资源与需求有效对接、治理成果共享。

资料来源：《"十四五"城乡社区服务体系建设规划》

争取城市权利和寻求空间正义不仅是理论上的倾向，也是一系列社会运动的集合。从美国的相关实践来看，寻求空间正义的社会运动与社区的联合是其显著的特点。美国城市劳工运动被认为最具有生命力和影响力，尤其是20世纪60年代在美国加州、洛杉矶等地劳工-社区联盟的兴起，其源自社区联盟主义（community unionism）的早期发展，并受到农业工人联合运动的极大鼓舞，把劳工运动与更大范围内的移民劳工权利问题紧密联系在一起，而且更直接地与当地居民区和社区团体以及它们最关注的组织之间形成联系，"建立以社区为基础的地方主义与地区联盟"。[1] 这甚至逐渐形成了与著名的城市和区域社会学研

---

[1] 参见爱德华·W.苏贾：《寻求空间正义》，高春华、强乃社等译，社会科学文献出版社2016年版，第43、107页。

究"芝加哥学派"[①]并立的"洛杉矶学派",[②]其研究的显著特点之一就在于城市研究者与当地社区组织之间有异常密切的直接联系,以及在理论和实践上应用了批判性空间理论视角。

在20世纪60年代城市危机之后的40多年的时间里,诸多城市爆发了社会骚乱,城市整体经历了去工业化和再工业化过程,在危机之后重建城市,在不断加大的贫富差距背景下改造城市。在洛杉矶社会运动史上,其劳工-社区运动具有如下几个特点。第一,劳工-社区运动与社会政治运动的发展,尤其是与民权运动斗争紧密相连。劳工联盟与环境正义运动、妇女运动,以及为消除种族和民族文化歧视而做出的努力发生关联。第二,劳工-社区运动的目标事项具有扩张性。运动明显展现了社区和劳工在内容上的结合,劳工运动一般关注工人权利、工作权利等方面,而社区运动则关注当地住房和公共基础服务等问题,劳工-社区运动定位于满足更大范围的社区利益,逐渐跨越民族、种族、阶级和性别的界限,涉及居民的住房、环保、教育、公共服务、移民的权利、租客的权利、和平运动等各个方面,苏贾尤其强调了"阻止工厂关闭联盟""门卫正义""生存工资联盟""洛杉矶新经济联盟"[③]等方面。第三,劳工-社区运动在主体上的扩张性。传统工会成员一般具有严格的身份限制,局限于特定的工人身份,社区劳工运动则以特定区域为中心建立联盟。劳工-社区运动还可以超越本土的区域限制,如洛杉矶早期的社区发展联盟中,劳工社区行动中心和加州大学洛杉矶分校的工业学院建立了长期的联系,并和其他工人组织建立联系。很多原来难以建立工会的团体也基于居住和区域建立了工会组织,如20世纪90年代后期,洛杉矶人道移民权利联盟、韩国移民工人协会、菲律宾工人中心等

[①] 其基本观点、代表性人物等参见罗伯特·E.帕克等:《城市:有关城市环境中人类行为的研究》,杭苏红译,商务印书馆2016年版,译序第5—21页;张雨:《社会学芝加哥学派:一个知识共同体的学科贡献》,社会科学文献出版社2016年版;等等。
[②] 参见孙斌栋等:《洛杉矶学派及其对人文地理学的影响》,载《地理科学》2015年第4期。
[③] 参见爱德华·W.苏贾:《寻求空间正义》,高春华、强乃社等译,社会科学文献出版社2016年版,第130—148页。

都建立了新的密切联络系统。第四，社区劳工运动组织还创造了新型协议方式——社区利益协议。它"是一份由规定的工人社区联合会和开发商经协商达成的有法律效力的文件，为补贴公众，……开发商拿出一份提供一系列好处的协议，典型的如有质量的就业岗位、当地就业机会、可以负担的房屋、缓解环境压力，也包括多样化的社区服务"[1]。

由上可见，在争取城市权利和寻求空间正义的过程中，人们必然会寻求与社区理论和社区运动的结合，它们具有理论和实践上的亲和性，社区型城市权利的提出具有理论和实践的必然性。

二、社区型城市权利的权利特征

（一）建构性与批判性

列斐伏尔的都市革命理论、空间批判理论和城市权利理论紧密地联系在一起，或者可以看成是一个三角关系。列斐伏尔在1968—1974年的7年间集中讨论了这些主题。[2] 空间批判理论是都市革命理论的深层理论基础，都市革命的"总问题式"又会引向对城市权利的讨论，城市权利预设了总体性的城市理论和都市社会。因此理解列氏的任一理论都不能脱离其他两个方面。列斐伏尔的优点正是最早重视马克思主义视野中的都市问题与都市革命的这种政治斗争可能性，从都市社会中提炼出一种新的辩证认识形式，提出了城市革命所预示的未来激进政治的可能性。[3] 列斐伏尔在讨论都市革命的都市战略时，最后总结了都市政治战略的三个方面，其中第三个方面指出，"把都市总问题式引入到扩大的、变革式的和具体的城市权利契约系统之中，这种权利不会

---

[1] 爱德华·W.苏贾:《寻求空间正义》，高春华、强乃社等译，社会科学文献出版社2016年版，第175页。
[2] 亨利·列斐伏尔:《空间的生产》，刘怀玉等译，商务印书馆2021年版，法文第四版序，第6页。
[3] 刘怀玉:《社会主义如何让人栖居于现代都市？》，载《马克思主义与现实》2017年第1期。

在中心性及其运动中被排挤出局"①。在总结都市革命时,列斐伏尔又指出,"我已经把都市规划本身作为意识形态与制度、表象与意志、压迫与压抑来批判,因为它建立起一个压迫性空间,而此压迫性空间被描述成客观的、科学的与中立的"②。可见,都市批判需要空间批判的支撑。从城市权利提出的理论背景可以看出,其本身具有深刻和总体的批判性,把马克思主义的政治经济学批判转变为现代社会的都市批判、空间批判、日常生活批判等方面,也是城市权利进入更加具体和微观语境中的一个批判环节。

列斐伏尔对城市权利的内容做出过列举,他指出"城市权利是一个上层形式的权利概念(superior form of right):如自由权、社会化过程的个体权、居住和栖息权;是总体性'创作'权利(the right to œuvre),参与和使用的权利等都隐含在城市权利之中"③。事实上,由于列氏赋予了城市权利比较宏大的背景,在其讨论中城市权利的含义并不是清晰明确的,这项权利像一个政治上的权利宣言,但这种总体性权利具体涵盖什么内容,则缺少更加细致的讨论。因此,列氏指出,"面对这个假冒的权利(回归自然的权利,the right to nature),城市权利更像是一种呐喊和要求"④。可见,在列斐伏尔那里,城市权利从某种程度上说具有批判有余而建构性不足的方面,或者也可以说这个概念给了后世理论家广阔的建构性空间。

社区型城市权利具有城市批判的底色,但更加具有建构性的特点。城市权利在我们的时代可能不再迫切需要那种总体性的城市权利讨

---

① 亨利·列斐伏尔:《都市革命》,刘怀玉等译,首都师范大学出版社 2018 年版,第 170 页。
② 亨利·列斐伏尔:《都市革命》,刘怀玉等译,首都师范大学出版社 2018 年版,第 209 页。
③ H. Lefebvre, *Writings on Cities*, Selected, trans., and introduction by Eleanore Kaufman and Elizabeth Lebas., Blackwell, 1996, 173-174.
④ H. Lefebvre, *Writings on Cities*, Selected, trans., and introduction by Eleanore Kaufman and Elizabeth Lebas., Blackwell, 1996, 158.

论,而更加需要建构性的"中层理论"①,社区型城市权利正是这样的"中层理论",可以从社区的角度实实在在建构一系列具体的权利,使得这项总体性权利可以进入具体的法律制度架构之中。

(二) 综合性和具体性

在列斐伏尔那里,城市权利首先是一种总体性和综合性的权利,是世世代代的城市居民共同建造城市的权利,需要从少数精英手中夺回创造城市的权利,创造更多的机会和条件让多元主体参与到城市营造和维护的过程中来。但列氏已经进行了城市权利具体化的尝试。列斐伏尔明确指出:

> 城市权利,辅之以差异权(the right to difference)和知情权,能使作为城市居民和服务使用者的公民权得到调整、具体化并更容易实现。城市权利一方面包括使用者有表达他们对在城市中活动空间和时间的观点的权利,同时也涵盖使用中心地区和特权地区,而不是被打发塞进种族聚居区(对工人、移民、"边缘人",甚至"特权阶级")的权利。②

尽管如此,列氏的具体化工作并不是令人满意的。受到列氏影响的左翼地理学家哈维则提出了另一条总体性和具体化的路径。哈维指出,城市发展过程中,不仅改造了城市的基础设施,而且建立起了全新的城市生活方式和城市人格。"巴黎变成了不夜城,成为消费、旅游和休闲的中心。咖啡店、百货公司、时装业和盛大的博览会等,都将城市生活转变为一种以低俗消费来吸引庞大盈余的方式。"③这使得哈维的

---

① 罗伯特·K. 默顿:《社会理论和社会结构》,唐少杰、齐心等译,译林出版社2015年版,第59页。
② H. Lefebvre, *Writings on Cities*, Selected, trans., and introduction by Eleanore Kaufman and Elizabeth Lebas., Blackwell, 1996, 34.
③ 戴维·哈维:《叛逆的城市——从城市权利到城市革命》,叶齐茂、倪晓晖译,商务印书馆2014年版,第8页。

总体性城市权利具有了城市生活方式和城市人格的支撑,另外,哈维把马克思的资本主义的政治经济学批判转变为"城市资本主义批判",城市成为资本主义最为重要的运行机制,资本主义需要城市化来吸收它无止境生产出来的剩余产品,同样赋予城市权利的总体性背景。

哈维还指出,对城市权利的追求也可能成为一种幻象。"城市权利联盟中的成员群体多种多样:有色人种社区里的低收入租赁者,他们正在争取能够满足他们愿望和需要的开发;无家可归者,他们组织起来争取他们获得住房和基本服务的权利;女同性恋者、男同性恋者、双性恋者、跨性别者、'酷儿'(LGBTQ)的有色人种青年,他们在争取安全的公共空间。"[1]尽管我们可以把马克思主义的资本主义批判进阶到城市批判或城市资本主义批判,从城市权利推进到城市革命,但城市权利也可能成为一个空洞的概念。资本家所要争取的城市权利似乎一点不比底层群体的城市权利更少,城市权利也只是不同主体的角力场而已。因而,要避免城市权利概念的虚化,其必须落实为具体的权利主体和权利内容,即是"谁的何种权利"。事实上,城市生活方式和城市人格也不仅仅具有总体性意义,也为城市权利的具体化提供了基础。

其他一些城市权利的讨论者则具有更加具体化的城市权利建构,如米切尔从社会正义和公共空间的角度理解城市权利的总体性,但他更关注"城市无权"的反无家可归法、反无家可归运动等具体城市权利方面。[2] 可见,总体性城市权利的具体化是学者们讨论的中心问题,而社区型城市权利则同样是城市权利具体化的尝试。在社区型城市权利的层面上,我们同样可以看到这样的总体性和具体化的特点,社区型城市权利具有社区层面的总体性,因而具有一定的开放性,而基于社区而具有的每一项城市权利则都是具体细致的权利建构。社区型城市权利是一系列不同类型和性质的权利,是表征一个"权利束(丛)"的统合概念。

---

[1] 戴维·哈维:《叛逆的城市——从城市权利到城市革命》,叶齐茂、倪晓晖译,商务印书馆 2014 年版,前言第 x 页。
[2] 唐·米切尔:《城市权:社会正义和为公共空间而战斗》,强乃社译,苏州大学出版社 2018 年版,第 141、171 页。

(三) 集体性与个体性

哈维曾开宗明义地指出,城市权利是一类集体权利(collective right)。建设与改造自己和自己的城市的自由是最宝贵的人权之一,然而,也是迄今为止被我们忽视最多的一项权利。① 这里事实上是指城市权利在总体上所具有的集体权利性质(更精确地可以称之为集合性权利),细探之下,和权利理论当中的集体权利具有一定的差别,权利理论中的集体权利主要是权利主体和权利内容的集体性质。因此,这种总体性的城市权利在权利主体上既可以是集体享有,也可以由个体享有。按照国内学者所指出的,界定集体权利的主体路径将集体权利等同于"集体的权利",无法说明集体权利的诸多重要特征及其作为一类权利的重要意义。权利内容路径的集体权利概念理论认为,累积善和参与善的提供、维系作为权利内容只能为集体所拥有,不宜为个人所拥有。② 哈维对城市权利的论证中对城市权利呈现明显的分层,城市权利远超出我们所说的获得城市资源的个体或群体的权利,城市权利是一种按照我们的期望改变和改造城市的权利。③ 哈维对城市权利作为一项集体权利的界定事实上遵循界定集体权利的内容路径。从主体路径上进行理解,城市权利既可以是集体享有的权利,同样可以是个人享有的权利。进入城市的权利、居住权等都既可以为个体所享有,也可以为集体所享有,并且个人始终是获得城市资源或者利益的最终承担者。从内容路径上理解,获取城市资源的权利侧重从"累计善"④的角度进

---

① 戴维·哈维:《叛逆的城市——从城市权利到城市革命》,叶齐茂、倪晓晖译,商务印书馆2014年版,第3—4页。
② 刘叶深:《权利内容路径下的集体权利概念及其类型》,载《东方法学》2020年第3期。
③ 戴维·哈维:《叛逆的城市——从城市权利到城市革命》,叶齐茂、倪晓晖译,商务印书馆2014年版,第4页。
④ 当一个人的某种利益不足以作为充分理由给其他人施加满足该利益的义务,但在某些条件下,多人的该种利益的累积相加则可以作为充分理由给他人施加义务,这种累积相加的利益总和就是累计善。J. Raz, *The Morality of Freedom*, Oxford University Press, 1986, 209.

行理解,而按照我们的期望改变和改造城市的权利则侧重从"参与善"①的角度进行理解。

尽管从内容上界定集体权利具有清晰的特点,但内容进路的集体权利也不构成对主体进路的集体权利的完全取代。尤其是将其应用于对城市权利这种一系列的既具有总体性又具有具体性的权利类型的分析过程中。社区型城市权利是对城市权利的限缩,但从权利主体角度依然具有首要的意义。社区的道路权、土地权、环境权等具有典型的集体权利属性,而社区的表达权、参与权、居住权等则首先需要从个体的角度进行理解,或直接表现为一种个体性权利。尽管这种理解可能并不清晰,但一定是认知社区型城市权利的前提。

三、社区型城市权利的权利内容

(一) 社区型城市权利——从发现城市权利到构建城市权利

经过列斐伏尔、哈维、米切尔等学者的理论建构,以及不断寻求城市权利和空间正义的实践过程,城市权利逐渐进入到一个法律建构期,即城市权利的人权化、法律化和制度化,通过法律(立法、司法)实现城市权利。一个重要的表现就是国际社会对城市权利的广泛接纳,如2001年成立的世界城市论坛(WUF),旨在研究当今世界面临的最紧迫问题:快速城市化及其对社区、城市、经济、气候变化和政策的影响。2002年第一届论坛在肯尼亚内罗毕举办,此后在世界各地相继举办,至今已经举办了10届,其中就有两届关注城市权利的主题。② 诸多城市

---

① 无论是公共物品还是累积善都是个人可以独自享用的利益,参与善(participatory goods)则是个人无法独享的利益,该种利益只能通过集体的形式共享,即具有享用的集体性。参见 D. Rèaume, "Individuals, Groups, and Rights to Public Goods", University of Toronto Law Journal, vol.38: 1, 6(1988)。
② 参见世界城市论坛官网 https://wuf.unhabitat.org/,最后访问时间2022年4月29日。

权利宣言广泛出现,如《保障城市中人权的欧洲宪章》(2000)、[1]《世界城市权利宪章》(2005)、[2]《新城市议程》(2016)[3]等。理论建构期确立了城市权利的总体性方面,而法律建构期则更加具体化,可从以下学者的论述中阐释其总体性方面,从《世界城市权利宪章》、社区的要素等角度探讨社区型城市权利的具体内容。

1. 理论建构中的总体性内容

事实上列斐伏尔等学者的城市权利理论首先可以理解为城市权利宣言,具有政治宣称和社会革命的意味。正如哈维指出的,"城市权利这个观念基本上源于城市的街头巷尾、城市的街区,城市权利是受压迫人民在绝望时刻寻求帮助和寄托的一种哭泣"[4]。此时,城市权利(the right to city)首先是进入城市的权利,进入城市工作、学习和生活的权利。基于特定社区而具有的权利主体和权利内容是对城市权利的重要解释。社区型城市权利首先是不同类型的主体尤其是不利益群体进入城市的权利("入城权"),这需要打破户籍等制度性限制,体现城市价值的平等、自由、包容、多元和开放。

哈维指出,主张城市权利即是对城市化过程拥有某种控制权的诉求。[5] 因此城市权利是对"这是谁的城市"的回答,即谁控制城市以及

---

[1] 《保障城市中人权的欧洲宪章》(the European Charter for the Safeguarding of Human Rights in the City),载世界城市与地方政府联盟社会融入、参与式民主和人权委员会网站 https://www.uclg-cisdp.org/sites/default/files/documents/files/2021-06/CISDP%20Carta%20Europea%20Sencera_baixa_3.pdf,最后访问时间2022年5月8日。
[2] 《世界城市权利宪章》(the World Charter for the Right to the City)于2005年在巴西阿雷格里港举办的第五届世界社会论坛之后正式发布,是专门以城市权利为主题的宪章,成为世界上争取城市权利运动的重要纲领性文件之一。《世界城市权利宪章》,载《城市重塑》在线期刊网站 http://urbanreinventors.net/,最后访问时间2022年5月8日。
[3] 第三次联合国住房和可持续发展大会通过的重要文件;《新城市议程》(New Urban Agenda),其中第11条定义了城市权利,文件广泛讨论了城市权利的内容。载中国城市规划学会官网 http://www.planning.org.cn/news/view?id=5270,最后访问时间2022年5月8日。
[4] 戴维·哈维:《叛逆的城市——从城市权利到城市革命》,叶齐茂、倪晓晖译,商务印书馆2014年版,前言第6页。
[5] 戴维·哈维:《叛逆的城市——从城市权利到城市革命》,叶齐茂、倪晓晖译,商务印书馆2014年版,第5页。

以什么方式控制和治理城市。因此,社区型城市权利也是一种治理权或自治权。要把城市治理的权利和责任还给城市主体本身,居民自治是城市社区建设的重要目标。从维护市民权(物权)到公民权(宪法规定的各种人权),用治权去保障物权和各种人权,是一个城市权利的逐步生长和升华的动态过程。

米切尔则指出,城市权利的核心在于对城市公共空间公共性的维护,谁有权使用公共空间的讨论和斗争真正定义了城市权利。"社会正义、城市权利以及它们与城市空间的关系不是被抽象地决定,而是在实践中被决定。"[1]苏贾同样明确指出,"人们需要真实的食物,而不是被告知应该拥有食物和居所"[2]。行动起来远比空洞的话语更重要,因此其主张"寻求空间正义",尤其是开展与"空间非正义"的斗争。"知是行之始,行是知之成",城市权利的内容最终需要在寻求城市权利的实践中被最终定义,城市权利具有鲜明的实践品性,处于不断生成的过程之中。

2.《世界城市权利宪章》中的社区型城市权利

《世界城市权利宪章》(以下简称《宪章》)中所界定的城市权利,首先也是进入城市的权利。如其第 1 条第 1 款规定,所有人都有权进入城市,不受基于性别、年龄、健康状况、收入、国籍、族裔、流动状况或政治、宗教、性取向的歧视,并有权按照本宪章确立的原则和规范保存文化记忆和认同。人们进入城市之后,则是拥有和使用城市的权利。《宪章》第 1 条第 2 款规定城市权利是在可持续发展、民主、公平和社会正义的原则下,可被定义为城市的公平用益权(the equitable usufruct of cities)。它是城市居民的集体权利,尤其是弱势群体和边缘群体,城市权利给予他们行动和组织的合法性,根据他们的用意和习俗,去实现自由的自决权和一个适当的生活标准。城市权利与所有国际公认和整体构想的人权相互依存,因此包括国际人权条约已经规定的所有公民、政

---

[1] D. Mitchell, *The Right to the City: Social Justice and the Fight for Public Space*, The Guilford Press, 2003, 6.
[2] 爱德华·W. 苏贾:《寻求空间正义》,高春华、强乃社等译,社会科学文献出版社 2016 年版,译者序第 9—10 页。

治、经济、社会、文化和环境权利。① 具体则包括：在公平和令人满意的条件下工作的权利；建立工会并加入工会的权利；享受社会保障、公共卫生、清洁饮水、能源、公共交通等社会服务的权利；获得食物、衣服和足够的住所的权利；获得优质公共教育和文化的权利；获取信息、参与政治、和平共处和诉诸司法的权利；还有组织、聚集和表达个人意见的权利。它还包括对少数民族的尊重；尊重民族、种族、性别和文化多元化；尊重移民。城市边缘地区及其周边乡村也是行使和实现城市权利的空间和区域，以确保公平、普遍、公正、民主和可持续地分配和享受城市提供的资源、财富、服务、商品和机会。因此，城市权还包括发展权、环境权、享有和保护自然资源权、参与城市规划和管理权以及历史和文化遗产权。② 这些城市权利宪章和国际条约规定中的总体和具体内容方面是我们建构社区型城市权利的前提。

《宪章》中多次直接论及社区，比较典型的有两处。《宪章》第1条第4款论及城市的物理构成、组织构成和主体结构，指出作为公共空间，城市是参与管理的机构和行为的整体，如政府当局、立法和司法机构、制度化的社会参与实体、社会运动组织，以及一般的社区。③ 可见，社区是城市的基础性组织和主体。《宪章》第14条第2款规定城市应该为所有公民提供充足的住房供应和城市设施，并建立补贴和财政计划，用于土地和住房的收购，使居住权合法化并改善不稳定的社区和非正式定居点。④ 这是对城市住房权利的规定，住房权利需要基于社区型城市权利才能真正落实。另外，《宪章》其他诸多城市权利建构尽管没有直接提及社区，但是其权利都指向社区或具有部分社区内容。例如：城市规划和管理中具有社区规划和社区管理的内容；社区环境权、社区

---

① 《世界城市权利宪章》，载《城市重塑》在线期刊网站 http://urbanreinventors.net/，最后访问时间2022年5月8日。
② 《世界城市权利宪章》，载《城市重塑》在线期刊网站 http://urbanreinventors.net/，最后访问时间2022年5月8日。
③ 《世界城市权利宪章》，载《城市重塑》在线期刊网站 http://urbanreinventors.net/，最后访问时间2022年5月8日。
④ 《世界城市权利宪章》，载《城市重塑》在线期刊网站 http://urbanreinventors.net/，最后访问时间2022年5月8日。

安全权、享受社区公共服务权是保障城市生活环境、城市安全、城市公共服务的基石；城市的政治参与权利基于特定的社区才能更好地实现；……可见，社区是城市权利落实的"阿基米德支点"。

（二）社区型城市权利内容的构成要素

美国芝加哥学派学者罗伯特·E.帕克认为，"社区是占据在一块被或多或少明确地限定了的地域上的人群汇集"，"一个社区不仅仅是人的汇集，也是组织制度的汇集"。① 我国社会学奠基人费孝通认为，"社区是若干个社会群体聚集在某一地域里形成的一个生活上相互关联的大集体"②。从东西方学者对社区的界定中都可以看到社区的基本概括，即社区是在地域性特点的基础上形成的生活共同体、利益共同体、组织共同体和价值共同体。对于社区的基本构成要素，国内外学者提出了"三要素论""四要素论""五要素论"等不同观点。③ 综合之下，可将社区的基本要素总结为如下方面：(1)社区是以一定的社会关系为纽带组织起来的具有一定数量的人口群体；(2)社区具有一个相对明确、相对稳定、相对独立的地域空间；(3)社区具有共同的社会生活、行为规范和社区意识；(4)社区具有各种社会活动与人际关系；(5)生活在社区中的人民在心理上具有对社区的归属感和认同感；(6)社区具有维护公共利益和秩序的公共服务设施与社区组织机构；(7)社区具有一定的社区文化。④ 从社区的基本构成要素，考虑其和社区型城市权利的亲和性，至少可以从以下五个方面探究社区型城市权利的具体内容体系。

基于社区的人口要素可以推导出的社区型城市权利为：保障社区人口的主体性权利，即基于国际人权条约、国内法律体系之下所享有的

---

① 罗伯特·E.帕克：《城市：有关城市环境中人类行为研究的建议》，杭苏红译，商务印书馆2016年版，第131页。
② 《社会学概论》编写组：《社会学概论（试讲本）》，天津人民出版社1984年版，第213页。
③ 张永理：《社区治理》，北京大学出版社2014年版，第16—17页。
④ 陆军等：《营建新型共同体：中国城市社区治理研究》，北京大学出版社2019年版，第3页。

所有的人权内容,实现在社区层面和国际国内法律体系的衔接,为保障社区成员有尊严地生活提供体系性基础。

基于社区的地域空间要素可以享有的社区型城市权利为:社区生存权(获取清洁的水、空气等宜居条件,获取足够的食物等)、居住(住宅)权、道路权、土地权、其他空间权利等。社区型城市权利首先是目的性城市权利,即要让多种不同主体成为城市的主人所享有的各种实体性权利。① 基于社区的地域性特点是社区之所以成立的前提,也是社区型城市权利赖以建构其内容的基础性方面。以居住(住宅权)为例,现今中国存在多种居住类型和小区类型,如传统街区、商品房小区、房改房、单位宿舍区、经济适用房、两限房(限房价、限面积普通商品住房)、廉租房、拆迁安置房、城中村等类型。② 居住类型和小区类型的丰富并不能保障进城者的城市权利,需要加大经济适用房、廉租房等的比例,并最终抑制城市房价的急速增长,保障基本的住宅权。基于社区地域空间要素推导的社区型城市权利是"立足之权",居住权则是"立足之权"的核心。

基于社区的公共服务设施和组织机构要素享有的社区型城市权利为:社区集体的安全防卫权、公共卫生权、社区环境权、社区生态权(如社区的动物权利)、③社区受教育权、社区秩序权(和谐、安宁)等。这些社区型城市权利多是典型的集体人权,具有很多集体的成分或含义。社区的医疗、环境、教育、防卫、养老,都是城市权利的集体含义,尤其是基于集体而享有的集体权利来源。如抗击新冠病毒的过程中,社区的

---

① 这里可以区分出目的性城市权利和保障性(防御性)城市权利,目的性城市权利指其城市权利内容本身即是目的,而不能用以实现其他目的。保障性(防御性)城市权利本身也具有一定的目的性,但是其主要是为了其他目的的实现,提供权利的防御或保障。
② 参见郭于华、沈原、陈鹏主编:《居住的政治——当代都市的业主维权和社区建设》,广西师范大学出版社 2014 年版,第 5—8 页。
③ 环境权、生态权、生态环境权等相关概念在学界具有争议,一说认为应该以环境权作为统称,只是在环境权中附带讨论生态权的问题。参见杨朝霞:《论环境权的性质》,载《中国法学》2020 年第 2 期;一说主张采用生态环境权这一概念,参见张晓君:《个体生态环境论》,载《法学家》2007 年第 5 期;一说主张采用独立的生态权概念,参见宁清同:《生态权初探》,载《法治研究》2012 年第 9 期。本文主张生态利益和环境利益具有不同的所指,因而区分生态权和环境权。

防卫、医疗等功能得以彰显。社区型城市权利也应该拥有丰富和发展的权利,因此诸如社区体育、社区音乐、社区美术等都可以成为社区型城市权利的动态含义。

基于社区的社会活动和人际关系要素所享有的社区型城市权利内容为:自我管理权(自治权)、自我立法权(如制定社区公约)、参与权(参与社区的公共管理)、活动权(组织特定的社区活动,如集会、游行、示威等活动,开展邻里互助、志愿服务、社区拍卖、体育比赛、音乐比赛以及其他商业、民俗、文化活动等)、组织权(成立社区组织,组建微信群等虚拟社区)等。

基于社区的文化心理要素所享有的社区型城市权利内容为:自由权(良心自由,情感自由权,对社区所有公共事务持自由的批判态度,这是建立社区认同、形成优良社区意识和社区文化的基础)、信息权(获取与社区相关信息的权利,和知情权类似)、表达权、批评建议权、监督权等。

后两类社区型城市权利是典型的防御性权利,为了更好地保障前面三类社区型城市权利的实现,人口要素的社区型城市权利则具有一定的统摄性。其内在结构体现在如下的图示中:

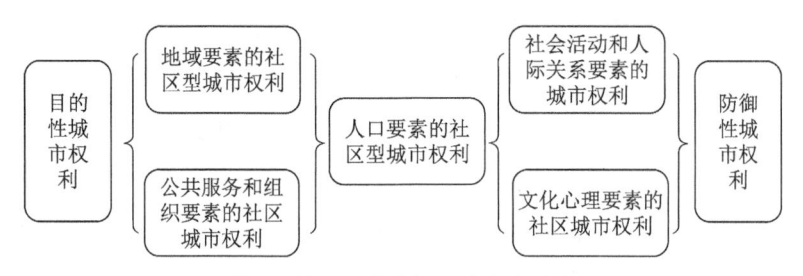

图1 社区型城市权利的内容结构

(三) 社区型城市权利内容在未来的可能发展

1. 社区新兴权利

新兴权利主要指基于社会的新发展而出现的具有法律意义的权利

的新现象和新形态。[1] 社区新兴权利首先是新兴权利在社区的体现。如安宁死亡权首先不仅仅需要思考个人的选择和医生医院的相应责任,也同样需要思考社区的责任。适度生活水准权、清洁饮水权、食物权的落实主要是在社区层面。弱势群体的保护,如保护"数字弱势群体"(如老人的上网权、知情权、隐私权、个人信息权和数据权等),[2]首先需要在社区层面有所行动。城市中动物权利的保护同样依附于特定的社区。其次,社区型城市权利本身具有新兴权利的性质,是一种权利的新形态。和新兴权利一样,社区型城市权利是一个集合概念。这意味着在我们的时代,某一个单独的权利概念在特定的争取权利的语境下可能会比较单薄,需要在人权概念之下建构一些新的次级集合概念。

2. 社区生活、学习、工作权利的融合

在全球抗击新冠病毒的语境下,"居家办公""上网课"不仅是一种无奈的选择,也可能代表着更高的普遍性和未来的某种趋势。诸多新型职业和新型工作方式的兴起,如互联网技术、各种自由职业、弹性工作制度等,也为居家办公、线上教育提供了技术上和机制上的可能。这意味着社区未来不仅仅是主要的生活场所,也可能变成重要的工作和学习场所。原来对工作场所、学习场所的一些权利要求,也可能重新"回归社区"。如怎样维护社区的安宁(控制噪声等)、社区本身是否需要规划功能分区,即社区主要作为生活区域怎么保障工作条件、学习条件,都是需要重新思考的问题。总之,社区生活权利和社区学习、社区工作权利的融合成为不容忽视的趋势。

3. 新型社区营造与社区型城市权利

从社区建设到社区营造是我国社区治理演进过程所经历的重大变迁。[3] 平安社区、美丽社区、智慧社区、和谐社区、人文社区、活力社区等,都是现今社区营造的目标范型。事实上,每一种社区营造的目标范

---

[1] 姚建宗等:《新兴权利研究》,中国人民大学出版社2011年版,第6—7页。
[2] 宋保振:《"数字弱势群体"权利及其法治化保障》,载《法律科学》2020年第6期。
[3] 吴海红、郭圣莉:《从社区建设到社区营造:十八大以来社区治理创新的制度逻辑和话语变迁》,载《深圳大学学报(人文社会科学版)》2018年第2期。

型背后,都可以看到某一种或某几种社区型城市权利的确立和完善(见下表),维护社区型城市权利成为社区营造的重要基础。

表2 社区营造和社区型城市权利对应关系

社区营造目标范型	社区型城市权利
平安社区	安全防卫权、参与权、社区自治权等
美丽社区	社区生存权、社区环境权、社区生态权等
智慧社区	社区数字人权①等
和谐社区	社区生存权、社区秩序权(维护人伦道德秩序、交通秩序、社会秩序等公共秩序)等
人文社区	社区受教育权、获取信息权、社区生存权等
活力社区	活动权、组织权等

四、社区型城市权利的权利主体

(一) 个体主体

明确权利主体是展开权利分析的前提,权利界定中首先需要明确是谁的利益、谁的主张、谁的资格、谁的力量、谁的自由。个体是权利主体最为典型的类型,个体性的人具有独立人格、人性尊严、自由和权利,这也成为法律上的人的根基。法律以个体为重要起点和基本单位,整个法治制度架构事实具有个体性预设,法律的基本概念或范畴,如法律权利、法律义务、法律行为、法律关系(法律关系的主体、客体、对象)、法律责任、权利能力和行为能力等都是如此。当我们追问其背后的主体性,即是谁的权利和义务,谁进行法律行为,谁参与法律关系,谁具有权利能力和行为能力,谁承担法律责任,为什么要承担法律责任时,法治架构的个体预设立马会显现出来。即是个体的权利和义务,个体做出法律行为,个体参与法律关系,个体才能具有权利能力和行为能力,独

---

① "数字人权"这一概念参见马长山:《智慧社会背景下的"第四代人权"及其保障》,载《中国法学》2019年第5期。

立的个体才能承担责任,一般意义上而言个体基于自己的自由意志做出违约违法行为,产生损害结果,才会承担相应的责任。自然人是最为典型的个体,法人(公司、合伙、机关、其他组织等)也是基于个体才能进行的法律主体拟制,并且国家、社会等主体都是像个体那样参与到法律架构当中。法学视角下的国家主要是基于拟制,[①]并且是对照个体进行拟制,个体在法律关系的主体中具有最为圆满的结构。

社区型城市权利的大部分权利主体都是个体主体。基于人口要素的社区型城市权利需要保障每一位社区成员享有主体性权利;基于地域空间的社区型城市权利需要建立个体与特定地域空间的直接联系;基于社区的社会活动和人际关系要素的社区型城市权利则首先是社区个体成员的主体性选择。另外,与国家、法人等拟制型法律主体相似,集体主体所享有的社区型城市权利同样需要落实为个体性社区型城市权利或者以个体性社区型城市权利作为基础。

(二) 公共主体

城市权利需要落实为社区型城市权利才能成为更加稳定的实然性权利,然而,社区是否能够成为权利主体,这是需要讨论的。我国学者夏勇指出:"权利是一个关系型概念,它表示人与人的一种社会联系,这种联系又是以权利主体的相对分离和独立为前提的。"[②]社区具有这样的相对独立性,这种独立性首先是以社区的空间独立性和稳定性为基础和表现的。美国学者桑托斯曾划分六种最为稳定的空间形态,分别为家务空间、工作(工厂、公司等)空间、市场空间、社区空间、公民空间和世界空间,它们的社会关系结构群分别构造、组成和决定了六种法律秩序。[③] 社区是六种最稳定空间之一,并且发挥着越来越关键的作用。社区要成为权利主体,还需要看权利主体的发展水平。夏勇提出衡量

---

① 凯尔森称之为"拟人化的国家人格"。见汉斯·凯尔森:《纯粹法学说》,雷磊译,法律出版社 2021 年版,第 374 页。
② 夏勇:《中国民权哲学》,生活·读书·新知三联书店 2004 年版,第 154 页。
③ 博温托·迪·苏萨·桑托斯:《迈向新法律常识——法律、全球化和解放》,刘坤轮、叶传星译,中国人民大学出版社 2009 年版,第 471 页。

权利主体的发展水平的五重标准:需求层次、社会实力、利益个别化程度、行为自主的程度、意识开化的程度等。① 首先,对社区成员各种需要的满足成为对社区主体的普遍性要求,这已经是毋庸置疑的。其次,权利之存在和行使实赖于权利主体之实际能力和实际地位,社区本身的社会实力要看社区的自组织程度,社区成员对自己事务和身边事务的担当能力等,我国现今社区主体已经具有内在不同的主体层级(见下图),社区主体的发育程度正在逐步提升,但个体的社区意识和社区文化的发育则并不一定完善,因此社区公共主体可以促进社区个体主体的觉醒。最后,利益个别化程度、行为自主的程度和意识开化的程度事实上都是在描述个体主体的相关方面,这表明个体主体和社区主体的相互促进和相互影响,社区主体的发育水平也最终依赖于社区个体的主体性觉醒程度。总之,社区主体的发展水平已经足以成为相对独立的主体层级,社区型城市权利的建构本身是这种发展水平的必然性要求,同时推动社区主体具备更加稳定的形态,从而更好地发展。

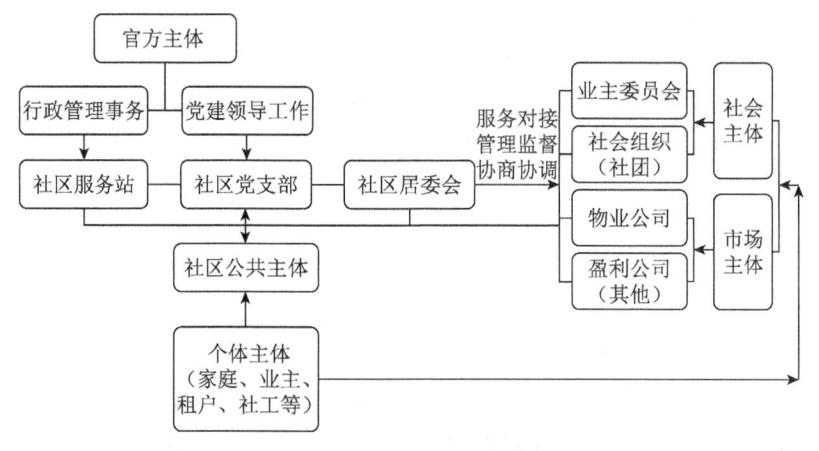

图 2 社区治理的多元主体格局

由笔者结合网格化治理结构图示综合整理而成。相关原始图示参见胡小君:《从分散治理到协同治理:社区治理多元主体及其关系建构》,载《江汉论坛》2016 年第 4 期;陆军等:《营建新型共同体:中国城市社区治理研究》,北京大学出版社 2019 年版,第 79 页。

---

① 夏勇:《中国民权哲学》,生活·读书·新知三联书店 2004 年版,第 229—236 页。

我国社区公共主体主要指社区党支部、社区服务站、社区居委会、其他社会主体和市场主体等,即"党—站—居—社"的"四位一体"格局。这意味着必须从原有的狭隘的公共主体格局中走出,把社会主体和市场主体也作为公共主体,因为它们在社区的层面上同样处理的是公共事务,同样享有一定的权利并承担一定的义务。业主委员会、各种社团组织等社会主体是最为典型的社区型城市权利的公共主体,或者主要是权利主体,其所承担的义务也需要对照权利进行理解。物业公司、其他营利性公司等市场主体成为社区型城市权利的公共主体则主要基于合同的权利义务规定,因此市场主体也可以成为社区型城市权利的义务性主体。一般认为,社区党委会、社区服务站及其他基层党政组织则是社区型城市权利的义务性主体。社区居委会作为基层群众性自治组织,则既可以是权利主体,也可以是义务主体,主要得看其承担具体职责的性质如何。

(三) 边缘主体

社区边缘群体是在社区运行过程中处于弱势或边缘的特定群体。英国法学家哈特曾区分语言具有确定性的核心地带和值得怀疑的模糊边缘地带(或者说"开放性结构"),[1]以作为认知法律是什么的重要基础,这同样可以成为认知边缘群体的重要基础。如弱势主体在语言的核心地带可能是比较明确的,基于当代社会的整体运行和已有的生产生活实践积累已经赋予了弱势群体一些相对稳定的含义,如《城市权利宪章》第2条第4款规定:"处境脆弱的群体和个人有权采取特别措施来获得保护、整合和分配资源、获得基本服务和免受歧视。就本宪章的影响而言,下列群体被认为是脆弱的:生活在贫穷或危险环境中(受到自然灾害威胁)的人或群体、暴力受害者、残疾人、被迫移徙者(流离失所、难民和与其他居民相比生活在不利地位的所有群体,并符合每个城市的现实。在这些群体中,应优先注意老年人、妇女(特别是女户主)和

---

[1] 哈特:《法律的概念》,许家馨、李冠宜译,法律出版社2018年版,第186页。

儿童。"①社区同样应该给予弱势群体以特别的保护,这符合正义原则。哈特的语言学理论也可能成为必须要拔除的"语义学之刺"②,语言的意义在于使用,其具有诠释深度,弱势之所以为弱势,是基于语言的动态使用和相应诠释。在社区的层面上,还有一些特殊的弱势群体,或称之为动态弱势群体。

相对于社区业主所具有的权利主体地位,租住主体可能成为相对弱势群体。业主在信息、地方性知识、本土资源等方面上具有优势,租住主体在租住期间应该享有和业主大致等同的权利,业主和社区应该为租户提供相应帮助以使其更好地融入社区。在疫情防控的背景之下,特别是在封闭条件下前述弱势群体当然是弱势群体,其他还有特定的"数字弱势群体",如不会使用 app 进行网上购物的群体;更有原来从未设想过的弱势群体,如特定的不做饭的青年群体也可能成为弱势群体;还有诸多有特殊需求的群体:如慢性病患者(患有癌症、尿毒症等严重疾病需要定期治疗者、强迫症患者、多动症患者、精神病患者等)、突发疾病患者、孕妇和哺乳期婴儿等;有紧急事项需要处理的群体(相关事项如家人故去、老人儿童需要照料等家庭生活事项、单位重大事务等工作事项、学生考试等重大学习事项等);等等。他们的权利都需要在社区层面提供特别保护。

边缘主体具有比弱势群体更为宽泛的意义,社区动物是可能被忽视的"边缘主体"。动物是否应该被赋予法律上的权利主体资格在现今学界具有较大的争议。③ 在现今的时代条件下,全面赋予动物以法律主体资格似乎还不太现实,然而赋予动物部分权利主体资格则是可行的。从社区型城市权利的理论视角来看,社区动物的生存权、社区生态环境

---

① 《世界城市权利宪章》,载《城市重塑》在线期刊网站 http://urbanreinventors.net/,最后访问时间 2022 年 5 月 8 日。
② 罗纳德·德沃金:《法律帝国》,李冠宜译,时英出版社 2002 年版,第 48 页。
③ 沈展昌:《动物"权利主体论"质疑》,载《河北法学》2004 年第 1 期;张燕:《谁之权利?何以利用?——基于整体生态观的动物权利和动物利用》,载《哲学研究》2015 年第 7 期;李剑:《动物为何拥有权利?——兼论强弱两种动物权利论》,载《哲学动态》2020 年第 11 期;朱振:《论动物权利在法律上的可能性——一种康德式的辩护及其法哲学意涵》,载《河南大学学报(社会科学版)》2020 年第 3 期;等等。

权等都要求我们赋予动物特定的主体资格。如在疫情防控封闭的条件下,对动物生存权利的保护不仅仅是"人作为万物的牧者"之看护人的道德义务要求,也是维持生态平衡等人类重大利益的必然要求。

结　语

"回归社区"是一场世界范围的重要社会运动,法律回归社区、[1]治理回归社区、[2]教育回归社区、[3]医疗回归社区、[4]福利回归社区、[5]运动回归社区,[6]艺术回归社区[7]等等都是方兴未艾的普遍趋势。在理论上则是新自由主义与社群(社区)主义的结合,以形成第三条道路。[8] 在英美等发达国家,也经历了从社区衰落到社区复兴的转变,[9]繁荣社区层面的官方制度、法律架构、社会资本和公民社会,对整个国家治理和社会治理具有极为重要的意义,中国同样处于这一普遍性的社会进程之中。为此,社区型城市权利的理论建构则是从法律(权利)上对这一社会运动的回应和推动,具有重要的理论和实践意义。

---

[1] 如社区矫正,参见《中华人民共和国社区矫正法》(2019年12月28日通过)。
[2] 社区成为越来越重要的治理单元。参见《中共中央、国务院关于加强基层治理体系和治理能力现代化建设的意见》(2021年4月28日)。
[3] 参见王霞:《全面回归:社区教育的内涵解读》,载《教育理论和实践》2016年第7期。
[4] 如医生、医院回归社区,病人康复回归社区等。参见加拿大B+H建筑设计所:《让医院回归社区中心》,载《中国医院建筑与装备》2019年第9期;谭磊:《美国精神残障者回归社区照顾的机制失灵的困境及启示》,载《残疾人研究》2018年第3期;等等。
[5] 如社区服务、社区照顾、社区养老等的广泛兴起。参见周博、王维、郑文霞:《回归社区:世界养老项目解析》,江苏凤凰科学技术出版社2016年版;韩央迪:《英美社区服务的发展模式及其对我国的启示》,载《理论与改革》2010年第3期;等等。
[6] 参见黄晓星:《社区运动的"社区性"》,载《社会学研究》2011年第1期。
[7] 参见陆唯:《艺术介入社区:美国社区艺术案例研究》,载《公共艺术》2018年第4期。
[8] G. B. Adams, B. L. Catron, "Communitarianism, Vicker, and Revisioning American Public Administration", *American Behavioral Scientist*, Vol. 38, No. 1(1994).
[9] 参见罗伯特·D.普特南:《独自打保龄球:美国社区的衰落和复兴》,刘波等译,中国政法大学出版社2018年版;吴晓林、郝丽娜:《"社区复兴运动以来"国外社区治理研究的理论考察》,载《政治学研究》2015年第1期;余延辉、黄云凌:《社区能力建设与反贫困实践:以英国"社区复兴运动"为例》,载《社会科学战线》2013年第4期;等等。

评论

卡尔·伦纳的马克思主义法哲学研究[*]

张 放 孟 飞[**]

摘要：20世纪初，卡尔·伦纳在充分把握第二次工业革命时代脉搏、因应中欧社会革命实践需要、广泛吸收西方哲学社会科学最新成果的基础上，创造性地将马克思主义方法论拓展、糅合进法律研究当中。伦纳在一定程度上克服了庸俗马克思主义法律观的消极影响，对法的价值作用及其与经济的关系做了重新阐释，并据此展开对资本主义法的本质结构分析和社会功能批判，表现出一种建设性的社会主义法律发展构想。但与此同时，伦纳深受法律实证主义乃至英美经验主义等思潮的影响，这使他在理论创新的过程中过犹不及，诱发一定争议，但他依然留下值得深入探究的复杂历史遗产。

关键词：卡尔·伦纳 社会功能 马克思主义

导　言

19世纪末20世纪初，在社会化大生产的驱动下，现代资本主义开

---

[*] 基金项目：本文系国家社科基金一般项目"奥地利社会主义理论与实践研究"（20BKS167）和湖北省社科基金前期资助项目"奥地利社会主义运动研究"（20ZD202）阶段性研究成果。

[**] 作者简介：张放，中共南京市委党校政治学与法学教研部副教授，南京新时代中国特色社会主义发展研究院研究员，中国人民大学法学博士；孟飞，华中师范大学马克思主义学院副教授，南京大学博士。

启了"从自由竞争到垄断"的体制调整,出现了垄断资本日益兴起、行政国家和福利国家逐步生成、国家和社会之间的传统界限被打破、民族经济和官僚制度紧密结合的发展新变化。① 与此同时,欧洲社会主义运动也日益高涨,在一战之前步入"黄金时代"。国家职能的转变、企业制度的调整乃至阶级关系的变化,促成西方法律实践模式的历史性变革,开启了从近代法治向现代法治的转变进程。在此期间,以财产权制度为核心内容的传统私法制度开始受到严格限制,反映国家干预要求的公法制度逐步兴起。由此对当时的马克思主义理论界提出了如何正确认识并有效应对资本主义法制上述变化的全新课题。

正是在这一特殊的历史背景下,奥地利马克思主义者卡尔·伦纳②在充分把握和借鉴现代思潮的基础上,撰写了《私法的制度及其社会功能》这一马克思主义法律和国家理论力作,③形成了"法律的社会功能理论",构建起一种原创性的马克思主义法律理论,更将他的法律理论直接应用到中欧的社会主义运动之中,力图为当时方兴未艾的社会革命提供有效的理论论证和实践指引,④实现社会生产关系乃至政治法律制度的再造,产生了重要的历史影响。

百年回眸,伦纳的上述思想创新,仍然具有现实的启迪作用,促成国内外学界的相应关注。

国外研究侧重揭示伦纳对马克思主义的复杂理论影响,肯定他将法律同经济关系作为历史唯物主义特例所做出的开拓性研究贡献,推动了马克思主义法律和国家理论的发展;强调伦纳凭借颇具原创性的

---

① 参见高鸿钧、赵晓力主编:《新编西方法律思想史(现代、当代部分)》,清华大学出版社2015年版,第30页。
② 卡尔·伦纳(1870—1950),20世纪上半叶"奥地利马克思主义"学派的著名法学家、政治学家、社会学家和民族问题专家,奥地利社会民主党的右翼领袖。曾担任奥地利总理(1918—1920,1945)、国民议会议长(1931—1933)、总统(1945—1950)。他被誉为奥地利国父,其半身像立于国会前方,所在地点被称为"卡尔·伦纳博士大街"。下文均简称其为伦纳。
③ O. Kirchheimer and F. Neumann, *Social Democracy and the Rule of Law*, Keith Tribe eds., translated by Leena Tanner and Keith Tribe, London: Allen & Unwin Ltd., 1987, 75.
④ 参见 R. Kinsey, *Karl Renner on Socialist Legality*, in David Sugarman eds., *Legality, Ideology, and the State*, London: Academic Press, 1983, 12。

马克思主义法社会学观念,开展对西方现代法律概念与社会变迁模式之间关系的经典研究,成功预见到西方当时正在发生的所有权与管理权相分离的"管理革命"趋势,揭示新中产阶级兴起的社会结构变迁意涵,还提出一种以法律作为社会变化的改革力量、推动福利资本主义体制建构的建设性构想,在一定程度上为德、奥乃至英国等国的法制变革实践所确证。一些学者还充分肯定伦纳相关思想的现实借鉴意义,力图将他的法律支配-控制功能论应用到知识产权等新型权利的保障和规制实践之中,更主张从法律的起源、内容和功能视角入手理解法律,弥合法律与社会、法律自创生理论与法律经验主义观念之间的鸿沟,并遵循社会变革推动立法改革的路径推进法制转型。①

上述国外研究,已经呈现出由描述性研究向评价性研究、由基础性

---

① 详情可参见 M. E. Blum, *The Austro-Marxists, 1890-1918: A Psychobiographical Study*, Lexington, Kentucky: The University Press of Kentucky, 1985;戴维·麦克莱伦:《马克思以后的马克思主义》,林春、徐贤珍等译,东方出版社 1986 年版;汤姆·博托莫尔:《马克思主义思想辞典》,陈叔平等译,河南人民出版社 1994 年版;R. A. Macdonald, "Social and Economic Control through Law-A Review of Karl Renner's the Institutions of Law and Their Social Functions", *Chitty's Law Journal*, Vol. 25, No. 1, 7-18(1977); R. Kinsey, "Karl Renner on Socialist Legality", in David Sugarman eds., *Legality, Ideology, and the State*, London: Academic Press, 1983, 11-42; J. Drew, "Karl Renner on Stability, Change, and Service in Entire Legal Systems", *Comparative Civilizations Review*, Vol. 70, No. 70, 90-105(2014); O. Kirchheimer and F. Neumann, *Social Democracy and the Rule of Law*, K. Tribe eds., translated by L. Tanner and K. Tribe, London: Allen & Unwin Ltd., 1987, 75-84; Richard Saage, "Karl Renners Version des 'Austromarxismus'", in A. Fisahn eds, T. Scholle, R. Ciftci (Hrsg.), *Marxismus als Sozialwissenschaft. Rechts-und Staatsverständnisse im Austromarxismus*, Baden-Baden: Nomos Verlagsgesellschaft, 2018, 77-87;卡尔·伦纳:《私法的制度及其社会功能》,王家国译,法律出版社 2013 年版,"导言"第 1—41 页;罗杰·科特威尔:《法律社会学导论》,彭小龙译,中国政法大学出版社 2015 年版;德拉甘·米洛瓦诺维奇:《韦伯与马克思的法律分析:资本主义生产方式中的法律发展和功能》,于庆生译,法律出版社 2016 年版;W. 弗里德曼:《现代英国法中财产的功能——评卡尔·伦纳〈私法的制度及其社会功能〉》,丁笑笑译,载李其瑞主编:《马克思主义与法律学刊》,总第 1 卷,中国民主法制出版社 2017 年版,第 32—50 页;H. J. Laski, "Reviewed Work: The Institutions of Private Law by Karl Renner, O. Kahn-Freund", *The Modern Law Review*, Vol. 13, No. 3, 389-392(1950); R. Dahrendorf, *Class and Class Conflict in Industrial Society*, Stanford: Stanford University Press, 1959;斯特凡·拉尔森:《卡尔·伦纳与(知识性)财产——认知理论如何丰富当代版权的法律社会学分析》,刘熊擎天译,载李其瑞主编:《马克思主义与法律学刊》,总第 2 卷,知识产权出版社 2019 年版,第 160—192 页;L. Whitehouse, "Making the Case for Socio-legal Research in Land Law: Renner and the Law of Mortgage", *Journal of Law & Society*, Vol. 37, No. 4, 545-568(2010)。

研究向应用性研究的发展趋势,充分诠释了伦纳在法的本质、法律与社会经济变迁关系、法律形式与社会功能、法制现代化、私法公法化、社会主义合法性建构等诸多议题上的相关见解,并对他和奥地利马克思主义政治法律观的有机联系,和布尔什维克主义、法西斯主义之间的复杂思想纠葛,特别是与以"红色维也纳"为象征的奥地利社会民主主义社会立法实践之间的影响关联,予以适当观照。不过由于不同学者的研究旨趣和思维方式差异,这些研究在一定程度上也呈现出"千人千面"的复杂倾向,更表现出某种意识形态层面的异质性,需要立足国情加以认真甄别、批判借鉴。

国内学界对伦纳的关注研究相对较晚,特别是中国大陆地区直至2008年之后才真正出现针对伦纳法哲学思想的专门性研究论述。不过近年来相关研究热度得以提升,已经产生一批有价值的学术研究成果。在法律社会学层面,强调伦纳打破"经济决定论"等庸俗成见,严肃推演出法律规范和法律制度协助社会过程和经济过程,达成人类营生、求生目的的功能性作用。他敏锐把握私法形式和社会功能之间逐渐出现的矛盾冲突,揭示了私有财产的财产重要性和法律核心性正在衰败,个人意志和个人控制的物化现象趋于体系化的问题症结,提出依托辅助制度和补充制度、推进私法公法化的和平改造具体构想,成功预见了当代资本主义和社会主义法制在一定程度上的"合流"趋势。在社会主义思想史层面,肯定了伦纳通过动态和历史分析,不仅彰显历史唯物主义的现实适用性,更在不断回溯这一理论框架的过程中有效把握法律的运作规律,洞察现存法律制度加剧经济福利与权利分配不公的历史局限,并在此基础上严肃地思考了社会主义法的合法性问题及其在社会主义过渡时期的地位作用,成为西方马克思主义法学的开山鼻祖、奥地利社会民主党的重要"标杆"。在当代中国法治建设实践层面,主张学习借鉴伦纳经验实证的科学态度,将目光投向概念或制度背后的经验事实,妥善处理好法制发展与法治建设、立法的技术用途和法律用途、法律功能与社会转型之间的矛盾张力,以实证转向开启马克思主义法学中国化的新路。①

目前,国内相关研究大都具有"持平之论"的中庸特色,能够依靠"后见之明"有效把握伦纳相关思想的复杂性,更基于"洋为中用""古为今用"的原则,着重发掘相关法哲学观点对中国特色社会主义法治体系建构的积极意涵,体现出较为鲜明的"本土意识"和"问题导向"。不过总体来看,国内既有学术成果依然相对有限,在伦纳法哲学观念体系的生成背景和结构特点、历史影响与现实价值等问题上仍存在一定的认识盲区,凸显出相关研究仍有补强拓展的潜力和空间,这促成了本文的写作。

一、伦纳马克思主义法哲学思想的方法论渊源

伦纳能在马克思主义法哲学领域做出重要的原创性贡献绝非偶然。早在维也纳大学读书期间,伦纳就认定:"一个人必须学习政治经济学和法律以便了解国家的个性,这是一个人在世界上需要取得的某种业绩。我更加坚定了学习法律而非哲学的决心,唯有如此,一个人才能领会和构建生活的本质。"②在此之后,从 1895 年成为奥地利议会图书馆助理研究员,到 1950 年在奥地利第二共和国开国总统任上去世的 55 年间,伦纳在充分学习借鉴西方哲学社会科学最新研究成果的基础上,共撰写了 60 本理论性的著作、小册子或传单,长期聚焦于社会主义理论的解读,特别关注西方法律和社会的关系演变乃至社会结构本身

---

① 详情可参见洪鎌德:《法律社会学》,扬智文化事业股份有限公司 2004 年版;任岳鹏:《西方马克思主义法学》,法律出版社 2008 年版;邱昭继:《资本主义法的批判与社会主义法的合法性——卡尔·伦纳法哲学思想初探》,载《人大法律评论》2016 年第 2 期;孟飞:《卡尔·伦纳社会主义思想述评》,载《当代世界与社会主义》2019 年第 1 期;王家国:《走向分析实证的马克思主义法学——卡尔·伦纳法律思想述评》,载李其瑞主编:《马克思主义与法律学刊》总第 1 卷,中国民主法制出版社 2017 年版,第 16—31 页;刘熊擎天:《卡尔·伦纳的法哲学及其对转型中国的意义》,载李其瑞主编:《马克思主义与法律学刊》总第 1 卷,中国民主法制出版社 2017 年版,第 3—15 页。
② M. E. Blum, *The Austro-Marxists, 1890-1918: A Psychobiographical Study*, Lexington, Kentucky: The University Press of Kentucky, 1985, 43.

的动态发展,①由此表现出一种鲜明的实践感和兼收并蓄的思想品格,更构建起一个内涵丰富、谱系庞杂却又灵动有效的法哲学观念体系,体现出多元的方法论特点:

(一) 秉持马克思主义法学的分析路径

在一战爆发之前,从政治身份来看,作为考茨基的学生,伦纳是典型的第三代马克思主义者,更和同门师弟奥托·鲍威尔一起,逐渐成长为奥地利社会民主党理论和实践的中坚力量。也正是从马克思主义社会基本矛盾运动原理出发,依托"下层基础"与"上层规范"等相关分析工具,伦纳得以开展法律与社会经济互动关系的探讨,着重考察法律在组织化社会中的贡献程度以及法律的社会功能本质与限度。由此表现出与马克思主义分析路径、话语框架乃至研究旨趣的紧密关联,特别体现出对马克思法律分析方法的充分借鉴和有效继承。②伦纳为此曾经明确指认了他的理论分析框架和马克思在《资本论》中一直用的"形式"与"功能"论述之间的紧密关联。他认为马克思形成了一种形式与功能理论,在这一理论当中,"形式(价值-形式、资本-形式、等价物-形式)仅仅只是一个既定因素,即某个阶段概念结晶的过程,该因素在此过程中所扮演的角色就是其功能"③。基于这种认识,在他眼中,"马克思理论的特色在于,它表明了每一个生产要素(劳动力与自然力、人与物、人与财产物,在维持人种过程中的一切阶段里,大多数是衍生的形式或组合)的价值,并且描写了它们在人类社会生活中的功能"④。这

---

① 参见 J. Drew, "Karl Renner on Stability, Change, and Service in Entire Legal Systems", *Comparative Civilizations Review*, Vol. 70, No. 70, 90-105(2014)。
② 当然需要指出的是,伦纳的社会主义意识最早源于他对拉萨尔著作的阅读。在第一次世界大战爆发之后,伦纳进一步右转,在很多方面表现出较为明显的修正主义倾向。参见 P. Loewenberg, "Karl Renner and the Politics of Accommodation: Moderation versus Revenge", *Austrian History Yearbook*, Vol. 22, University of Minnesota, 1991, 35-56。
③ 参见卡尔·伦纳:《私法的制度及其社会功能》,王家国译,法律出版社 2013 年版,第 90 页。
④ 参见卡尔·伦纳:《私法的制度及其社会功能》,王家国译,法律出版社 2013 年版,第 91 页。

充分彰显了伦纳相关言说的马克思主义理论背景。

(二) 借用法律实证主义的价值预设

法律实证主义是 20 世纪之初中欧社会的主流法律思潮。这一理论依托"概念计算"的形式逻辑技术,将法律理解为一个逻辑自洽的规范体系、一种有效规制社会组织的"中立"技术手段,并据此开展对法律内部结构的探讨。它力求以忽略具体生活事实、割裂法律与社会内在关联为代价,提供最大程度的法律融贯性、确定性和相对稳定性,表现出鲜明的形式主义法律哲学特点。①

或许受自身法学教育背景和律师职业特点的影响,伦纳在构建马克思主义法哲学的过程中,遵循了法律实证主义的价值预设,将法律界定为社会"针对个人发布的命令",②是用白纸黑字写明的确定规范,由此构成一个长久的连贯实体,在规范体系层面具有相对稳定性,构成一种内容中立、价值无涉的"空框"。正是从充满法律实证主义色彩的"法律命令说"概念出发,他最终得出以下结论:财产权等既有法律规范,能够在向共产主义社会过渡的过程中得以保留。③

但同样吊诡的是,在明确限定其作品的界限时,伦纳却完全拒绝采用法律实证主义的方法来进行理论分析,并不关心法律制度的系统阐述问题。以致《私法的制度及其社会功能》英译本导言作者奥·哈斯·弗洛因德正确指出:"伦纳对待财产与公法的关系,不同于大陆法律思维中的共同信念。"④表明他对法律实证主义范式只是"借用"而非"尊奉"的真实态度。

---

① 参见高鸿钧、赵晓力主编:《新编西方法律思想史(现代、当代部分)》,清华大学出版社 2015 年版,第 4—5 页。
② 卡尔·伦纳:《私法的制度及其社会功能》,王家国译,法律出版社 2013 年版,第 237 页。
③ 参见 L. Whitehouse, "Making the Case for Socio-legal Research in Land Law: Renner and the Law of Mortgage", *Journal of Law & Society*, Vol. 37, No. 4, 545-568(2010)。
④ 卡尔·伦纳:《私法的制度及其社会功能》,王家国译,法律出版社 2013 年版,第 64 页。

（三）发挥社会学思维的整合功能

正如相关学者指出的那样，伦纳相关思想的真正创新，是在法社会学领域。他的相关言说，事实上与 20 世纪初开始在欧美兴起的社会学理论，特别是法学领域席卷全球的社会法学派运动遥相呼应，构成了对法律实证主义主导下的古典法律范式的现实批判，"象征了法律与社会学思维间深刻的分裂"①。在这场论战中，社会法学派力求清算欧陆法律主流中的形式主义推理方法和"个人主义"法律想象的负面影响，并创造了社会有机体、社会目的、社会功能、社会权利、社会立法、社会福利、社会民主等一系列全新意象，力图以重新发现"社会"的方式，应对资本主义现代性危机。②

正是运用这种全新的社会学思维方式，伦纳得以位列现代法律社会学之父的名录之中。他创造性地提出了著名的"法律的社会功能理论"，在反映客观规律的法律规则形式之外，更加关注具有社会经济影响意涵的社会功能问题。也正是在充分发挥社会学思维沟通整合作用的基础上，伦纳有效地将马克思主义和法律实证主义这两大传统意义上的对立理论充分结合起来，③构建了一种吸纳法律实证主义学说的马克思主义社会学体系，④在马克思主义理论发展史上具有重要的启发借鉴意义。

（四）肯定经验主义的理论价值

和其他奥地利马克思主义同道不同，伦纳对英美经验主义传统秉持一种较为开放的思想态度。早在维也纳大学学习期间，他就接触了

---

① 卡尔·伦纳：《私法的制度及其社会功能》，王家国译，法律出版社 2013 年版，第 63 页。
② 参见高鸿钧、赵晓力主编：《新编西方法律思想史（现代、当代部分）》，清华大学出版社 2015 年版，第 32 页。
③ 参见 L. Whitehouse, "Making the Case for Socio-legal Research in Land Law: Renner and the Law of Mortgage", *Journal of Law & Society*, Vol. 37, No. 4, 545-568(2010)。
④ 参见邱昭继：《资本主义法的批判与社会主义法的合法性——卡尔·伦纳法哲学思想初探》，载《人大法律评论》2016 年第 2 期。

英国著名政治理论家柏克的相关学说,对充满经验主义色彩的英国宪法予以高度推崇。后来,他更受到英国著名哲学家约翰·斯图亚特·密尔的经验主义方法论的深刻影响,对奥地利马克思主义同伴依然推崇黑格尔辩证法思想的做法不以为然,并且在晚年自传中明确表达了借鉴运用密尔样式的具体归纳法、推动马克思主义"经验主义转向"的思想信念。① 他强调,作为一种经济学和社会学方法的马克思主义,应当从资本主义经济体系的经验事实中归纳出来。因此,马克思主义理论必须从经验的角度,运用归纳推理的方法逐渐接近其研究对象,而不能基于一种意识形态化的理解,在马克思语录基础上进行单纯的演绎推理。②

不仅如此,伦纳更对英国经验主义在美国的变种——实用主义思想③予以一定的体认乃至应用。例如,他高度赞赏美国著名实用主义法学家霍姆斯大法官的《普通法》等著作,深受他"法律发展中形式和实质之间的悖论"著名论断的影响,即和秉持形式主义立场的正统法律理论观点不同,认为"法律总是在逼近,但绝不会达到完全的协调一致",将长期在"出自生活"的新原则与"从历史中来"的旧原则之间保持一种动态的矛盾张力。④ 他据此批判欧陆新康德主义法学将法律形式和实质截然分开的机械做法,在充分"揭示了外在的形式与事物的本质并不必然相一致"的同时,更试图将人们的视线从规则(理论)转向了规则

---

① M. E. Blum, *The Austro-Marxists, 1890-1918: A Psychobiographical Study*, The University Press of Kentucky, 1985, 45.
② 参见 A. Fisahn, T. Scholle, R. Ciftci (Hrsg.), *Marxismus als Sozialwissenschaft. Rechts- und Staatsverständnisse im Austromarxismus*, Nomos Verlagsgesellschaft, 2018, 79.
③ 涂尔干曾经指出,实用主义最早形成于 1895—1900 年间的美国。它强调实存的绝对统一性,否认存在经验和实在两个世界的观念,体现出对理性主义的批判,构成一种彻底的经验主义理论形态,具有特殊的英美哲学背景。它的核心问题是真理问题,包含了"真理是人的真理""真理是不同的、可变的真理""真理不是既存实在的摹本"三个基本论题(详情可参见爱弥儿·涂尔干:《实用主义与社会学》,渠东译,上海人民出版社 2005 年版,第 8、61—66 页)。
④ 参见 J. Drew, "Karl Renner on Stability, Change, and Service in Entire Legal Systems", *Comparative Civilizations Review*, Vol. 70, No. 70, 90-105(2014)。亦可参见小奥利弗·温德尔·霍姆斯:《普通法》,冉昊、姚中秋译,中国政法大学出版社 2006 年版,第 32—33 页。

(理论)背后的现实。① "法律的社会功能理论"因此也带有明显的实用主义思想印记。在此基础上,伦纳还将马克思主义日益视为一个纯粹的实用主义学说,逐渐成为奥地利马克思主义中的实用主义一翼,并以其调和马克思主义理论与变化的社会条件的惊人能力闻名于世。② 他在1918年的论著《马克思主义、战争与国际》之中坦率声称:"如果我们是卡尔·马克思真正的学生,我们不该只是敬仰他的作品,而是应当依托先验直觉重新审视当今社会,重新审视半个世纪以来所有经济要素在方式、程度乃至功能方面的剧变。"③由此自绘了一幅"实用主义的马克思主义者"的思想肖像。

总而言之,伦纳的法哲学思想从第二国际时期正统马克思主义的分析路径出发,却得出逐渐倾向于修正派立场的观点结论;从法律实证主义的价值预设出发,却开展具有鲜明社会实证主义色彩的批判性研究;从欧陆理性主义文化传统出发,却在一定程度上成为英美经验主义观点的继受者,表现出多维的思想面向。伦纳在理论方法上的这种多元主义倾向绝非偶然,其实正是他所信奉的奥地利马克思主义思想气质的具体反映。这一理论来源于20世纪初作为科学创新和艺术革新中心的维也纳,源自维也纳大学这一特殊的"学术土壤",由此使得伦纳和他的奥地利马克思主义同道形成了"对于每一种形式的科学思想可能带来的知识进步的开放态度",力求把"马克思主义的思想成果和思想方法同整个现代精神生活有意识地结合起来"。④ 基于这样的思想认识,面对指责他的相关研究方法乃至具体观点已经超出马克思主义范畴的常见批评,伦纳这样自我表白道:"卡尔·马克思是

---

① 参见王家国:《走向分析实证的马克思主义法学——卡尔·伦纳法律思想述评》,载李其瑞主编:《马克思主义与法律学刊》总第 1 卷,中国民主法制出版社 2017 年版,第 16—31 页。
② 参见 A. Pelinka, "Karl Renner—a Man for all Seasons", *Austrian History Yearbook*, Vol. 23, University of Minnesota, 1992, 111-119.
③ 参见 R. A. Kann, "Karl Renner (December 14, 1870-December 31, 1950)", *The Journal of Modern History*, Vol. 23, No. 3, 243-249(1951).
④ 参见沃尔夫冈·弗里茨·豪格主编:《马克思主义历史考证大辞典(第 1 卷:从国家的消亡至先锋队)》,俞可平等编译,商务印书馆 2018 年版,第 653 页。

最伟大的社会学家,但是他的理论必须渗透到现实生活的实际层面,把他的思想功能运用到现今的社会,特别是具体到个人、国家、社会和人民,才能证明它的有效性。"①由此表现出将马克思主义"社会科学化"的独特旨趣。②

二、伦纳马克思主义法哲学思想的创新内涵

在马克思主义法学发展史上,伦纳有效超越了认为法律只是"阶级压迫工具"的传统"工具论"观点,率先倡导了一种强调"法律不仅发挥镇压被统治阶级的作用,它们同样服务于这些阶级统治结构赖以产生的生产关系的建构"的"结构论"观点。③ 他的系统研究更加精致地阐述了法与经济关系的互动关系以及法律运行机制的独立运作特点,在一定程度上填补了马克思主义理论领域的"法学空区",构成社会主义法治建构探索的历史先声,具有现实的启发意义。

(一) 精准评估法的实际功用

虽然伦纳在法律实证主义的影响下,高度强调法律的形式稳定性与连续性,④但他也充分揭示了欧洲近代社会经济条件的巨大变

---

① C. A. Gulick, *Austria: from Habsburg to Hitler*, Vol. 2, University of California Press, 1948, 1374.
② 伦纳的相关言说反映了奥地利马克思主义的思想共性,即他们基于一种科学方案、一个系统的思想框架,据此分析了资本主义在20世纪的诸多变化,并对马克思主义进行了社会调查方法层面的深入研究。上述知识探索乃至社会研究不仅对马克思主义社会科学发展做出了显著贡献,直至今天依然具有重要价值,构成"迄今为止为发展马克思主义作为一门经验性的社会科学所做的最彻底、最一致、最明智的尝试之一"。(参见 A. Fisahn, T. Scholle, R. Ciftci (Hrsg.), *Marxismus als Sozialwissenschaft. Rechts- und Staatsverständnisse im Austromarxismus*, Nomos Verlagsgesellschaft, 2018, 14.)不过和同道相比,伦纳更多了一层讲求权宜应变的"实用主义"思想特色,以致和晚年考茨基相似,逐渐显现出在重述马克思主义理论过程中回应乃至迁就现实改良主义政策需要的右翼立场倾向。
③ 参见休·柯林斯:《马克思主义与法律》,邱昭继译,法律出版社2012年版,第107页。
④ 参见汤姆·博托莫尔:《马克思主义思想辞典》,陈叔平等译,河南人民出版社1994年版,第334—335页。

迁。① 如何解释这种"表面不变的规则在功能上却有转变"②的二律背反现象？通过对财产权制度的深入分析，伦纳极具洞察力地指出：相关法律规范在多年内保持不变的能力正源自其中立性。③ 这类"中立"规范在不同的生产方式中，会发挥不同的社会功能，产生不同的实际后果影响。④ 换言之，在一种创新突破的环境中，规范将以与既有社会功能相疏离的方式存在，能够为新的功能、新的目的服务。⑤

伦纳由此在一定程度上继承并发展了马克思的法律思想，即将法理解为"社会关系的中介物"，揭示了法在"中立"形式之下蕴含的巨大包容力，使之成为其他社会联系的外壳，起到沟通媒介的作用。⑥

（二）重新阐释法律与经济的关系

第二国际时期，马克思主义学界一种盛行的法学观点是经济唯物主义，即主张法律仅仅"反映"经济基础，法律规则的形式和内容对应着占统治地位的生产方式。这种对于法律与经济关系的阐释过于简单且缺少逻辑联系，难以令人信服。⑦ 有鉴于此，伦纳反对一般讲解或笼统照搬马克思的上层建筑概念，更反对法律是附带现象的经济决定论观点，认为"法律规范与经济过程只是相互制约并相辅相成"，呈现出一种"相互决定"的共存状态。⑧

---

① 参见 J. Drew, "Karl Renner on Stability, Change, and Service in Entire Legal Systems", *Comparative Civilizations Review*, Vol. 70, No. 70, 90-105(2014)。
② 卡尔·伦纳：《私法的制度及其社会功能》，王家国译，法律出版社 2013 年版，第 2 页。
③ L. Whitehouse, "Making the Case for Socio-legal Research in Land Law: Renner and the Law of Mortgage", *Journal of Law & Society*, Vol. 37, No. 4, 545-568(2010)。
④ 参见汤姆·博托莫尔：《马克思主义思想辞典》，陈叔平等译，河南人民出版社 1994 年版，第 335 页。
⑤ J. Drew, "Karl Renner on Stability, Change, and Service in Entire Legal Systems", *Comparative Civilizations Review*, Vol. 70, No. 70, 90-105(2014)。
⑥ 参见 K. A. 莫基切夫主编：《政治学说史（下册）》，中国社会科学院法学研究所编译室译，中国社会科学出版社 1979 年版，第 575 页。
⑦ 参见雷蒙德·瓦克斯：《法哲学：价值与事实》，谭宇生译，译林出版社 2013 年版，第 81 页。
⑧ 参见卡尔·伦纳：《私法的制度及其社会功能》，王家国译，法律出版社 2013 年版，第 55 页。

不过,伦纳也反对盲目夸大法律作用,将法律视为撬动世界、主导推进社会经济发展的"阿基米德支点"的立法崇拜。① 他认为,法律可以适应特定历史的下层基础,却不能阻止下层基础的变革。特别由于国家立法被限定在法律规则所具有的严格形式之中,在反映真实的社会经济关系方面存在天然的滞后性。② 换言之,立法并不是社会变革的首要推动力,③法律体系的变化必须与社会经济本身的进化有机协同起来,才能促成经济基础乃至生活方式的革命。

伦纳的相关阐释,继承和弘扬了晚年恩格斯的法律相对独立性学说,明晰了经济基础和法律上层建筑之间的复杂交互关系及其发生和运演机制:一方面,法律作为表层下的既定社会构成要素,只反映预设的基本现实;④另一方面,法律在一定限度内又承载着社会经济控制功用。正是在这"若即若离"的演化过程中,法律的社会功能"就像草儿生长一样"发生了平和却持续的演变。⑤

(三) 对资本主义法的社会功能论批判

在上述立论基础上,伦纳还全面展开对资本主义法律的社会功能批判。这种批判性分析直指关乎资产阶级社会根基的私法,特别是作为其核心制度的财产法。这反映了伦纳的政治经济学观点:"生产资料的所有权是经济和社会秩序的关键。"⑥

伦纳强调,在资本主义生产方式背景下,财产权绝不是一个纯粹的

---

① 卡尔·伦纳:《私法的制度及其社会功能》,王家国译,法律出版社 2013 年版,第 242 页。
② 参见 C. Sypnowich, *The Concept of Socialist Law*, Clarendon Press Publication, 1990, 35.
③ 卡尔·伦纳:《私法的制度及其社会功能》,王家国译,法律出版社 2013 年版,第 4 页。
④ J. Drew, "Karl Renner on Stability, Change, and Service in Entire Legal Systems", *Comparative Civilizations Review*, Vol. 70, No. 70, 90–105(2014).
⑤ 参见王家国:《走向分析实证的马克思主义法学——卡尔·伦纳法律思想述评》,载李其瑞主编:《马克思主义与法律学刊》总第 1 卷,中国民主法制出版社 2017 年版,第 16—31 页。
⑥ 参见 W. 弗里德曼:《现代英国法中财产的功能——评卡尔·伦纳〈私法的制度及其社会功能〉》,丁笑笑译,载李其瑞主编:《马克思主义与法律学刊》总第 1 卷,中国民主法制出版社 2017 年版,第 32—50 页。

商品秩序,它同样也是一种涉及人与人之间关系的特殊劳动和权力秩序,成为一种对他人的控制工具。① 正是通过财产权的制度安排,所有者合法享有对雇佣劳工发号施令的支配权,把资产阶级意志强加于人,使得财物、机器或劳动工具都转化成了"工人自身的竞争对手"。② 总之,"资本主义所有权通过法律方法已经成为少数人越过多数人行使权力和控制的来源"。③

不仅如此,伦纳还认为,在以私有财产权为核心的资本主义制度之下,并不能达成对社会经济功能的清醒认识和理性组织,至多只有局部的"合作认知",出现了只承认商品秩序、包含非理性的劳动秩序,同时否认权力的社会基础的制度弊病。结果,作为生产的社会基础的集体意识被资本主义生产加剧的劳动分工和社会分化强化了,"社会"也日益觉察到资本主义生产组织方式的功能不适应性。④ 总之,在伦纳眼中,当时的资本主义法在社会功能层面是不人道的,也是非理性的,注定不可持续。

(四)对社会主义法的和平建构设想

伦纳通过对现实私法制度的分析,最终引出了这样一种现实的政治主张:资本主义已经发展到了临界点上,最终,法律的理性干预将改进社会生产发展的物质条件,为社会主义社会生产方式的形成和运行创造条件。届时,社会生产关系将出现认知的重新阐释和规范重组,社会的经济功能将得到充分认识和有效发挥,社会生产者将被赋予充分的合作意识,出现一场"重组的革命"。总而言之,社会主义,在伦纳看

---

① 参见王家国:《走向分析实证的马克思主义法学——卡尔·伦纳法律思想述评》,载李其瑞主编:《马克思主义与法律学刊》总第 1 卷,中国民主法制出版社 2017 年版,第 16—31 页。
② 卡尔·伦纳:《私法的制度及其社会功能》,王家国译,法律出版社 2013 年版,第 108 页。
③ 参见 W. 弗里德曼:《现代英国法中财产的功能——评卡尔·伦纳〈私法的制度及其社会功能〉》,丁笑译,载李其瑞主编:《马克思主义与法律学刊》总第 1 卷,中国民主法制出版社 2017 年版,第 32—50 页。
④ 参见 R. Kinsey, "Karl Renner on Socialist Legality", in David Sugarman eds., *Legality, Ideology, and the State*, Academic Press, 1983, 19-20。

来,就是"一种人类社会对自由行动和健全意识行为的迫切需求,由此完全独立地创造了相关规范"。①

不过,伦纳在继承马克思主义法律革命话语的同时,更加注重法治建设话语的建构。他关注的焦点"不是如何夺取政权权力的问题,而是政治权力如何行使的问题"。② 由于坚信法律是现代社会用法律命令形式加以表达的、自主协调社会生产关系的基本行为规范,③伦纳力求从一种法律实践解决方案入手,推动社会制度的根本性变革。他主张马克思主义者可以将那些现存的、不公的法律从异化的社会关系中剥离开来,④持续推动权力关系的民主重构,创设一种自由的、充满理性意识的、排除特殊经济利益压力干扰的全新立法背景,⑤充分发挥法律增进整个人类生活的社会功能。⑥ 他还提出在不触动私法规则形式的同时,充分利用工厂立法、集体谈判、公共劳务市场、社会保障制度、铁路乃至煤气水电等公益事业领域的"标准合同"等一系列重要的全新公法规则及其制度创设成果,⑦顺应私人财物逐步演化为公共设施、雇佣合同演变为工作职位的时代潮流,⑧推动实现雇佣合同、委托合同、销售合同、转让合同、赔偿合同、抵押合同、公司法、专利法和买卖合同等辅助法律制度取代基本法律制度,打破财产所有权联合的进程。⑨ 由此形成了

---

① J. Drew, "Karl Renner on Stability, Change, and Service in Entire Legal Systems", *Comparative Civilizations Review*, Vol. 70, No. 70, 90-105(2014).
② R. Kinsey, "Karl Renner on Socialist Legality", in David Sugarman eds., *Legality, Ideology, and the State*, Academic Press, 1983, 13.
③ 参见 R. Kinsey, "Karl Renner on Socialist Legality", in David Sugarman eds., *Legality, Ideology, and the State*, Academic Press, 1983, 25。
④ 参见 C. Sypnowich, *The Concept of Socialist Law*, Clarendon Press Publication, 1990, 44。
⑤ 参见 C. Sypnowich, *The Concept of Socialist Law*, Clarendon Press Publication, 1990, 36。
⑥ 参见卡尔·伦纳:《私法的制度及其社会功能》,王家国译,法律出版社 2013 年版,第 254 页。
⑦ 卡尔·伦纳:《私法的制度及其社会功能》,王家国译,法律出版社 2013 年版,第 113—116、275 页。
⑧ 卡尔·伦纳:《私法的制度及其社会功能》,王家国译,法律出版社 2013 年版,第 114—116 页。
⑨ 参见邱昭继:《资本主义法的批判与社会主义法的合法性——卡尔·伦纳法哲学思想初探》,载《人大法律评论》2016 年第 2 期。

"解放辅助制度与补充制度"①、推动私有财产社会化、发挥法律的社会功能、推进社会改造的具体改制建议。

综上所述,在伦纳看来,社会主义法就孕育于资本主义法之中,社会变革同样能够以合法方式得以开展。② 正是在对法律的社会功能问题的阐释基础上,伦纳明晰地表达了社会主义过渡时期的合理步骤和组织方式、有序构建社会主义制度的重要构想。③ 由此使得他的相关论著超越了单纯的法学"学术"范畴,构成一战前社会主义建构的政治宣言,表现出在正视生产社会化状况的前提之下,以法律干预手段加快解决当时中欧乃至西方旧秩序下现存的经济、文化和社会问题,回应团结、发展、(再)组织化和国家干预等时代需求,最终完成社会改造的鲜明问题意识。

三、伦纳马克思主义法哲学思想的历史局限

十月革命后,列宁曾经尖刻地批判社会民主主义领袖们:"马克思主义中有决定意义的东西,即马克思主义的革命辩证法,他们一点也不理解。"④这个评论有效揭露出伦纳法哲学思想的内在局限。如前所述,伦纳在马克思主义法学研究领域取得重要的独创性突破。但由于时代和个人条件的局限,他仍然是用一种科学化、实证化的视野来衡量马克思主义理论,甚至将其理解为一种充满实用主义色彩的社会理论,这导致他的法律观念更加侧重于经验理性层面的智识分析,却相对忽视辩证理性层面的本质把握。由此使得他的法哲学思想带有浓厚的折中主义、改良主义倾向。

---

① 卡尔·伦纳:《私法的制度及其社会功能》,王家国译,法律出版社 2013 年版,第 275 页。
② 参见邱昭继:《资本主义法的批判与社会主义法的合法性——卡尔·伦纳法哲学思想初探》,载《人大法律评论》2016 年第 2 期。
③ 参见 R. Kinsey, Introduction and Overview, in David Sugarman eds., *Legality, Ideology, and the State*, London: Academic Press, 1983, 3.
④ 《列宁全集》(第 43 卷),人民出版社 2017 年版,第 373 页。

（一）偏离了"阶级意志论"的理论主旨

虽然法具有多重面相,但马克思主义经典作家通常着重从特定的社会经济事实角度出发理解和把握法的核心内涵,认为法不仅仅是一种抽象的社会规范,更体现了掌握国家权力的统治阶级的整体意志和根本利益。① 而伦纳最初的法概念就只愿意承认法具有由国家代表的共同意志属性,却对这种"共同意志"背后更深层的实质内容采取"存而不论"、搁置淡化的态度。后来,他又公开鼓吹:"社会的共同意志"成为新的统治者,已经替代了曾经依靠铁腕得势的"十足的资本家",即早期工业社会统治阶级的一部分。他据此主张法律正逐渐变得客观,遵循的是社会整体规范要求而非统治阶级要求。基于这样的思想语境,伦纳认为,革命(至少是欧洲革命)正在消退。为人民意志服务的理性化和客观化管理使它不再成为必要。② 因此,不同于秉持"阶级意志论"立场、倡导"法律消亡论"方案的正统马克思主义法学,伦纳在"共同意志论"的名义下,更倾向于倡导保留法律形式,同时改造法律现实功能的"法律进化论"方案。

（二）消解了社会结构范式的框架基础

前文已经提及,伦纳力图将马克思的社会结构理论精确化、实证化,进而有效运用到法律分析过程中,这确实是一种创见。但是,伦纳在促成法律社会学创新的同时,却又走向极端,在批判经济决定论的同时,滑向了多元论的立场,不仅限缩了两者之间的有机联系,更动摇了"经济基础—上层建筑"图示的立论基础。③ 在此基础上,伦纳更日益背

---

① 参见丹尼斯·帕特森编:《布莱克维尔法哲学和法律理论指南》,汪庆华、魏双娟译,上海人民出版社2013年版,第359页。
② J. Drew, "Karl Renner on Stability, Change, and Service in Entire Legal Systems", Comparative Civilizations Review, Vol. 70, No. 70, 90-105(2014).
③ 伦纳甚至公开宣称,在实证法律分析领域,"因与果的概念一般没什么用;这里主要讨论动机、手段与目的,而妥适的解说方法是目的论的,而非因果论"。参见卡尔·伦纳:《私法的制度及其社会功能》,王家国译,法律出版社2013年版,第53页。 （转下页）

离马克思主义的常态分析框架,认为欧洲自资产阶级革命以来的社会阶级结构发生很大变化,比马克思预见的更复杂:"欧洲后封建世界的新社会结构'与享有所有权并发挥社会功能的资本家相伴,而其他人只拥有所有权不履行控制权职能……此外,它还造就了一个行使资本主义职能的非资本家阶层,这些人因此虽然不拥有所有权,却像资本家一样履行控制权职能'。"①从这种思想认识出发,他事实上拒绝了"生产关系—阶级关系—法律关系"的正统模式,转而采取了近似于"财产关系—阶层关系—法律关系"的全新模式,表现出思想上的嬗变。

(三)走向了"合法革命"的实践迷途

由于以奥地利马克思主义的"第三条道路"主张为其实践指引,伦纳的理论言说还带有鲜明的法律改良主义印记。他和奥托·鲍威尔、麦克斯·阿德勒等人一起,在列宁主义语境之外,充分发展出一套对国家理论进行系统化和区分的独特方法。② 在他眼中,国家和资本主义经济一样,正在经历日益社会化的过程,可以在不予打碎的前提下成长为一个"民主的经济国家"。③ 这样的国家不是阶级压迫的机关,而是一种"维护秩序和进行调解的权力"。基于这一认识,他认为维持一个强大的国家和法律体系可以为工人阶级提供必要的服务,通过公法和私法上各项辅助制度和补充制度,能够在保障工人阶级获得政治权力的

(接上页)伦纳的上述观点明显受到麦克斯·阿德勒哲学思想的潜在影响。阿德勒否认历史唯物主义的"唯物主义"属性,将它视为一种"经验性的、经济性的社会科学"(erfahrungsgemäß ökonomische Gesellschaftswissenschaft),更指责哲学唯物主义的分析范式削弱乃至遮蔽了马克思主义的积极能动作用,导致了满足于坐等"社会主义最终胜利"和依赖马克思主义理论"客观因果规律性"的庸俗宿命论倾向,主张必须更多强调社会主义运动中的主观因素。参见 A. Fisahn, T. Scholle, R. Ciftci (Hrsg.), *Marxismus als Sozialwissenschaft. Rechts-und Staatsverständnisse im Austromarxismus*, Nomos Verlagsgesellschaft, 2018, 131。与之相对应,伦纳实际上搁置乃至消解了共产主义是被因果律决定的必然发展结果的正统马克思主义信条。

① J. Drew, "Karl Renner on Stability, Change, and Service in Entire Legal Systems", *Comparative Civilizations Review*, Vol. 70, No. 70, 90-105(2014).
② 参见 A. Fisahn, T. Scholle, R. Ciftci (Hrsg.), *Marxismus als Sozialwissenschaft. Rechts-und Staatsverständnisse im Austromarxismus*, Nomos Verlagsgesellschaft, 2018, 14。
③ 参见普雷德拉格·弗兰尼茨基:《马克思主义史》(第 1 卷),胡文建等译,黑龙江大学出版社 2015 年版,第 398—399 页。

同时实现国家权力的解放,最终在国家内部工人阶级和中产阶级之间达成一种地位平等的理想状态,构建起一个能够公正代表全社会利益、有效履行法律社会职能的"超阶级"国家。他据此主张应优先通过合法议会活动实现无产阶级对国家的政治领导,希望以法制改革的方式消除资本对国家的影响,和平迈向社会主义。[1]

伦纳的上述主张和马克思"革命不是靠法律来实行的"[2]的理念存在明显差异,并且在实践中日益趋近伯恩施坦所谓社会主义纲领必须服从民主程序的观点,[3]诱发相应争议。学者丽莎·怀特豪斯就指出,即便法律制度的内容可能是中立的,这并不意味着法律制度不会成为阶级压迫的根源,因为法律制度如果在存在严重不平等的世界中应用,将不会产生规范上中立的法律秩序。[4] 著名的社会主义法的研究专家克里斯蒂·希普诺维奇也强调,伦纳认为法律是一种可以和私有财产关系相分离,可为任何社会所支配的中立工具的观点,忽视了资本主义法律形式的潜在局限,未能认识到法律关系内嵌于市场关系之中,法律的特定形式正是资本主义政治和经济力量的反映的实质。有鉴于此,社会主义社会应当基于全新的社会主义经济力量对旧法形式予以合理改造而非以伦纳偏好的完整保留方式,来实现对资本主义法律制度的矫正;[5]而列宁在《国家与革命》一书中,更率先完成对一战前考茨基和伦纳这种赞成社会主义革命,同时却又想保留国家政治法律机器的中派主义观点的系统清算,充分揭露并批判了这一"疲劳战略"的消极历史实践后果。

当然,在我们对伦纳的法律改良主义思想予以系统批判的同时,也

---

[1] 参见孟飞、姚顺良:《奥地利马克思主义者对革命的改良主义解释及其历史教训——纪念十月革命胜利100周年》,载《安徽大学学报(哲学社会科学版)》2017年第5期。
[2] 《马克思恩格斯全集》(第44卷),人民出版社2001年版,第860页。
[3] 奥波德·拉贝兹编:《修正主义:马克思主义思想史论丛》,商务印书馆1963年版,第257页。
[4] 参见 L. Whitehouse, "Making the Case for Socio-legal Research in Land Law: Renner and the Law of Mortgage", *Journal of Law & Society*, Vol. 37, No. 4, 545-568(2010).
[5] 参见 C. Sypnowich, *The Concept of Socialist Law*, Clarendon Press Publication, 1990, 36-37.

必须正视他的相关主张包含的某些有益实践影响：无论是奥地利合作运动的开展，还是奥地利 1920 年《宪法》和 1945 年《独立宣言》的出台，抑或奥地利宪法法院的创设，我们都能从中看到伦纳的活跃身影；他不仅基于法学思想的力量推动形成了奥地利第一共和国时期的法律基本框架，更充分发挥了他在奥地利社会民主党党内的重要"标杆"作用，积极推动相当进步的民主改革和社会立法，参与缔造了因普选制、女性参政权、妇女解放、婚姻改革、工会合法化、每日 8 小时工作法案、法定假期、房租限涨、教育改革等一系列社会福利政策而为人津津乐道的"红色维也纳"实践，使得奥地利社会民主党凭借优秀的施政业绩和极高的民意支持度，一度成为当时欧洲社会民主主义运动的楷模，产生一定的积极作用。这一"二律背反"现象恰恰印证了恩格斯当年考察李嘉图派社会主义者时的一个深刻洞见："从经济学来看形式上是错误的东西，从世界历史来看却可能是正确的。"①

四、伦纳马克思主义法哲学思想的现实启示

虽然存在诸多局限与争议，伦纳的马克思主义法哲学却依然引发了人们的高度关注，特别是在当前世界"百年未有大变局"的历史转折点上被人们再次想起，显现出以下重要的现实启迪。

（一）把握新工业革命时代的社会发展脉搏

正如习近平总书记指出的那样："马克思的思想理论源于那个时代又超越了那个时代，既是那个时代精神的精华又是整个人类精神的精华。"②在 19 世纪 40—60 年代，正是在充分把握世界第一次工业革命蓬勃发展的时代脉搏、系统总结自由资本主义阶段人类社会发展经验的基础上，马克思主义创始人方才完成了人类思想史上的伟大变革，做出

---

① 《马克思恩格斯全集》（第 28 卷），人民出版社 2018 年版，第 215 页。
② 中共中央党史和文献研究院编：《十九大以来重要文献选编》（上），中央文献出版社 2019 年版，第 423 页。

了天才的前瞻性预测。

与之相呼应,伦纳正是在时隔整整一个甲子的 20 世纪头二十年,在充分把握世界第二次工业革命时代的全新发展动态基础上,结合垄断资本主义时代社会经济发展特点,将财产创造性地诠释为一种"支配和控制制度"。通过社会功能层面的法律发展经验研究,在一定程度上洞悉了西方现代工业民主结构逐步生成的时代脉搏,更在法律下层基础悄然变迁的背景下,思考立法参与协商、推动政治法律制度有序发展变迁的潜在可能性,由此在对法律规范、技术发展和社会结构有机活动关系的深刻剖析中,为后人提供了一种社会化的、认知性的法律解释方法。① 由此不仅推进了马克思主义法哲学领域的相关理论研究,更在一定程度上成为那个全新时代的思想反映。

正因为如此,列宁在猛烈批判他的改良主义政治立场的同时,却对他在社会化大生产背景下提出的"法律继承性"问题颇为留意敏感,最终与意图"全盘抛弃法律形式"的法律虚无主义观点断然切割,明确承认"某些社会规则在一个共产主义社会中将保留下来",② 由此开启了苏俄社会主义法制建设的历史实践。也正是在批判性地借鉴伦纳"法律的社会功能理论"基础上,苏联法学家帕舒卡尼斯提出了著名的"法律的商品交换理论",进一步实现了马克思主义法哲学的重要突破,从一个侧面折射出伦纳敏锐的问题意识,也在一定程度上回应了恩格斯的重要论断,即马克思主义亦是"一种历史的产物,它在不同的时代具有完全不同的形式,同时具有完全不同的内容"。③

当前,兴起于世界第三次工业革命时期的中国特色社会主义建设事业正在逐步推进,并已取得举世瞩目的"中国经验"。但在第四次工业革命的有力助推下,我国已开始逐步进入到新发展阶段,"新技术、新

---

① 参见斯特凡·拉尔森:《卡尔·伦纳与(知识性)财产——认知理论如何丰富当代版权的法律社会学分析》,刘熊擎天译,载李其瑞主编:《马克思主义与法律学刊》总第 2 卷,知识产权出版社 2019 年版,第 160—192 页。
② 参见休·柯林斯:《马克思主义与法律》,邱昭继译,法律出版社 2012 年版,第 108 页。
③ 《马克思恩格斯全集》(第 26 卷),人民出版社 2014 年版,第 499 页。亦可参见习近平:《习近平谈治国理政》(第 3 卷),外文出版社 2020 年版,第 75—76 页。

产业、新业态和人们新的工作方式、交往方式、生活方式不断涌现"①,使得人民群众的美好生活需要日益广泛,对民主、法治、公平、正义、安全、环境等方面的要求更是日益增长,②并以新型权利的形式不断呈现出来,构成一种现实的倒逼压力。这要求我们在习近平法治思想的指引下,从新一轮工业革命的现实情况出发,为我国社会经济发展提供有效的法治保障,以便适应社会主要矛盾转化的历史变局。

在上述复杂形势之下,伦纳当年从具体时代特点出发、着力发挥法律改革功效、服务社会经济实践的问题意识和议题设置并未过时,值得进一步深入研究和参考。特别是他对法律支配和控制的功能性理解、对"不变规范的功能转变"趋势洞察,依然具有现实的解释力。有助于我们顺应数字经济发展大势,秉持"守正创新"的原则、依托日趋完备的法治体系,进一步强化对知识产权等新型权利的有效保障和合理规制,在维护法律权威的同时,以"润物细无声"的方式回应巨大的社会变革需求,依法实现对新型社会关系的有机调节,持续提升数字化治理实效,为新发展格局的构建、高质量发展引擎的锻造,提供强大的制度保障。③

(二) 推动社会主义"实证科学"的有效建构

马克思和恩格斯在《德意志意识形态》中就明确指出:"经验的观察在任何情况下都应当根据经验来揭示社会结构和政治结构同生产的联系,而不应当带有任何神秘和思辨的色彩。"④"在思辨终止的地方,在现实生活面前,正是描述人们实践活动和实际发展过程的真正的实证科学开始的地方。关于意识的空话将终止,它们一定会被真正的知识

---

① 参见习近平:《论坚持全面依法治国》,中央文献出版社,2020年版,第281页。
② 参见习近平:《习近平谈治国理政》(第3卷),外文出版社2020年版,第9页。
③ 可参见斯特凡·拉尔森:《卡尔·伦纳与(知识性)财产——认知理论如何丰富当代版权的法律社会学分析》,刘熊擎天译,载李其瑞主编:《马克思主义与法律学刊》总第2卷,知识产权出版社2019年版,第160—192页。
④ 《马克思恩格斯选集》(第1卷),人民出版社2012年版,第151页。

所代替。"①以赛亚·伯林为此专门强调："与同时代的大多数民主主义理论家不同,马克思相信价值不能脱离于事实加以考量,而必须依赖于看待事实的方式。"②"马克思理论的主要成就,就是用人们熟悉的经验性的词汇,为当时那些最困扰人们的理论问题提供了清晰的、统一的答案,并且从中推导得出明确实际的方针,而没有在二者之间创造一些明显是人为的联系。"③相较于西欧当时既有的各类社会理论,这一学说"建立在观察与经验的基础之上"④,体现出"对简单基础原则与综合性、现实性和细致性的结合"⑤优势,"它所假设的环境实际上符合它目标公众的个人第一手经验;它的分析,在用最简单的方式加以阐述时,显得既新颖又深刻"⑥,凸显出强大的理论生命力,"使之在后来的几十年中击败敌手,屹立不倒"⑦。

通过伦纳的不懈努力,马克思主义创始人的"实证科学"建构理想在一定程度上得到继承与弘扬。他和奥地利马克思主义同仁们都坚信:马克思主义是马克思和恩格斯社会分析的发展,他不想从事"伟大导师"的简单文本注释,而是不断地在论辩中,与马克思和恩格斯一起进一步思考,处理并吸纳其他所有当代知识的方法。⑧ 他们想系统地记录和研究马克思和恩格斯的教义,从其创造者的整个思想背景中有意识地重新提取其全部内容,最后通过不断地将其成果与所处时代的其他所有哲学和科学工作联系起来并加以整合,来进一步开展其教育。⑨ 总之,

---

① 《马克思恩格斯选集》(第1卷),人民出版社2012年版,第153页。
② 以赛亚·伯林:《卡尔·马克思:生平与环境》,李寅译,译林出版社2018年版,第7页。
③ 以赛亚·伯林:《卡尔·马克思:生平与环境》,李寅译,译林出版社2018年版,第18页。
④ 以赛亚·伯林:《卡尔·马克思:生平与环境》,李寅译,译林出版社2018年版,第22页。
⑤ 以赛亚·伯林:《卡尔·马克思:生平与环境》,李寅译,译林出版社2018年版,第17页。
⑥ 以赛亚·伯林:《卡尔·马克思:生平与环境》,李寅译,译林出版社2018年版,第17页。
⑦ 以赛亚·伯林:《卡尔·马克思:生平与环境》,李寅译,译林出版社2018年版,第18页。
⑧ 这一理解源自1904年刊发《法律制度的社会功能》的《马克思研究》第1卷导言。参见 A. Fisahn, T. Scholle, R. Ciftci (Hrsg.), *Marxismus als Sozialwissenschaft. Rechts-und Staatsverständnisse im Austromarxismus*, Nomos Verlagsgesellschaft, 2018, 10。
⑨ 亦参见《马克思研究》第1卷导言。参见 A. Fisahn, T. Scholle, R. Ciftci (Hrsg.), *Marxismus als Sozialwissenschaft. Rechts-und Staatsverständnisse im Austromarxismus*, Nomos Verlagsgesellschaft, 2018, 9。

马克思主义被理解为一种"批判的社会科学观念"①、一门经验性的社会科学。②

基于这种认识,伦纳在法学研究之中,以大量实证性的历史材料证明,对社会经济领域的巨大转型来说,法律形式甚至是最重要的条件。他还从经验事实出发,在对现代所有制发展的分析过程中敏锐指出:在市民社会中,法律的组织原则与社会的、经济的组织原则区分开来。这样,原来纯粹的事实支配就转变为首先是个体然后是组织对人的统治。③ 由此他在传统"民事权利"理论之外,遵循现代社会学立场方法,进一步澄清了私有财产的"功能性内容"乃至"内在本质"。

不仅如此,伦纳还通过他的法哲学研究,使得西方社会主义理论得以现代化、实证化和合法化,系统阐明了以经济民主增进政治民主的法律改制构想,在一定程度上与西方现代社会自修复、自控制、自调节机制建构④的发展趋势相契合。正如著名政治学家达伦多夫评价的那样,伦纳的这种思路"产生了神奇的效果……如所有权和控制权的分离,公民权和平等权的拓展,阶级冲突的制度化,以及'新'中产阶级的诞生"⑤。它带来了"社会保险、集体谈判、为公众利益征用的权力和对私人财产使用权更少的限制和阻碍,表明了早期马克思主义者设想的立

---

① A. Fisahn, T. Scholle, R. Ciftci (Hrsg.), *Marxismus als Sozialwissenschaft. Rechts-und Staatsverständnisse im Austromarxismus*, Nomos Verlagsgesellschaft, 2018, 10.
② 需要指出的是,伦纳等奥地利马克思主义者这种对马克思主义的理解受到第二国际时代思潮的鲜明影响,特别是和考茨基的看法较为接近。后者也将马克思主义视为一门较为纯粹的"经验科学"、一种"特殊的社会观",赞同采取"哲学上的新康德主义+马克思的历史学说与经济学说"的理论发展进路(参见王东:《马克思学新奠基:马克思哲学新解读的方法论导言》,北京大学 2006 年版,第 33—34 页)。从这个角度看,托洛茨基将奥地利马克思主义学派纳入"考茨基学派"范畴的做法确有一定道理。
③ 参见 A. 苏尔纳:《F. L. 诺伊曼是谁?(上)——作为知识分子和政治学者的诺伊曼肖像》,王凤才、王智丽编译,载《学习与探索》2017 年第 4 期。
④ 张光明:《布尔什维克主义与社会民主主义的历史分野》,中央编译出版社 1999 年版,第 186 页。
⑤ 参见 R. Dahrendorf, *Class and Class Conflict in Industrial Society*, Stanford University Press, 1959, 95。

场的重要进步"①。他由此最终为社会主义者乃至左翼民主派找到了一系列有效的全新解决方案。截至今日,欧洲等地社会民主派的法律观很大程度上应当归功于伦纳推动重述的社会主义思想。②

正是在这个意义上,著名的奥地利马克思主义研究专家马克·布鲁姆极富洞见地指出:鉴于彼此之间鲜明的思想立场差异,"第一眼看上去很奇怪,伦纳会选择以马克思的观点为框架"推进自身的理论建构,"但是当我们检验他的奥地利马克思主义作品时,我们将发现马克思在伦纳的世界中也会被证明同样灵活,毕竟,马克思也是一个德意志人而且也是相同'教化'(Bildung)的产物"。③

上述史实启发我们,应当像伦纳当年那样,秉持科学理性的精神、充分发挥经验实证的"社会观察"作用,打破在传统生产方式和思维惯性制约影响下对"概念的路径依赖"。④ 由此在认知祛魅的基础上持续提升法律治理的理性化和客观化程度、持续探索法治建构的创新路径。

(三) 拓展马克思主义民族化道路的独立探索

马克思曾经指出:"理论在一个国家实现的程度,总是取决于理论满足这个国家的需要的程度。"⑤伦纳从事相关研究的 20 世纪初,正是世界社会主义运动在第二次工业革命和世界市场推动下,从狭小的西欧一隅开始向全球扩展的历史转折时刻,同时也使得整个运动不可避

---

① 参见 W. 弗里德曼:《现代英国法中财产的功能——评卡尔·伦纳〈私法的制度及其社会功能〉》,丁笑笑译,载李其瑞主编:《马克思主义与法律学刊》总第 1 卷,中国民主法制出版社 2017 年版,第 32—50 页。
② J. Drew, "Karl Renner on Stability, Change, and Service in Entire Legal Systems", Comparative Civilizations Review, Vol. 70, No. 70, 90-105(2014).
③ 参见 M. E. Blum, The Austro-Marxists, 1890-1918: A Psychobiographical Study, Lexington, The University Press of Kentucky, 1985, 49。
④ 参见斯特凡·拉尔森:《卡尔·伦纳与(知识性)财产——认知理论如何丰富当代版权的法律社会学分析》,刘熊擎天译,载李其瑞主编:《马克思主义与法律学刊》总第 2 卷,知识产权出版社 2019 年版,第 160—192 页。
⑤ 《马克思恩格斯选集》(第 1 卷),人民出版社 2012 年版,第 11 页。

免地开始走上了多样化的发展道路,出现了东西方社会主义的最初分野。① 由此对各国社会主义者都提出结合本国具体国情实际、推动马克思主义民族化道路探索的现实要求。

而伦纳的相关言说,较早反映了当时西方社会主义者从当时西方社会生产力发展较为迅猛、工人阶级状况相对改善、公民基本权利获得初步保障等有利客观条件与工人阶级革命意识相对淡化等不利主观条件并存的具体国情出发,意图在资本主义中心地区推进"合法斗争、和平过渡"的具体变革构想,即在不触动资本主义社会制度和国家制度的前提下推进社会革命,意图通过以体制内的法律改革活动,持续增加其中的社会主义因素,以便实现社会制度的有序进化。特别需要指出的是,伦纳这些超前的创新思考还与当时奥地利社会民主党开始逐步走向合法执政,着手调和奥匈帝国空前复杂棘手的社会矛盾关系和民族冲突问题,试图将这个当时已经摇摇欲坠、腐朽不堪的"中欧病夫"和"民族监狱"和平改造为有机和谐的现代"多瑙河联邦",避免"牵一发而动全身"的国家解体风险的特殊国情现实紧密相关。虽然这条实践构想并未真正成功,但是如前所述,从历史"长时段"来看,这一构想在一定程度上顺应了西方的生产社会化进程,反映了底层劳动者的现实利益诉求,在客观上为未来社会主义的彻底改造创造了必要的物质前提,具有一定的实践参考、参照和启发意义。②

伦纳的上述探索思考,刚好与列宁、帕舒卡尼斯等列宁主义者的实践构想相映成趣。后者则从当时东方社会生产力发展相对滞后、工人阶级状况依然悲惨、公民基本权利保障付之阙如、社会主义运动长期处于地下状态等不利客观条件与工人阶级革命意识普遍高涨等有利主观条件并存的具体国情出发,在资本主义"外围"和"边缘"地区依靠革命

---

① 参见张光明:《布尔什维克主义与社会民主主义的历史分野》,中央编译出版社1999年版,第186页。
② 参见张光明:《布尔什维克主义与社会民主主义的历史分野》,中央编译出版社1999年版,第188页。

政党与工人阶级及其他劳动群众相结合,①创造性地开辟了"暴力革命、武装夺权"的全新社会革命路径,持续推进全新法律革命,并在捍卫社会主义社会制度和国家制度的前提下,合理吸收借鉴包括法治价值在内的资本主义一切有益文明成果。这一在"新经济政策"时期初步成型的思路后来又在新中国得到进一步的发扬光大,特别是在改革开放新时期逐步形成"自上而下、自下而上双向互动"②的法治发展道路,创造了举世瞩目的"中国经验",由此从本国国情出发,为世界社会主义运动带来新活力。

当前,为适应新时代的发展要求、顺应中国式现代化持续深入推进的发展大势,确保中国特色社会主义制度行稳致远、再创辉煌,我们仍然需要在以我为主的前提之下,合理吸收域外经验,不断谱写马克思主义中国化时代化新篇章。而伦纳的马克思主义法哲学思想正是我们可以适当借鉴的重要内容:它结合西方经验,充分把握了法治框架下的组织化这一现代社会的特征,有效阐释了现代社会中法律规制的运用方式、发展趋势及其合理限度。通过对其相关思想的合理汲取,有助于进一步构建良法善治,推进合法的社会经济规制,维系社会关系的运作,适应社会变迁的要求,依法推动社会经济组织的重构再造,为向"自由王国"的飞跃奠定更加坚实的制度基础。

因此,我们应以平视的态度、公允的立场,在参考借鉴中不断汲取马克思主义法学理论创新和社会主义法治实践创新的磅礴力量,紧扣"法律与社会关系以及二者与现代问题的关联"这一马克思主义法律思想的重要理论题域,③有效对接"法律和法律制度的价值定位问题"这一法治中国建设进程中的核心问题,④充分发挥法治保障民生、增进人

---

① 参见张光明:《布尔什维克主义与社会民主主义的历史分野》,中央编译出版社1999年版,第189页。
② 习近平:《论坚持全面依法治国》,中央文献出版社2020年版,第136页。
③ 参见付子堂等:《马克思主义法学理论的中国实践与发展研究》,中国人民大学出版社2020年版,第98页。
④ 参见付子堂等:《马克思主义法学理论的中国实践与发展研究》,中国人民大学出版社2020年版,"序言"第4页。

民幸福生活的社会功能,将制度优势持续转化为治理效能,努力打造社会主义法律形式和社会功能"镶嵌互构"的有机形态,不断趋近水乳交融、相得益彰的理想境界。由此有效贯彻邓小平不丢老祖宗,又要讲新话的具体要求,以"法安天下"的制度实践,真正做到不负时代、超越先人。

权利话语与社会结构
——马克思《论犹太人问题》探析

高宇洁[*]

摘要：19世纪40年代的德国，爆发了以犹太人权利问题为核心的大论战。在《论犹太人问题》中，马克思批判青年黑格尔派主将鲍威尔，一方面聚焦立法旨意更恢宏高远的法国《人权宣言》，批判了市民权利对公民权利的战胜、市民对公民的奴役；另一方面超越权利批判，纵深发掘了政治革命塑造的、畸形的资产阶级权利话语背后的"市民社会-政治国家"二元社会结构的弊病及其根源。马克思寄希望于无产阶级领导的社会革命，希望扬弃私有制，重构一个实现人的类本质的整体社会。

关键词：马克思　权利　现代社会结构　犹太精神　政治革命

引　言

马克思在《论犹太人问题》中所表达的权利理论，是我们掌握其历史唯物主义的法律思想无法绕开的重要起点。关于这篇文章，学界除了"对象选择方法"的方法论研究，[①]在内容研究上主要可划分为如下

---

[*] 作者简介：高宇洁，南京师范大学法律硕士。
[①] 参见姚远：《探究马克思的权利研究方法——以〈论犹太人问题〉中的对象选择问题为中心》，载《马克思主义与现实》2023年第2期。

几类：(1)马克思该时段权利思想的演变逻辑以及在其一生权利思想中所处的位置；①(2)结合《莱茵报》《巴黎手稿》《德意志意识形态》《哥达纲领批判》等相关文本多元分析马克思权利思想的内涵，包括权利与法价值的联系、从人的异化到解放下的权利、权利主体的研究、权利与义务的关系、权利观与生产力观和正义观的关系、法权批判与政治经济学批判的关系、权利消亡论等；②(3)马克思权利思想的当代价值。③

第一种分段式的研究，往往把马克思在《德法年鉴》时期的权利思想置于比其在《德意志意识形态》时期成熟的权利思想更轻的位置，这可能忽视马克思早期思想经历对晚期创立历史唯物主义的权利思想的奠基作用；而且分阶段整理往往突出强调单一方面的特色，但马克思各阶段的思想都可能是不同方面的融合，故单独强调某一方面可能厚此薄彼。第二种流行叙事往往倚重政治哲学或经济学研究，对马克思该阶段权利思想的法社会学视域所谈有限。第三种侧重结合我国国情分析马克思权利研究范式的中国化，但对马克思权利理论出现的历史和社会背景缺乏调查，理解得不够全面。由此看来，有关马克思《论犹太

---

① 如张丽君、公丕祥、徐俊忠等学者分阶段研究了马克思的权利思想。参见张丽君：《马克思的权利思想》，载《政治学研究》2005 年第 4 期；公丕祥：《权利现象的逻辑》，山东人民出版社 2002 年版；徐俊忠：《马克思视野中的人权》，载《哲学研究》1996 年第 10 期。

② 从政治哲学视域研究马克思权利思想的学者主要有李艳、刘同舫、李超群、鲍宗豪、章忱、余禾、乔治·布伦克尔特（George G. Brenkert）、路易斯·库特纳（Luis Kutner）等。参见李艳、刘同舫：《〈莱茵报〉时期马克思对古典自由主义的批判》，载《哲学动态》2022 年第 8 期；李超群：《马克思人权思想研究——以从人的异化到人的解放为线索》，西南政法大学 2015 年博士学位论文；鲍宗豪：《人类权利思想的伟大革命变革——论马克思的权利理论》，载《学术月刊》1992 年第 12 期；章忱、余禾：《论马克思主义的权利义务观》，载《法律科学》1991 年第 6 期；G. G. Brenkert, "Marx and Human Rights", *Journal of the History of Philosophy*, Vol. 24, No. 1, 55-77(1986); L. Kutner, The Human Rights of Karl Marx, *North Dakota Law Review*, Vol. 55, 39-60(1979)。从经济学视域研究马克思权利思想的学者主要有欧阳英、高广旭、王锐生、鲁特·列维塔斯（Ruth Levitas）等。参见欧阳英：《马克思的权利观、正义观与生产力观》，载《哲学研究》2019 年第 8 期；高广旭：《财产权批判与正义——马克思对黑格尔正义观的批判与超越》，载《哲学研究》2019 年第 9 期；王锐生：《马克思人权观的几个疑难问题》，载《哲学动态》1992 年第 2 期；R. Levitas, "Beyond Bourgeois Right: Freedom, Equality and Utopia in Marx and Morris", *The European Legacy*, Vol. 9, No. 5, 605-618(2004)。

③ 参见侯建：《人的解放与中国特色社会主义的人权价值》，载《社会主义研究》2021 年第 3 期；李超群：《经典解释与人权正当性的中国证成——以对马克思〈论犹太人问题〉的解读为例》，载《云南社会科学》2015 年第 1 期。

人问题》所展现的权利社会学研究依然有忠于原本、忠于历史深化讨论的必要。本文鉴于马克思将法权奠基于法权之外力量的批判计划,将着重从权利话语与社会结构之间的紧密联系为切入点,结合马克思的研究方法与问题意识,力求推进相关理论的进一步发展。通过细致考察马克思在克罗茨纳赫的历史研究,相信能够还原当时摆在他面前的西欧封建社会向现代社会转型的历史,探究法国大革命如何将世界从混沌一体变成互相对抗的市民社会与政治国家的二元结构,并造成"人的权利"(即市民权利)与"公民权利"、市民与公民深刻分裂的现代性危机,力求对症下药,为共产主义回归整体社会,并还原本真的人的资格指明方向。

二、犹太人解放事业的重新问题化
——《论犹太人问题》的出场背景

在历史上,犹太民族的解放事业总是一波三折,因此"犹太人问题"逐渐成为象征人的解放的典型实例。17世纪以来,受基督教排斥的犹太人成为被禁锢于"隔都"的底层人民,权利处处受限:不得拥有不动产;不得担任公职;禁止开设店铺从事商业贸易并需缴纳各种苛捐杂税等。[1] 在德国,靠近法国的莱茵省和威斯特伐利亚等地区受启蒙运动和大革命的影响,犹太人处境相对较好;其他地区的犹太人虽然凭借智慧和勤劳壮大了经济力量,但没有平等的政治权利。1841年冬,德国国王弗里德里希四世颁布的一道"区别对待"犹太人和基督徒的《内阁敕令》,直接引爆了德国知识界关于犹太人问题的大论战。无论是以《科隆日报》主编海尔梅斯为代表的"拥护派",还是以《犹太教总汇报》主编菲利普逊和在《莱茵报》上撰稿为犹太人辩护的进步人士为代表的"反对派",多止步于斥责基督教国家的表面不公,除了寄希望于道德提

---

[1] 参见塞西尔·罗斯:《犹太人与世界文明》,艾仁贵译,商务印书馆2021年版;塞西尔·罗斯:《简明犹太民族史》,黄福武、王丽丽等译,山东大学出版社2014年版。

升或理性光辉,并未提供解决僵局的实际方案。

与前述两派划清界限的"批判派"代表布鲁诺·鲍威尔,在两篇著作中痛陈他们的隔靴搔痒,虽然提升了犹太人问题的讨论层次,但其落脚点是唯灵论的宗教批判——这可被视为宗教批判范围内的极限。[①] 在他看来,法权、宗教和历史等一切自我意识的产物,都是与自我意识相对立的"非我"存在,所以唯有扬弃它们才能实现真正的自我意识。而自我意识之异化的最高级形式就是宗教的异化。也因此,只有攻击、消灭市民压迫和政治压迫的宗教前提,方可实现人的自由。[②] 这何尝不是一种"头足倒置"的做法(即一种黑格尔主义的延续)呢?他既已认识到犹太人的狭隘民族性与市民社会利己主义的嫁接,但仍将宗教排他性视作市民排他性的前提,他并未对市民社会做出批判,反而仍然保持在宗教批判的狭隘框架内。从政教分离和信教徒放弃宗教信仰的提倡来看,鲍威尔是从人内在的意识而非现实的人与人之间的关系出发探讨一切问题。他不可能真正把握现代人的解放与人权的实现问题,所以他所以为的"能够将人结合起来的现代人权"完全不符合现实。可以说鲍威尔是个十足的"理论政治派",[③]他"坚持拘泥于远离尘世的纯批判王国",结果"'自由的正义的事业'就成了'鲍威尔本人的事业'了"。[④]

马克思在《论犹太人问题》中有破有立,戳破鲍威尔的神学主张后,提出犹太人问题的实质是一个以社会现实为基础的世俗问题。而这种新的提法本身就指向另一种对问题的不同处理方式。通过分国别考察犹太人问题在美、法、德三国的不同性质和表现,特别是对北美的立宪文件和政治社会状况的关注,马克思深刻认识到:犹太人问题这个世俗问题在政治解放已完成的地方,只能通过市民社会批判的方式去解决。

[①] 参见布鲁诺·鲍威尔:《犹太人问题》,载聂锦芳、李彬彬:《马克思思想发展历程中的"犹太人问题"》,中国人民大学出版社2017年版。
[②] 参见王晨:《对鲍威尔"自我意识"异化思想的探析》,载《哲学研究》2020年第10期。
[③] 参见《马克思恩格斯文集》(第1卷),人民出版社2009年版,第10页。
[④] 兹维·罗森:《布鲁诺·鲍威尔和卡尔·马克思——鲍威尔对马克思思想的影响》,王谨等译,中国人民大学出版社1984年版,第280页。

在北美这个政治解放完成彻底的、有发达政治国家和市民社会的地方，一切事物能够呈现出纯粹真实的面目：宗教被下放到市民社会中依旧得到民众的信仰，而社会成为国家、权利和宗教的前提。市民依旧受世俗社会中利己主义精神的束缚。日益盛行的逐利风气拉大阶级差距、有产阶级的特权压迫无产者的无权……①如他所言，"摆脱了宗教的政治解放让宗教持续存在，虽然不是享有特权的宗教。任何一种特殊宗教的信徒同自己的公民身份的矛盾，只是政治国家和市民社会之间的普遍世俗矛盾的一部分"②。与宗教异化类似的政治异化摆在现代人的面前：政治解放使得个体变成政治国家的公民，但政治解放毕竟不等于人的解放，人通过国家这个中介得到的解放是间接的、不完全的。要想实现普遍的人的解放，一场革新物质生产内容的社会革命不可避免。

三、马克思论"人的权利"和"公民权利"的二分

既然马克思从北美立宪文件和民主社会的关系中，察觉到现代政治革命所塑造的严重不平等、不公正的权利和生存秩序，那么为民立言的他必要针砭时弊，揭示资产阶级立法和社会的欺骗性，以唤醒那些受压迫的非市民阶级。放眼世界的转场时刻，马克思将法权批判的靶子从北美自由州的宪法文件，转移到了立意更加高远、语言更加慷慨激昂、内容更能作为反映现代二元社会结构分裂特征的法律意识形态文件——法国《人权宣言》。

在马克思看来，法国《人权宣言》所涉及的两种权利主体之间的不平衡造成现代人的身份分裂——"人"（homme）成为"公民"（citoyen）的主宰。前者指市民社会中利己主义的"bourgeois"，即作为资产者的市民，是国家通过人权予以承认的人。③ 后者指人参加公共生活的政治身份。

---

① 参见 T. Hamilton, *Men and Manners in America*, Russell & Russell. INC, Vol. 1, 14, 44, 112, 172, 197, 294, 295, 298(1968)。
② 《马克思恩格斯文集》（第1卷），人民出版社2009年版，第37页。
③ 参见《马克思恩格斯文集》（第1卷），人民出版社2009年版，第45页。

按照时人的愿望,只有抽象的 citoyen 才能被承认为真正的人,而现代市民社会中利己的 bourgeois 充其量只能被视作现实的人。但事与愿违,"充满非现实的普遍性"的政治生活能够实现人的类存在,却被当作违反通则的暂时例外。而市民社会中的尘世生活满足了市民的物质欲望,使市民沦为异己的物质力量的工具,却为其所钟爱。国家成为私人生活的附庸,政治生活真正成了实现市民社会物质生活目的的手段,公民作为丧失政治自由的消极臣民逐渐成为市民的奴仆。这与法国大革命后,平等因素鼓励下的个体的身份独立、资本主义工商业的发展,以及需求和交换的延伸分不开。一种腐蚀公德和其他一切美德之源泉的力量悄然而生,利己主义批量制造了沉浸于利益计算的庸俗市民,并引发不同市民之间的残酷战争。个体生活陷入过度私人化的境地,市场领域的自由竞争使得人与人之间的疏远和分离日益加深,而且这种利益纷争是无法自己走向调和的。

有纷争的地方就会产生相应的权利,与私人事务相关的"市民权利"和与公共事务相关的"公民权利",合起来是马克思视野中的资产阶级人权。但对于这两种狭义的权利,马克思给出了优先级不同的批判次序。遵循马克思的对象选择方法,既已充分揭示出高级对象的根本缺陷,那么低级对象的缺陷不言自明。他之所以着重批判市民权利,是因为公民权利的现实基础并不能从它本身来把握,而要到市民权利中去追寻。从历史和理论事实的角度看,当时法国中央集权下公民身份的消极状态,[1]以及《论犹太人问题》批判现代商业社会的理论目标,都深刻地影响了马克思的权利批判顺序。只要批判了市民权利,就对整个资产阶级法意识和政治意识做出了毫无保留的批判。

法国《人权宣言》规定的市民权利,由于承继并发扬了霍布斯、洛克和卢梭政治哲学中的个体本位论,遭到马克思的批判。借鉴西切尔(Betty A. Sichel)的说法,马克思认为宣言中的市民权利隐含着一套具

---

[1] 参见托克维尔:《旧制度与大革命》,冯棠译,商务印书馆2013年版,第75—83页。

有"属种结构"特征的权利阶层论。① "属"是指对其他权利有所限制的私有财产权,"种"包含自由、平等和安全。在马克思看来,"私有财产"表现为法律主体能够对不同形态的财产享有占有、使用、收益、处分的权利(即自由的实际应用),这明目张胆地维护了资产阶级私有制及其造成的人的异化。"自由"与私有财产紧密相关,但它维护了利己主义:一方面能够促进农奴摆脱封建束缚,为资本主义工业的发展添加劳动力;另一方面使人作为孤立的、封闭自我的特殊单子被困在圈内,加剧了资产者对无产者的自由的压榨。至于"平等",它充分体现了林·亨特所言的法国大革命的"人权逻辑",② 有利于打破封建社会森严的等级制,促进资本家和工人在平等基础上建立契约关系,但抽象的平等终究被现实中的阶级差异替代,每个人都被法律塑造为无差异的抽象人。最后,"安全"既符合近代自然权利论的自我保全,又如黑格尔市民社会中的公共权力——警察(Polizei,这个词绝不等于现在意义上的警察),这体现了"守夜人式"的国家角色,主要负责保护市民的人身权和私有财产权不受侵犯,俨然成为利己主义的保障。因此,规定了市民权利的《人权宣言》是一部当之无愧的市民社会保障法,资产阶级式的自由、平等、安全都是串在私有财产这条线上的锁链,将对现代人造成新的束缚。"这些所谓的'自然'权利事实上对人类来说根本就是不自然的。它们只是现代生产模式之诸多规则的关键性因素,完全适合于把每个个体纳入到资本主义机器中去。"③

四、作为资产阶级权利话语基础的社会结构二元论及其克服

马克思对法国《人权宣言》规定的市民权利的直接批判,并没有停

---

① 参见 B. A. Sichel, "Karl Marx and the Rights of Man", *Philosophy and Phenomenological Research*, Vol. 32, No. 3, 355(1972)。
② 参见林·亨特:《人权的发明——一部历史》,沈占春译,商务印书馆2011年版。
③ 朱振、刘小平、瞿郑龙等编译:《权利理论》,上海三联书店2020年版,第54页。

留在"纸质法"批判的层面,而是将权利批判升华为了社会批判。他试图立足现代政治革命催生的"市民社会-政治国家"二元社会结构,引入历史前提,将资产阶级法律和权利与其背后的社会力量联系起来,以此发掘这套权利话语体系在市民社会中的缺陷根源。这离不开1843年夏天他在克罗茨纳赫小镇对欧洲列国史的集中研究。梳理他对亨利希《法国史》、施米特《法国史》(其中引用了基佐、梯叶里的著作)、瓦克斯穆特《革命时代的法国史》、兰克《政治-历史杂志》、卢梭《社会契约论》、孟德斯鸠《论法的精神》等著作的摘录笔记和索引,①可以发现当时的马克思主要关注法国在从封建社会向现代社会过渡时的所有制、阶级和国家问题,这为他在后期对政治革命和社会革命的认识及以后的法社会学研究奠定了良好的史料基础。

(一) 资产阶级权利话语的生成条件:政治革命塑造的二元社会结构

1789年法国大革命之前旧的封建制下的市民社会与国家往往是混沌一体的,城市的发展和与封建特权相抵牾的第三等级力量的崛起,②在一定程度上预示了现代市民社会与国家的裂变。但是在封建土壤上开出来的城市之花自始带有封建烙印,终究会阻碍城市和经济的发展。因为在西欧封建社会,私有财产助长了特权的气焰。市民社会领域的物质因素怎样才能上升到政治生活中?领主权、行会或同业公会以及特定等级这些形式,夹在中间造成了个体与个体、个体与共同体之间的分离,封建君主制和贵族特权制等政治制度与市民相异化,而市民只是作为臣民被动地参与公共事务。所以政治事务成为统治者的特

---

① 参见王旭东、姜海波:《马克思〈克罗茨纳赫笔记〉研究读本》,中央编译出版社2016年版,第79—130页。
② 正如梯叶里所言:"准确地说,第三等级的历史是一部新社会的发展史。可以认为,这部历史有两大核心问题:罗马市政体制在日耳曼征服之后的延续;城市公社运动。其他所有小问题都是围绕着它们展开的。"参见奥古斯丁·梯叶里:《墨洛温王朝年代记》,黄广凌译,大象出版社2018年版,第56、172、213页。梯叶里的著作是马克思唯物史观,特别是阶级分析方法的重要来源。

殊事务,而非人民的普遍事物。这种状况在法国大革命后发生了转变。

1789年大革命的缔造者们推翻了封建特权和君主专制,消灭了高等法院、三级会议省份、教士、特权阶级和贵族、行会等各种形式的中间势力,使得以前分散于市民社会的零散权力,被吸收进了一个更加庞大、更加专制的中央政府之中。① 这样就消灭了市民社会的政治属性,催生了许多直接面对国家机器的独立个体。所以,大革命一方面充分释放了市民社会中的物质和精神要素,而且在新的社会秩序中,私有财产取代了过去土地所发挥的作用;另一方面政治精神被汇集成政治共同体,将国家的公共事务提升到了普遍意义上。于是乎,市民社会和政治国家相分离的现代社会二元结构诞生了。但市民社会日渐凌驾在政治国家之上,其中弥漫的利己主义"犹太精神"逐渐腐蚀了整个社会,这正是马克思所强烈批判的。

(二) 二元社会结构的局限:"犹太精神"的继续活跃与社会关系的异化

马克思在现代社会二元结构中日益发现,市民社会与政治国家是不对等的。资本主义私有制和分工、交换的发展使得市民社会挤占了政治国家的空间。由发达的商品-货币经济和利己主义的"犹太精神"的模子统一铸造的主体间的法律关系和其他社会关系——异化。在商品交换过程中,作为货币的金银具有衡量一切价值的普遍意义,它凌驾于人的具体劳动之上,并受到世人的顶礼膜拜。由此造成人与自我的劳动和存在相异化,②并造成以交换关系为基础的法律关系的异化。权利拜物教既以商品拜物教为基础,又对其有所补充。随着市民社会中原子化经济的逐步发展,买卖契约的法律关系日益抽象化,资产阶级法成为抽象的规范集合体,"一般利益脱离了私人利益并与之相对立,但在这种对立中,一般利益本身无意间采取了私人利益的形式,亦即法的

---

① 参见托克维尔:《旧制度与大革命》,冯棠译,商务印书馆2013年版,第48—49页。
② 《马克思恩格斯文集》(第1卷),人民出版社2009年版,第52页。

形式",最终导致国家法成为市民社会法在政治生活领域的虚幻印象,主观法压制了客观法,私法压制了公法。① 另外,异化的权利关系污染了人与人之间的其他社会关系。原子化的个体为了赚钱挤破脑袋,不择手段地利用他人作为自己谋取私利的工具。"在职业区分之下(通过这种区分,有教养的社会之成员相互分离),每个个人都被看作具有他自己的某种天赋,或独特的技术,其他人对此坦诚自己的无知;社会此后由各个部分组成,没有人能够为社会本身的精神所鼓动。……人类不再是公民,甚至也不再是最好的诗人和演讲家,因为他们被自己的职业区隔开,其他人则被不同的技术所分开……社会成员或许会以这种方式,就像被征服的省份一样丧失了共同联系的感觉,只有欢喜和邻里之乐;他们没有相互交往的共同事物,而只有贸易的快乐。"②因此,人与人之间不可避免会陷入敌对和野蛮的狼与狼的关系,甚至可能造成民族的腐败。当金钱具有凌驾于一切之上的力量,那么它带来的危害是无法估量的。正如弗格森所言,只对物质财富充满兴趣的人,将逐渐变得与兽类相似,最后既无法识别财富又无法生产财富。③

(三) 二元社会结构的克服:社会革命与价值重塑

既已深刻感受到现代"市民社会-政治国家"的二元结构对人自己和人与人之间一切关系的异化影响后,马克思力求寻找一种克服这种有局限的社会结构的良药。

首先,他将目光瞄向了现代市民社会中除了自身劳动一无所有的、被排除在欧洲的政治权力之外的一个阶级——无产阶级。青年马克思对世界史的关注不仅影响了他的唯物主义立场,也使他对人民群众和阶级革命对历史的推动作用有了更加深刻的认识,对建立一个能够实

---

① 参见帕舒卡尼斯:《法的一般理论与马克思主义》,姚远、丁文慧译,商务印书馆2022年版,第50、52、70—83、86页。
② 参见亚当·弗格森:《文明社会史论》,张雅楠等译,中国政法大学出版社2015年版,第210—211页。
③ 托克维尔:《论美国的民主》(下卷),董果良译,商务印书馆2013年版,第179页。

现公共利益的新型现代共同体产生渴望。① 在《〈黑格尔法哲学批判〉导言》中,马克思表达了德国无产阶级与19世纪工业运动的兴起之间的紧密关联。② 19世纪三四十年代,摆在马克思面前的仍是一个深陷封建制泥潭的德国、一个反动的普鲁士政府。但另一方面随着资本主义工业的发展(尤其是在1834年建立关税同盟后),资产阶级和无产阶级都日益壮大起来。"1834年只有十三万四千吨的生铁产量,到1841年已经增长到十七万吨;棉花的进口额从1836年的十八万吨增加到1845年的四十四万六千吨;蒸汽机的数目从1837年的四百一十九台增加到1848年的一千一百三十八台。同时,交通道路和运输工具也增长了……人口数目也相应地日益迅速地增长……人口不断向城市集中,城市里的旧手工业逐渐为较大规模的生产方式所排挤。"③可见,此时德国的工厂工业日益代替手工业成为生产力发展的主要趋势。不幸的是,德国的资产阶级很软弱,不仅无法承担以革命推翻现存封建制度的使命,而且选择与反动势力结盟共同对付无产阶级。相反,无产阶级的人民已经没有什么可失去了,他们受到资本主义的残酷压榨。因此必须团结起来,打碎资产阶级私有制统治下的一切压迫力量,才能为全世界不自由的人找到出路。1844年的西里西亚工人起义被马克思认为揭示了德国无产阶级发动社会革命的合理性。"德国无产阶级是欧洲无产阶级的理论家……德国对社会革命是最能胜任的……一个哲学的民族只有在社会主义中才能找到与它相适应的实践,因而也只有在无产阶级身上才能找到它的解放的积极因素。"④由此,在马克思看来,市民社会从私有制的奴役中解放出来必须靠"工人解放"来完成,因为在资本主义生产关系下的工人的境遇折射了一切人类所受的奴役,所以工

---

① 参见臧峰宇:《马克思的欧洲史研究及其对现代政治共同体的构想——〈克罗伊茨纳赫笔记〉的政治哲学解读》,载《马克思主义理论学科研究》2022年第2期。
② 参见姚远:《马克思〈巴黎手稿〉中的工业问题》,载《兰州大学学报(社会科学版)》2021年第3期。
③ 奥古斯特·科尔纽:《马克思恩格斯传》,刘丕坤、王以铸、杨静远译,生活·读书·新知三联书店1963年版,第17页。
④ 《马克思恩格斯全集》(第3卷),人民出版社2002年版,第390—391页。

人的解放将带来普遍的人的解放的曙光。① 一场"超越法式政治革命的德式社会革命"将登上欧洲舞台,②一个被锁链束缚的、代表社会最普遍利益的无产阶级将理所应当地成为打破现代二元社会结构的担纲者。

其次,无产阶级领导的社会革命建立共产主义的一元社会结构时,不得不考虑新社会对人权的处理和对人的主体性的保障。那要怎么做呢?一要重塑自由和平等这两个人权的价值内涵。在马克思所构想的扬弃人的异化的共产主义高级阶段,资产阶级私有制将被废除,人将在占有全部财富的基础上扬弃它们,实现私与公的统一。那时人将真正占有自己的本质力量,并实现在"自由王国"中的自由而全面的发展。同时,生产力的高度发达将使全社会范围内的一切人实现经济平等,为维护利益的权利斗争不再发生,实质平等就会成为个体倾情参与建设社会共同体的积极力量。③ 这种自由和平等不再是造成人与人之间分隔状态的界桩,而是人与人紧密联系在一起、倾情奉献建设社会共同体的积极力量;那时的人作为一个有自我意识的存在,与整个世界有机结合而不再把他人当作手段,因此他能够恢复人本身最真实的存在。二要从劳动出发赋予人以创造性、社会性和实践性。马克思认为,人区别于动物的本质是人的自觉的、有自我意识的生产活动,这种活动深刻体现了人的自然属性和社会属性。而且肯定了劳动是人的本质属性,就肯定了人作为主体的创造性。另外,他深入工人的劳动过程,揭示了人的需求构成其发展本质的核心内涵;并看到随着资本主义生产发展日益增加的物质利益必然形成人与人之间的不同的社会关系,且这种社会关系直接决定了人的社会本质。1845 年春,在《关于费尔巴哈的提纲》中,马克思以实践凸显了人与人之间的区别,并提出了一切社会生产关系的总和构成人的本质的论断。④ 但社会关系的总和绝不是机械

---

① 《马克思恩格斯文集》(第 1 卷),人民出版社 2009 年版,第 167 页。
② 参见傅勒:《马克思与法国大革命》,朱学平译,华东师范大学出版社 2016 年版,第 8 页。
③ 参见张超、杜玉华:《重释马克思的权利理论——基于〈哥达纲领批判〉中"das bürgerliche Recht"的考察》,载《太原理工大学学报(社会科学版)》2022 年第 3 期。
④ 《马克思恩格斯文集》(第 1 卷),人民出版社 2009 年版,第 501 页。

的凑合,而是一个有机统一体。正是各种社会关系网锁定了具体、现实的人。所以马克思通过重塑人权的价值内涵和人的主体性,对未来权利消亡的共产主义社会寄予了深厚的期望。在那里,个人与自然、与社会之间的冲突将不再发生,每个人将怀揣对整体的热爱而自发地认同自己,人与社会的完美统一将得到实现,不过不是回到浪漫主义所倡导的野蛮人组成的原始状态,而是通过向上的螺旋运动重新找回新时代的人的意义。[1] 与此同时,这种人类化的社会蕴含了马克思对人类命运共同体的追求。

结　语

以法国大革命为代表的政治解放促进了欧洲封建制向现代社会的转型,同时法国《人权宣言》的颁布标志着封建特权向彰显理性的市民权利的嬗变。然而,与君主或者贵族权力的较量,以及界定政治权力的新基础的需要,共同铸造了法国《人权宣言》的抽象和激进本质。在宣言中,新确立的民主政治力量与公民权利和市民权利绑在一起。而且宣言中载明的市民权利压倒了公民权利,可是前者仅仅是资产阶级私利的表达。无论法律条文表达得或直白或含蓄,人的尊严都未在法律规范和事实层面得到正当化。从一开始,与生俱来的、永恒的、私利的资产阶级人权主张就与代表普遍利益的共同体之间存在张力。市民社会确实从政治因素中解放出来了,但人并未从市民社会中解放出来。现代的人仍受市民社会中利己主义的"犹太精神"和金钱的束缚,他是无须参照他人就能被界定的、随时处于与他人的潜在冲突中的、与社群相分离的孤立单子。所以,马克思在《论犹太人问题》中借助对法国《人权宣言》中的市民权利与公民权利的剖析,批判了现代市民社会与政治国家相分离的社会结构及其所造成现代人的分裂与不自由。在他看

---

[1] 参见 Leszek Kolakowski, "Marxism and Human Rights", *Daedalus*, Vol. 112, No. 4, 84-85(1983)。

来，政治解放如同宗教一样是一种通过中介来解放人的间接性解放，它只是迈向人的解放的过程而不是终点。人的解放的实质是实现人的特殊性与普遍性的统一。

当前我国仍处于社会主义初级阶段，生产力并未高度发达到足以实现每个人的实质自由与平等的程度，因此法律、权利、国家仍有存在的必要性。经过长久以来理论与实践的双重检验，马克思的权利观当之无愧成为当代中国特色社会主义权利思想的科学理论渊源。党的十八大以来，在以习近平同志为核心的党中央的带领下，各族人民团结奋斗、砥砺前行，坚持将马克思的权利思想同我国的具体实践相结合、同中华传统美德相结合，大力推动了我国法治事业的健康发展，在精准扶贫、人权保障、社会治理等方面都取得了重大成就。但不可否认，新时代我国权利保障体系的发展完善，所面临的问题和局面更加复杂和广阔：百年未有之大变局、世界经济复苏缓慢、国际形势的波谲云诡、人民群众日益增长的多元化需求……这些都向我们提出新的挑战：我国的法律和权利的发展是否与当前的社会经济关系相协调？人民群众对应有权利和美好生活的渴望，是否落实到法律所载明的现实权利之中？公民权利是否做到了个人利益与社会、国家利益相一致？私主体的权利与公主体的权力是否协调得当？我国的权利话语体系的优越性还可以往哪些方向发展？……沿着马克思主义权利观的原理和方法论原则向前迈进，探索符合我国国情的发展道路，相信我国法治事业的发展一定会迈向更高的台阶，能够更好地顺应人民群众对美好生活的期待和对权利保障的多样化需求，能够在世界的舞台上大放异彩、行稳致远。

"商品交换法理论"的逻辑构建、理论困境及阐释路径

——帕舒卡尼斯法学理论的批判性研究

苟林松[*]

摘要：帕舒卡尼斯的"商品交换法理论"是根据马克思的《资本论》构建马克思主义法学一般理论的创新性尝试，这种将法建立在商品交换之上的理论体现了商品所有者的主体性原则，即形式平等和意志自由等原则，但在逻辑上却无法解释马克思主义法学所强调的法律强制性、阶级性和意识形态性特征。这是因为他的"商品交换法理论"忽视了商品交换是在以分工和私有制为前提的私人劳动基础上进行的，这一前提是法律变成了强制性的阶级统治工具以及产生意识形态问题的根本原因。

关键词：马克思主义法学　帕舒卡尼斯　商品交换法理论

在马克思主义法哲学历史上，帕舒卡尼斯是一个不得不提的人物，他将法建立在商品交换基础上，创造性地建立了"商品交换法理论"，这一理论被美国法理学家朗·富勒誉为"最正宗的马克思理论，这些作品是彻底学术化的广泛阅读的产物"[①]。然而我国学界对该理论的关注度

---

[*] 作者简介：苟林松，中国人民大学马克思主义学院马克思主义基本原理硕士研究生。
[①] 帕舒卡尼斯：《法的一般理论与马克思主义》，杨昂、张玲玉译，中国法制出版社2008年版，第144页。

却不是太高,一方面是因为我国20世纪初引进苏联法学的时候帕舒卡尼斯的学说已经被苏联官方禁止,我国没能引进该学说;另一方面,我国在改革开放的时候为了建立社会主义市场经济体制多引进西方的法律思想,忽视了他的学说。这几年来学界对帕舒卡尼斯的"商品交换法理论"关注逐渐增多,而且也批判其缺乏马克思主义法学所强调的阶级性、强制性以及意识形态性,却没有深入说明他的理论为何弱化了马克思主义法学所强调的这些性质。

一、"商品交换法理论"的逻辑构建

帕舒卡尼斯坚持马克思主义的历史唯物主义原理,认为法源自于特定的社会经济关系。正如马克思所说:"这种具有契约形式的(不管这种契约是不是用法律固定下来的)法的关系,是一种反映着经济关系的意志关系,这种法的关系或意志关系的内容是由这种经济关系本身决定的。"[①]他认为法具有历史性,资本主义的法就来源于资本主义社会经济关系,在资本主义社会中一个基本的特征便是商品交换,于是他从分析商品交换入手构建自己的"商品交换法理论"。按照马克思在《资本论》中对商品形式的分析,资本主义社会首先是一个商品拥有者的社会。这意味着生产过程采取了一种具体化的形式,即劳动力产品具有多样化的使用价值,这些用于交换的劳动产品以交换价值为中介相互联系起来,在这个过程中商品的使用价值被抽象化成了同质的价值,商品所有者也因为手中的商品的同质性获得了形式平等的地位。之所以说是形式上的平等,是因为他们的阶级、财产、性别、宗教等仍有差异,就像商品的价值形式是同质的但本质还是不同的使用价值一样。商品获得其价值不以产品主体的意志为转移,但是交换过程中价值的实现假定了商品拥有者是有意志并且进行意志行为的主体。按照马克思的说法:"商品不能自己到市场去,不能自己去交换。因此,我们必须找寻

[①] 《马克思恩格斯文集》(第5卷),人民出版社2009年版,第103页。

它的监护人,商品占有者。商品是物,所以不能反抗人。如果它不乐意,人可以使用强力,换句话说,把它拿走。"①这种对物的充分占有和自由转让使得商品所有者在以商品交换为核心的社会交往中处于自由平等的状态,因此,他能够对自己的行为做出合理解释并且担负责任,而主观行为又是法律的对象——"对于法律来说,除了我的行为以外,我是根本不存在的,我根本不是法律的对象"②。商品所有者在这个意义上自然就是法律主体,他们的自由意志行为在商品交换中表述成法律条文,可以说,法律就是人们商品交换的语言。在这种商品交换中,双方抽象掉差异之处,承认双方平等且能自由选择的主体地位。然后为了获利而相互转让自己的产品,互相妥协形成合同或协议,他们的法律意志就有了现实的基础,"于是合同变成了法律的核心概念。用更夸张的方式来说,合同是法律思想的必要部分"③。

前资本主义时代的法不能被称作现代意义上的法,因为后者建立在平等主体之间,建立在私人作为权利主体的交往之间。而古代共同体社会不存在平等的私人主体,即使有一定的商品交往,那也只能算作一种潜在的萌芽,因为那时候法还没有成为独立的主要的社会规范,法与习俗、宗教和道德等规范形式还没有得到区分。随着近代市民社会与政治国家的分离,人与人之间的关系变成私人与私人之间的关系,"私法是与私有制同时从自然形成的共同体的解体过程中发展起来的"④。个体间的交往和私有制的产生要求产生一种调节人与人间关系的社会规范,随着人们生产力的提高和商品交往范围的扩大,法律的普遍适用性使其成为调节人们交往关系的主导性规范。"在私法中,现存的所有制关系是作为普遍意志的结果来表达的。"⑤可以看到帕舒卡尼斯主要强调私法概念,"资产阶级民法的基本特征同时也是法律上层建

---

① 《马克思恩格斯文集》(第5卷),人民出版社2009年版,第103页。
② 《马克思恩格斯全集》(第1卷),人民出版社1995年版,第121页。
③ 帕舒卡尼斯:《法的一般理论与马克思主义》,杨昂、张玲玉译,中国法制出版社2008年版,第73页。
④ 《马克思恩格斯文集》(第1卷),人民出版社2009年版,第584页。
⑤ 《马克思恩格斯文集》(第1卷),人民出版社2009年版,第585页。

筑的主要特征"①。在此基础上,他将商品交换原则推广到刑法甚至道德领域,认为道德是法律生活的必要补充,它和法律都是商品所有者的交往方法。至于刑法,那种最初的"以牙还牙,以眼还眼"的复仇方式更是体现了等价交换的思想。"正如卖者供给商品,买者支付价钱作为相等的东西一样,犯人供给犯罪,国家支付刑罚。刑罚是犯罪的等价物。"②"自卫的行为不再是纯粹的自卫,而成了一种交换形式,一种商品流通的特殊形式,它在正常的商品流通中找到了自己的地位。"③在将一切法律都纳入到商品交换原则中后,他赞叹道:"实际上,这也意味着最完整的法律形式对应着资本主义的社会关系。"④"商品生产者之间的关系产生了最发达、最普遍、最完美的法律关系。"⑤法律只有在资本主义社会中才获得了最充分的发展,在资本主义社会中才显露出自己的本质内容。

二、"商品交换法理论"的理论困境

帕舒卡尼斯的"商品交换法理论"逻辑上所遭遇的最大困境便是难以解释马克思主义法学所强调的阶级性、强制性和意识形态性。在马克思主义语境里,法律作为上层建筑是以国家权力为保障、以权利义务为内容、反映统治阶级意志的规范体系。马克思和恩格斯在《德意志意识形态》中曾论述过,经济上占统治地位的阶级在政治上也占统治地位,他们采取国家的形式进行政治统治以维持自己的特定生产生活关系,同时,"给予他们自己的由这些特定关系所决定的意志以国家意志

---

① 帕舒卡尼斯:《法的一般理论与马克思主义》,杨昂、张玲玉译,中国法制出版社2008年版,第4页。
② 凯尔森:《共产主义的法律理论》,王名扬译,中国法制出版社2004年版,第126页。
③ 帕舒卡尼斯:《法的一般理论与马克思主义》,杨昂、张玲玉译,中国法制出版社2008年版,第128页。
④ 帕舒卡尼斯:《法的一般理论与马克思主义》,杨昂、张玲玉译,中国法制出版社2008年版,第62页。
⑤ 帕舒卡尼斯:《法的一般理论与马克思主义》,杨昂、张玲玉译,中国法制出版社2008年版,第7页。

即法律的一般表现形式"①。统治阶级将自己的特定关系和利益说成具有普遍性的关系和利益,"由他们的共同利益所决定的这种意志的表现,就是法律"②。它具有两个最主要的功能,同时也是其最主要的特征:首要的是作为强制性的阶级统治工具;其次是意识形态性的阶级统治工具。

首先,"法律体系是国家机器的武器,它在日常基础上为压迫被统治阶级提供了标准化的制度机制"③。法作为一种统治工具被某一阶级通过国家机关来使用以维护本阶级的利益,统治阶级通过议会或者委员会等机构将自己的阶级意志上升到法律,"在议会中,国民将自己的普遍意志提升为法律,即将统治阶级的法律提升为国民的普遍意志"④。这使其具有鲜明的阶级工具性和强制性。尤其是在工人运动时期,这种强制性和阶级性非常明显,资本家经常诉诸暴力和法律审判来对抗工人的集体罢工,或者是在经济萧条时期,国家出台相关法律措施来补贴资本家的工厂,可以发现这些是一方对另一方的不平等对待和强制服从。这与商品交换的原则相违背,工人和资本家连形式上的平等都不再具有,更不论自由意志了,这显然与"商品交换法理论"的最初设计不一致。帕舒卡尼斯却认为,作为阶级统治工具的国家权力具有政治和法律两种表现形式,其中法律形式"作为市场交易安全守护人的权力不仅借法的语言表达出来,而且自身表现为法,即与抽象的客观规范完全融为一体"⑤。他认为这种强制不是一种服从于单个具体的人,而是以抽象的集体人的强制而出现的,"法治国家体现了商品所有者相互给予的共同保护"⑥。显然这一论断无法解释这种"抽象集体人强制"变成一个阶级对其他人的强制这类现象。此后帕舒卡尼斯又承认自己的

---

① 《马克思恩格斯全集》(第3卷),人民出版社1960年版,第378页。
② 《马克思恩格斯全集》(第3卷),人民出版社1960年版,第378页。
③ 休·柯林斯:《马克思主义与法律》,邱昭继译,法律出版社2012年版,第30页。
④ 《马克思恩格斯文集》(第2卷),人民出版社2009年版,第563页。
⑤ 帕舒卡尼斯:《法的一般理论与马克思主义》,杨昂、张玲玉译,中国法制出版社2008年版,第90页。
⑥ 迈克尔·黑德:《叶夫根尼·帕舒卡尼斯:一个批判性的再评价》,刘蔚铭译,法律出版社2011年版,第267页。

错误"在于没有指出强制和个人服从是所有法律制度的必然要素"[1]。

其次,"法律的第二个功能是意识形态方面的。法律制度是主流意识形态的某些最重要的提供者"[2]。因为法律作为统治阶级意志的体现,反映着统治阶级的利益诉求。因此各种法律观念也被归结为上层建筑中的意识形态部分,也是服务于统治阶级的工具。帕舒卡尼斯不否认法律具有意识形态功能,但是拒绝把法完全作为意识形态。他坚持认为,"法律是一种'客观社会关系',这种关系与商品交换规定的法律历史相关联"[3]。而意识形态功能是次要的和衍生的,法的根源在于更深层次的经济关系。帕舒卡尼斯据此批判那些把法当作意识形态幻觉而将其抛弃的做法,他认为法律的意识形态功能在掩饰阶级斗争和创造法律幻觉方面可能对统治阶级很重要,但这并没有解释意识形态的起源,"意识形态形式的自觉利用与意识形态形式的产生不一样"[4]。因此,"人们在分析法律形式之时不能把自己限制在'纯粹的意识形态'上面,也不能无视这一客观存在的机制的整体"[5]。也就是说,法律或许会歪曲地反映现实,但它与现实的联系是非常明确的。然而如果仔细分析便会发现,帕舒卡尼斯虽然没有否认法律的意识形态性,只是把它淡化处理了,不认为那对于法律是最重要的,但是法律充当具有维护自由、保障公平和实现正义这类意识形态观念的工具来维持阶级统治这也是客观事实。统治阶级将现存统治秩序说成是合法的,现存秩序的保持就是法律所维护的,法律变得和意识形态挂钩了,它的广泛运用产生了一种意识形态幻觉。那么法律为何会变得如此?为何会歪曲地反映现实的生产关系?为何从双方平等交往的守护者变成对现有不平等

---

[1] 迈克尔·黑德:《叶夫根尼·帕舒卡尼斯:一个批判性的再评价》,刘蔚铭译,法律出版社2011年版,第268页。
[2] 休·柯林斯:《马克思主义与法律》,邱昭继译,法律出版社2012年版,第91页。
[3] 迈克尔·黑德:《叶夫根尼·帕舒卡尼斯:一个批判性的再评价》,刘蔚铭译,法律出版社2011年版,第234页。
[4] 迈克尔·黑德:《叶夫根尼·帕舒卡尼斯:一个批判性的再评价》,刘蔚铭译,法律出版社2011年版,第233页。
[5] 迈克尔·黑德:《叶夫根尼·帕舒卡尼斯:一个批判性的再评价》,刘蔚铭译,法律出版社2011年版,第232页。

现状的维护者？要回答这些问题仅仅依靠"商品交换法理论"是不够的，必须深入对资本主义生产环节的分析。

三、"商品交换法理论"的困境阐释之一：法律的强制性和阶级性

在资本主义社会，生产的主要目的是交换，交换变成了一切，但它仍以生产为基础。帕舒卡尼斯就从既定的商品交换过程出发构建自己的理论体系，但正如马克思在《1844年经济学哲学手稿》中批判国民经济学家那样："国民经济学从私有财产的事实出发。它没有给我们说明这个事实。"[①]如果一开始就分析商品交换过程，容易忽视商品交换的前提条件。因为在马克思的政治经济学中，生产决定交换，在考察交换之前有必要对生产进行一番考察。马克思在《〈政治经济学批判〉导言》里分析道："第一，很明显，在生产本身中发生的各种活动和各种能力的交换，直接属于生产，并且从本质上组成生产。第二，这同样适用于产品交换，只要产品交换是用来制造供直接消费的成品的手段。在这个限度内，交换本身是包含在生产之中的行为。第三，所谓实业家之间的交换，不仅从它的组织方面看完全决定于生产，而且本身也是生产活动。只有在最后阶段上，当产品直接为了消费而交换的时候，交换才表现为独立于生产之旁，与生产漠不相干。"[②]我们可以发现他对交换做了两种区分：用于生产的交换和用于消费的交换。前者是受生产所决定的，后者好像独立于生产之外，"但是，(1)如果没有分工，不论这种分工是自然发生的或者本身已经是历史的结果，也就没有交换；(2)私人交换以私人生产为前提；(3)交换的深度、广度和方式都是由生产的发展和结构决定的"。[③] 所以这种交换仍以生产为前提。

从马克思的描述中可以发现资本主义时代的商品交换具有被生产

---

① 《马克思恩格斯文集》(第1卷)，人民出版社2009年版，第155页。
② 《马克思恩格斯文集》(第8卷)，人民出版社2009年版，第22—23页。
③ 《马克思恩格斯文集》(第8卷)，人民出版社2009年版，第23页。

决定的三个特征:商品交换以分工为前提、商品交换以私人生产为前提以及商品交换的深度和广度都由生产的结构决定。透过这三个特征,可以发现,在现代资本主义的商品社会中,每个人进行的都是私人劳动,因为单个人是在私有制以及分工的基础上开展自己劳动的。当他生产出自己的劳动产品拿到市场上进行交换时,他是以一个私人的身份前往的,他与别人达成契约交换产品是具有偶然性的,也就是说整个商品交换过程的完全实现不能被商品拥有者确定。在这个市民社会中,每个人互相之间都是陌生人,因为商品交换他们才接触而且可能是唯一的接触,一方不能单凭自己就可以保证另一方完全履行已经达成的合约。就像货币的出现是为了方便商品流通一样,法律的出现是为了保障双方合约的顺利实现,法律给了商品交换双方一种确定性和约束性。当这种交往开始扩大,也就是从两个人的商品交换发展成众多交织在一起的交换关系时,法律就越来越成熟了,它涵盖的范围更加广泛,所规范和约束的人更多,它就抽象化自身从而变得系统化和规范化。人们参与商品交换时根据这种系统化的法律就可以完全预测自己和对方的行为及其后果,尽可能地排除各种个体的特殊性,使商品拥有者更加愿意和顺利地进行交换。但随着这种不断抽象化带来的系统性以及可预测性,整个法律系统逐渐变成一种外在于人的庞大机器,个人作为私人面对着一个可以统摄整个社会并且排除个体自由意志的强大力量,他是渺小而卑微的。正如卢卡奇在《历史与阶级意识》中描述的:"法官像在具有合理法律的官僚国家中那样或多或少是一架法律条款自动机,人们在这架机器上面投进去案卷,再放入必要的费用,它从下面吐出或多或少具有令人信服理由的判决。"[1]这个法律系统像一台藐视一切的机器,把每个人的法律诉求当作无差别的原材料加工成各种案件判决结果。法律成为一个有自己运行规律的机器,因为是私人的原因,每个个体单凭自己无法与之对抗。虽然难以改变这一事实,但这并不妨碍一部分人认识并利用这个规律为自己谋取利益,因此,这种法

---

[1] 卢卡奇:《历史与阶级意识》,杜章智等译,商务印书馆1999年版,第165页。

律的系统化倾向对于从事资本主义生产的各阶级会产生不同影响。在以雇佣劳动为主要形式的资本主义生产关系中，最核心的地方在于劳动力成为商品，这种特殊商品会产生超过自己劳动力价值的剩余价值。资本家通过购买劳动力进行生产活动获取了剩余价值，他们就有了相比工人来说更多的剩余劳动所提供的剩余劳动产品，因而也有了更多的闲暇时间从事生产以外的实践活动。多元化的社会实践活动使其各方面都获得了长足发展，使其作为人的本质获得了广泛实现。与之相对的，工人由于丧失了自己的劳动产品，在整个社会生产中属于被剥夺的对象，"工人生产得越多，他能够消费的越少，他创造的价值越多，他自己越没有价值、越低贱"①。在这种生产与收获不对等的生产方式下，呈现出两大阶级完全不同的样态："原来的货币占有者作为资本家，昂首前行，劳动力占有者作为他的工人，尾随于后。一个笑容满面，雄心勃勃；一个战战兢兢，畏缩不前，像在市场上出卖了自己的皮一样，只有一个前途——让人家来鞣。"②资产阶级相比工人阶级更有肢体和脑力上的优势，能够亲自或者雇佣专职人员来掌握系统化的法律知识，从而越来越容易利用法律为自己的利益服务，于是乎这个不正义的社会生产关系被法律固定下来。在这个意义上，法律变成了维护资产阶级利益和不正义生产关系的帮凶，当然可以称得上是"维护统治阶级利益的工具"。

四、"商品交换法理论"的困境阐释之二：法律的意识形态性

关于法律意识形态属性的理解应该从两个层面来阐释：法律主体的主观层面和法律现实的客观层面。就法律主体的主观层面来说，随着资本主义生产关系在全世界各领域的扩展，商品交换范围不断扩大，

---

① 《马克思恩格斯文集》（第1卷），人民出版社2009年版，第158页。
② 《马克思恩格斯文集》（第5卷），人民出版社2009年版，第205页。

人们越来越被卷入到商品生产关系中。商品交换也逐渐成为人们之间交往的主要方式。但这种以个体分工为前提的私人生产方式使得各类共同体逐渐解体，个人从共同体中脱离出来作为单独的个体参与社会化生产，"构成工场手工业活机构的结合总体工人，完全是由这些片面的局部工人组成的"①。这些"局部工人"由于长时间重复同一种有限的动作，除了这种低级的物质生产能力能够得到发挥之外，其他的创造性、批判性的精神活动和自主意识不具有现实化的可能，最终难免沦为"单向度的人"。"单向度的人"仅仅具有"物化意识"，根本不可能产生反抗奴役自己的资本主义体制的主观认识。从而"劳动对资本的这种形式上的从属，又让位于劳动对资本的实际上的从属"②。工人阶级最终从属于机器，而且，"随着劳动过程越来越合理化和机械化，工人的活动越来越多地失去自己的主动性，变成一种直观的态度，从而越来越失去意志"③。在这种社会中进行生产的个体就只能有直观意识，并且系统化的法律机器比起生产中的有形机器更具有神秘感。因此在交换过程中，工人阶级就和服从于生产中的机器一样，也只能选择服从和畏惧于法律机器。如同马克思描述"商品拜物教"的人们一样，法律关系中的人们产生了"法律拜物教"的思想，法律变成了自己无法挑战的绝对公正的力量。

就法律现实的客观层面来说，法律在商品交换中的确起到了维护自由平等的作用，因为这是商品流通所必需的："劳动力的买和卖是在流通领域或商品交换领域的界限以内进行的，这个领域确实是天赋人权的真正伊甸园。那里占统治地位的只是自由、平等、所有权和边沁。"④但必须注意的是这仅仅局限于商品交换市场之内，并不存在于交换市场之外。"法说：作为法人，个人是在法律上自由、平等和负有义务的法人。换句话说，法不会超出法，它'老老实实地'让一切回到

---

① 《马克思恩格斯文集》（第5卷），人民出版社2009年版，第393页。
② 《马克思恩格斯文集》（第5卷），人民出版社2009年版，第583页。
③ 卢卡奇：《历史与阶级意识》，杜章智等译，商务印书馆1999年版，第156页。
④ 《马克思恩格斯文集》（第5卷），人民出版社2009年版，第204页。

法。"①而法律的意识形态属性则不同,"法律意识形态,如果我们带着对事实的最低限度的尊重,并用一种稍微精确的语言来谈论它,就可以说,如果它确实采用了自由、平等和义务的概念,那也是在法之外,即在法的规则系统及其界限之外,把它们纳入了一套由完全不同的概念结构起来的意识形态话语中"②。也就是说当法律越出商品交换市场之外,它所具有的自由和平等性质就变成了意识形态。资本主义高扬这种交换中的法律自由平等性质,使整个社会好像都具有了这种性质。但一旦进入生产领域,法律的意识形态幻觉便暴露无遗。在商品市场上看似公平的劳动力买卖到了生产中,便是资产阶级对劳动力剩余价值的无偿占有。造成这一现象的原因在于资本原始积累过程所造成的直接生产者和其生产条件的分离,使得商品生产所有权规律转变为资本主义占有规律。资产阶级利用资本主义私有财产权在工资规律的掩盖下无偿占有了工人的剩余劳动。因此,在商品交换自由平等的表层下是经济生产的专制剥削。法律在商品交换中的自由平等一到生产领域中便失去了它原本的性质,在生产中谈论法律的自由平等也就充满了意识形态幻觉。不仅如此,在资本主义不断发展的情况下,生产作为分配、交换和消费的决定性环节,它具有的性质也会不断地影响其他环节,交换也是为了生产领域中剩余价值的实现。因此,每当遇到生产过剩的经济危机时,统治阶级会运用法律手段来进行经济调控,法律不再是维护个体自由平等而是维护整个统治秩序稳固的工具。除此之外,法律的意识形态虽然是一种幻觉,但这也是一种有效的幻觉。这种幻觉服务于法律作为强制性和镇压性的工具,是对法律作为暴力手段的一种补充,阿尔都塞称之为"不在场的宪兵",他指出:"法是一套系统化的、无矛盾的、(倾向于)完备的形式系统,但它无法独自存在。一方面,它依赖于一部分镇压性国家机器;另一方面,它依赖于法律意识形态,

---

① 路易·阿尔都塞:《论再生产》,吴子枫译,西北大学出版社2019年版,第158页。
② 路易·阿尔都塞:《论再生产》,吴子枫译,西北大学出版社2019年版,第158页。

还要依赖于道德意识形态的小小补充。"①法律意识形态与道德意识形态有类似作用,对于统治阶级来说,比起强制性的镇压,它的使用成本更低,更利于经济生产活动和政治统治秩序的稳定,所以受到统治阶级的大力宣扬便不足为奇。

在工人阶级主观认识不足和法律意识形态幻觉作用的双重作用下,作为统治阶级的资产阶级可以轻松地从自己的私人利益出发利用法律这台机器,他们以国家为中介来执行法律,所以便生产了一个错觉:"好像法律是以意志为基础的,而且是以脱离其现实基础的意志即自由意志为基础的。"②对于作为统治阶级的资产阶级及其法学家来说,法律的确体现了他们的意志,他们相信法律具有大公无私的精神,法律也就变成了意识形态家们本末倒置的信仰了。只有直观意识的劳动者们在他们的宣扬下也相信了这一点,法律就从一个阶级的意识形态变成了整个社会的意识形态。

结　语

其实早在《国家与革命》中,列宁就曾论述过:"'资产阶级权利'承认生产资料是个人的私有财产。而社会主义则把生产资料变为公有财产。在这个范围内,也只是在这个范围内,'资产阶级权利'才不存在了。"③这意味着资产阶级法权建立在生产资料私人所有制的基础上。生产上的个人分散要求形成商品交换上的普遍联系。帕舒卡尼斯敏锐地抓住这一普遍联系,并把法律的产生定位到商品交换领域,创立了"商品交换法理论"。这凸显了法律在商品交换过程中保护形式平等和自由意志的作用,是对马克思主义法学的一个重大发展。但这个理论无法解释法律的阶级性、意识形态性和强制性等马克思主义经典作家

---

① 路易·阿尔都塞:《论再生产》,吴子枫译,西北大学出版社2019年版,第159页。
② 《马克思恩格斯文集》(第1卷),人民出版社2009年版,第584页。
③ 《列宁全集》(第31卷),人民出版社2017年版,第90页。

多次强调的法的本质属性。这是因为他忽视了列宁是从交换的前提——生产资料所有制层面来论述的,在此基础上的生产定然是分工下的私人劳动生产,这是商品交往中法律变质的根本原因。尽管他的理论在某些方面显得不够严谨,但创造性地发展了马克思主义的法学理论,特别是其中强调的形式平等和自由意志原则,对于社会主义市场经济条件下的法治建设以及探索未来法治发展道路具有重要意义。

学术人生

学者与为人

陈建福[*]

引　言

於兴中教授编写卡门卡（Eugene Kamenka）教授和郑汝纯（Alice Erh-Soon Tay）教授法学论著集，让我为该书写个简短的介绍，谈谈两位教授的生平。我理解於教授的邀请，是缘于他知道这两位教授既是我的学术引路人，也是我的朋友，在后期还曾是同事。

我欣然答应了於教授的要求。但是，我很快发现，这不是件容易的事。他们两位不仅是澳大利亚最伟大的学者，在今天这个浮躁的世界，他们也是学者做学问与做人的灯塔。如今，他们已经离我们远去，回忆和他们相处的时光，感触良多，竟不知从何下笔。

我想，大家在读了该书后对他们的学术成就会自有定论。因此，本文只想以朋友和同行的身份，谈谈我所认识的他们以及他们的为人，算是给这本论著集添加一个脚注吧。

尤金·卡门卡教授
（Eugene Kamenka，1928—1994）

1994年1月20日，郑汝纯教授从堪培拉来电话，十分平静地告知

---

[*] 作者简介：陈建福，澳大利亚乐卓博（La Trobe）大学法学院教授，澳大利亚法学科学院院士，澳大利亚人文科学院院士。

我:"卡门卡教授昨天去世,告别仪式与葬礼安排在 24 日。"24 日我从墨尔本开车去堪培拉,参加完葬礼后又直接开车回墨尔本。在我的记忆里,没有比那次旅行更漫长、更沉重的旅程了——澳大利亚最杰出的学者,我最尊重的朋友竟从此不在。如今二十五年过去了,他的音容笑貌却时时如此鲜活地出现在我的脑海里。

我与卡门卡教授的认识,缘于他的太太,我的博士导师郑汝纯教授。卡门卡于我既是学术前辈,亦有师生之情,我之所以斗胆称他为朋友,是因为在我们多年的交往中他总是称我为朋友——无论是来自他的私人信件或者赠书,他都是如此。在我跟随郑教授读博士的时候,他们家几乎每隔几天就是国际学者的聚会场所。他们的好客在法律界和哲学界,可以说是国际知名。正是因为这样的聚会,我 1987 年刚到澳大利亚不久就认识了卡门卡教授。他给我的第一印象是,这位教授没脾气。一个杰出而又著名的严肃学者,脸上却永远挂着笑容。无论哪位学生或年轻学者问他,"这事我能行吗?",他的回答永远是:"你当然可以。以下因素对你思考的问题也许会有所帮助。"在鼓励学生这一点上,他们夫妻俩几乎就是一个模子里出来的。正是他们的言传身教,在我做老师后,我亦不会允许我的学生说"这事太难了"。

卡门卡教授的学术成就及其历史与国际地位,从他去世后世界各国报刊的一些悼词中可见一斑。《纽约时报》称卡门卡为二战后欧洲哲学思想尤其是激进与革命性的社会运动思想的主导解释者。[1]《堪培拉时报》称他为思想界的骄傲。[2] 墨尔本《时代报》称他为学术思想界的巨人。[3]《澳大利亚政治与历史学刊》称他是给世界带来自由理念的世界公民。[4] 在他的一生中,他编/著了 22 本专著,发表了 100 多篇论文、

---

[1] "Eugene Kamenka, 65, An Australian Thinker", *New York Times*, 26 January 1994, available at https://www.nytimes.com/1994/01/26/obituaries/eugene-kamenka-65-an-australian-thinker.html (15/7/19).
[2] "Valuable Man in World of Ideas", *The Canberra Times*, 21 January 1994.
[3] "Professor Eugene Kamenka: A Great Academic Mind at Rest", *The Age*, 21 January 1994.
[4] "Citizen of the World Whose Gift Was Liberty", *Australian Journal of Politics and History*, 3-5(1994) 40 (S1).

报刊评论与书评,涉及领域包括马克思主义、伦理学、哲学、法哲学、革命理论、民族主义、官僚主义以及人权等。① 用他自己的话说,世界上最让人激动的一切莫过于被"思想"所启动的东西。② 对思想学术的研究,也贯穿着他的全部学术生涯与生活。正如《澳大利亚犹太新闻报》所言,他本身就是一个思想世界。③

大家知道卡门卡是英语世界里的大哲学家和思想家,却很少人知道,英语并不是他的第一语言。他的父母是俄国革命时期逃往德国的家境富裕的犹太人。但是,不久之后,二战早期纳粹在德国的崛起使他们全家不得不又走上了逃亡之路,最后落脚在澳大利亚。到澳大利亚时卡门卡九岁,一句英文不会。高中毕业时,他却以最优异的成绩,包括英语成绩全州第一,考入悉尼大学医学院。只是学习了不到一年的时间,他便转到了悉尼大学的哲学系,从此走上了哲学思想的探索之路。④ 医学界也许因此失去一位杰出的医生,但世界思想史却因此而迈进了一大步。

因为他们的偏爱,我有幸多次参加他们家中的聚会。刚参加他们的聚会时,由于语言的局限,经常不明白他们为什么发笑。待明白之后,才知道高深的学问里面蕴藏着如此多的幽默。更为重要的是,在这些聚会中,我真正理解了什么叫"君子之交"——宽容、大度、友善、诚实。正是卡门卡的这种宽容、大度、友善、诚实,加之他那超人的记忆、精确的逻辑思维与高度的抽象概括能力,以及处处为别人着想的处世原则,使他像磁石一般地吸引世界各地的一流学者来到他身边。没有人知道究竟有过多少学者、同事、熟人曾经向他寻求建议与帮助,但可以说,没人在他那失望过。但是,卡门卡的宽容与大度却不是没有原则的。他对故意装蠢、虚伪及狡诈可以说是视如仇敌而不能容忍。但即

---

① "Eminent Jewish Scholar Dies", *The Australian Jewish News*, 28 January 1994.
② Eugene Kamenka, "Australia Made Me... But Which Australia Is Mine?", *Quadrant*, Vol. 24, No. 300, 25(1993).
③ "Eminent Jewish Scholar Dies", *The Australian Jewish News*, 28 January 1994.
④ *Obituary: Professor Eugene Kamenka*, Academy of the Social Science in Australia, available at http://www.assa.edu.au/fellowship/fellow/deceased/100138(15/7/13).

使是对这类人,也没有人可以说卡门卡对他们有过不公正的待遇。①

他对别人的帮助,从来不以帮助的形式出现,这就是他处处为别人着想的处世原则。1990年我儿子出生,为了表达对他的尊敬,我去电话表达了我想以他的名字给儿子取名的想法。他一方面感谢我的诚意,另一方面却谦虚地说,Eugene 这名字听起来不错,我倒不反对你们用这名字。短短几句,似乎是说,我想给儿子取这个名字是因为它听起来不错,而不应该只因为是对他的敬意。几天后,他寄来一千澳元(当时那相当于我们全家一个月的生活费),不说是帮助我们,却说这是他的责任,因为我儿子是以他的名字命名的。之后几年的通信中,他总是不忘表达想看我儿子的照片,强调他有责任知道我儿子是否健康成长。我不知道,在关心与帮助他人时,是否还有比他这种更无私而又让人欣于接受的方式。

卡门卡教授尽管是国际知名的大学者,但作为"新"移民,他与我们这些新移民一样存在"身份认同危机"。在他即将退休时,他发表了澳大利亚最高荣誉的约翰·科亭纪念演讲(John Curtin Memorial Lecture),演讲题目为《澳大利亚造就了我,……但哪部分澳大利亚属于我?》。② 在这篇演讲中,卡门卡全面回顾分析了对他的人生影响最大的事件、人物与思想。他的演讲也为我们提供了理解他为人处世原则的基础。简单地讲,犹太传统让他坚信,除了自己大脑里面的东西,一切身外之物都可能随时丢弃,因此,只有思想的发展才是自己可以控制的财富,也是唯一的财富。③ 作为俄国与德国的犹太人,他们的逃亡经历,以人类最残酷的方式间接地证明了这一理念的正确性。在俄国与德国的经历,使当时年幼的他在大脑里留下了永远的烙印:生命乃人类文明最重要的财富,它绝不能为所谓的"主义"而被无谓地牺牲。他不允许

---

① 更详细的介绍,参照上页脚注④。
② Eugene Kamenka, "Australia Made Me... But Which Australia Is Mine?", *Quadrant*, Vol. 24, No. 300, 24-31(1993).
③ Eugene Kamenka, "Australia Made Me... But Which Australia Is Mine?", *Quadrant*, Vol. 24, No. 300, 25(1993).

生命被如此地浪费。他宣称他与马克思拥有同样的人生座右铭:"凡人道者皆我友。"(Nothing human is alien to me.)①他自己正是以对生命的热情与对他人的关爱(passion, affection and compassion)实践了他一生的座右铭。他因此超越自我,超越世俗。给如今不断在物质世界追求的我们,留下了无价的反思遗产。

澳大利亚既不是文明的发源地,也不是文明的复兴地。也正因为如此,澳大利亚的世界观更多是全球性的,尽管它在特定的时代总是带着时代的局限与烙印。卡门卡从接受澳大利亚教育开始,他的思维就是全球性的,是人道主义的,而不是民族主义的。他身上的俄国、德国、犹太及澳大利亚的背景造就了他的世界观,也使他成为名副其实的世界公民:以世界为标的,以人道为中心,以思想为财富,以逻辑为途径,以批判为己任,以对生命的热情与对他人的关爱为宗旨,超越自我,超越世俗。简单而言,他不光是个能者,更是个贤者,他是世界的朋友、人道的朋友。

1995年我的博士论文正式出版。为表达对他的纪念和感谢,我把出版的书题献给他——"谨以此书题献给卡门卡教授,在他那,我学会了慈祥与慷慨的含义,知识与独立思考的价值,及作为学者的责任与自尊"。他是学界的骄傲,我的榜样,过去是,现在是,将来也是。

郑汝纯教授
(Alice Erh-Soon Tay, 1934—2004)

郑汝纯教授1975年接替世界著名法理学大师斯通(Julius Stone)教授担任悉尼大学法学院法理学教授,成为悉尼大学法学院第一位女教授。② 当时悉尼《每日镜报》评论她:"一个娇小高雅,但却可能是南

---
① Eugene Kamenka, "Australia Made Me... But Which Australia Is Mine?", *Quadrant*, Vol. 24, No. 300, 27(1993).
② J. Mackinolty and J. Mackinolty eds., *A Century Down Town: Sydney University Law School's First Hundred Years*, Southwood Press Pty Ltd, 1991, 161.

半球最强有力的女人。"① 在白人男权近乎垄断的西方社会里,郑汝纯教授,一个貌似"弱小"的东方女子,为正义,为平等,为人权,为学术无畏地"战斗"了一生。正如她的丈夫卡门卡教授所言,她的一生注定是"艰险与抗争的一生"(to lead perilous and fighting lives)。② 她始终认为,学者最重要的能力之一就是要敢于对政府、对意识形态,以及对彼此提出坦诚的批评,不屈服于"时尚、便利与权威"(fashion, convenience or authority),宁肯有冲突也不因利害而屈服。郑汝纯教授也用自己的一生践行了这一理念。

人们通常不会把柔弱的东方女子与挑战传统的斗士联想在一起,郑汝纯教授却几乎是这两个矛盾体的完美结合。作为一名生活在白人男权主导的西方社会里的东方女子,她的一生无可避免地与社会的传统和习俗发生矛盾与冲突。她任悉尼大学法学院法理学教授初期,正是"激进法学"(批判法学、后结构法学、女性主义法学等)在澳大利亚蓬勃兴起之时。传统法学强调抽象的普遍价值与程序正义,而"激进法学"则追求特定目标的实体正义。郑教授一生追求普遍价值的实现,她致力于捍卫西方传统中最根本的"正义"与"平等"的价值核心与实践,因此她不可避免地与"激进法学"派发生冲突。在西方左派学者看来,她是保守学者;在保守学者眼中,她却是先锋斗士。她视自己的职业生涯如生命,在挑战传统的男权与种族偏见和捍卫传统的学术独立与普遍价值的同时,她演绎了一场精彩的"艰险与抗争"的"悖论"人生。

2002 年底郑教授从悉尼大学法学院荣休。③ 为感谢及表彰她对学术的贡献,悉尼大学法学院举办了隆重的告别答谢仪式。时任澳大利亚最高法院首席法官纪立信(Justice Murray Gleeson)做了《致敬郑汝纯

---

① "Brains-and-beauty Alice Has Her Life All Mapped Out", *The Daily Mirror*, Sydney, 1975-04-28, 12.
② K. Santow, "Preface", in G. Doeker-Mach & K. A. Ziegert eds, *Law, Legal Culture and Politics in the Twenty First Century* (being a Festschrift in Honour of Alice Erh-Soon Tay), Franz Steiner Verlag, 2004, 13.
③ 1998 年由联邦司法总长提名,联邦总督任命,郑汝纯教授担任澳大利亚人权委员会主席。在五年的任期内(1998—2003),郑汝纯教授在悉尼大学法学院依然保留教职,承担每周一天的课时量。

教授》的主旨发言,赞扬她为悉尼大学最杰出的教授,形容她是一个充满天赋,为独立思想与学术研究而不惜牺牲个人利益,一个非政治化,但又把学术与公共事务相结合的难能可贵的学者。[1]

郑汝纯教授 1934 年出生在新加坡。她的家庭不富裕,父母也不讲英语,[2]表面看上去似乎既无西学传统,也无国学渊源。但她和她的家人却认定文学、哲学、历史及艺术对个人文化修养的重要性,坚信每个人都能依靠自身努力超越成长的环境。[3] 在这层意义上,她的家庭既崇尚传统中国儒学文化的诗礼传家,但又不乏西方文化中自我奋斗和自我实现的精神。文化,既是追求的目的,也是追求的途径,犹如我们所说,法治(rule of law)是我们追求的目的,也是我们追求目的的途径。

她通过自己的努力,在没有受过很多正规教育的背景下,成为悉尼大学法学院的第一位女教授,澳大利亚首位女性法理学教授,同时也是澳大利亚有史以来第二位女性法学教授。在职业生涯中,她担任了于 1909 年成立的世界法哲学与社会哲学协会(Internationale Vereinigung für Rechts und Sozialphilosophie)主席(1987—1991,1983—1987 担任副主席),并在 1988 年成为澳大利亚第一位国际比较法协会院士。1985 年她因对法律教育与科研的贡献而被授予澳大利亚勋章(Order of Australia),1986 年当选为澳大利亚社会科学院院士。除此之外,她还担任了澳大利亚法律改革委员会(兼职)委员(1982—1987),政府多个顾问委员会成员,罗德(Rhodes)奖学金选拔委员会委员,同时还在多个国家的大学担任荣誉教授或杰出教授等等。她生前的最后一个职务是澳大利亚(联邦)人权委员会主席。

郑汝纯教授一生的学术追求基于客观研究,在事实证据基础上阐

---

[1] M. Gleeson, "A Tribute to Professor Alice Tay", in G. Doeker-Mach & K. A. Ziegert eds, *Law, Legal Culture and Politics in the Twenty First Century* (being a Festschrift in Honour of Alice Erh-Soon Tay), Germany: Franz Steiner Verlag Stuttgart, 2004, 489-490.
[2] "Outspoken champion of human rights", *The Australian*, 2004-05-12, 26.
[3] A. Tay, "Women, Culture and the Quality of Life", in L Sandell & EE Schmidt eds, *Women of the Year: A Collection of Speeches by Australia's Most Successful Women*, Sydney: The Watermark Press, 1987, 27.

述法律的性质与功能,阐述正义、平等及人权的观念,以及对社会主义法律体系,包括苏联法及中国法的分析与批评。她一生发表了130多篇文章,编辑了20多本书,参与10多部政府报告的调研写作,发表了无数的演讲及短文。① 这些都是有理论指导,有证据为基础的分析与批判。然而,一个好的学者绝不应只是个学者,她/他更应该是学术带头人。② 郑汝纯教授正是这样的大学者与学术带头人。通过组织国际会议、讲座和书籍编纂,她不但培养了一批学术带头人,也给予无数当时名不见经传的学者参与高级别国际学术活动及高水平出版的机会。很多年轻学者因为她的帮助和她提供的机会而取得更多学术成绩,进而成为专家学者或学术带头人,在自己的领域占领了一壁学术江山。就这点而言,她对学术界的功勋可谓不可估量。

郑汝纯教授的经历造就了她不愿屈服的刚强人格,让她成为"一个充满意志、力量、决心,犀利而又谦虚的学者"。③ 也因为如此,她对朋友与对"敌人"一样,没有妥协,不存在模棱两可似是而非,她要求每个学者都必须毫无保留地真实,并由此而得到认可与尊重。④ 从某种意义上说,她相信"君子求诸己"的哲学伦理,但她的观念比先贤更进了一步:基于自己的生活经历,她认为成功只能是个人抗争与努力奋斗的结果,一个选择学术为职业生涯的人同时也选择了一生致力于对真理的追求。

2004年,我与同事戈登·沃克(Gordon Walker)教授(也是郑汝纯教授的学生)编辑了一本关于国际经贸与全球化的学术论文集,我们题献给郑汝纯教授,并写道:"作为郑汝纯教授的学生与同事,我们一生得

---

① 郑汝纯教授的完整的出版目录见 G. Doeker-Mach & K. A. Ziegert eds, *Law, Legal Culture and Politics in the Twenty First Century* (being a Festschrift in Honour of Alice Erh-Soon Tay), Franz Steiner Verlag, 2004, 509-523.
② 当今的学者与学术机构面临着没完没了的机械性的年度审查,学者忙于应付指标任务,学者(尤其是教授)作为学术带头人的概念似乎正在消失,可以说是当今学术界的又一悲剧。
③ "Outspoken champion of human rights", *The Australian*, 2004-05-12, 26.
④ K. Santow, "Preface", in Guenther Doeker-Mach & K. A. Ziegert eds, *Law, Legal Culture and Politics in the Twenty First Century* (being a Festschrift in Honour of Alice Erh-Soon Tay), Franz Steiner Verlag, 2004, 13.

益于郑教授的学术熏陶、支持与友谊,我们与其他很多学者与朋友一样,无限怀念郑教授。"当我写下"无限怀念"的那一刻,我才知道,语言是如此贫乏。

卡门卡与郑汝纯:绝世佳配与学术合作的绝唱

卡门卡与郑汝纯教授都在恶劣的社会大环境中成长,也正因为如此,他们都有强烈的对"非正义"的痛恨,这也决定了他们一生专注于对正义的研究及实践。更重要的是,他们所追求的正义不是个体化的。他们试图寻找一种超越个体(如性别、种族、肤色、国别、时间等等)因素的人类本质要求的界定,并以他们所推崇的方法论开展对普遍的人道主义价值观(如正义观)的追求。正是他们这种抽象研究的方法论和对普遍价值观的追求,让他们产生了共鸣,并成就了绝世佳配与学术合作的绝唱。

如前文所述,用他们共同坚持的人生座右铭来概括则是"凡人道者皆我友"。也正如此,他们视愚蠢、虚伪、诡诈、懒惰、胸无大志、不尊重文化与文明为人性中最难能容忍的弱点。或许,有人会认为,他们因为拒绝平庸浅薄而显得过于挑剔苛责。我以为,如果拒绝平庸浅薄是做人的刻薄,那么现在这个社会这个时代,我们需要更多如此的"刻薄"。

在学术方面,郑汝纯教授与卡门卡教授在各自的领域都是享誉全球的大学者,在此,我仅谈谈他们在法理学方面的合作。简单地讲,郑汝纯教授与卡门卡教授合作所建立的法学理念与分析框架是参照德国社会学家马克斯·韦伯(Max Weber)与斐迪南·滕尼斯(Ferdinand Tönnies)关于社会群体的分类,而建立起的关于法律类型的分析框架。他们接受滕尼斯关于"礼俗社会"(Gemeinschaft,一种由共享价值与信仰而结成的具有强烈个人关系衔接的传统社会团体)与"法理社会"(Gesellschaft,一种强调以客观规则调整独立个人间的社会关系的"法治"团体)的分类,同意韦伯关于"行政官僚结构"(bureaucratic-administrative structure)的分析。在此基础上,加上他们对社会主义法学的分析而形成的"支配与服从的社会模式"(Domination-submission paradigm),设立了有关法律的概念界定与模式分类。虽然在该理论框架中,他们使用了类型、结构、模式等术语,但他们与韦伯和滕尼斯一样,指的是"理想式"(ideal)的类型、结构和模式。在现实社会中,每个社会都不可能是一个纯粹的"理想式"的类型,而是有相互交叉与渗透。因此,这里所用到的类型、结构和模式含义,更准确地讲是指,任何社会的法律都可能有这四种因素或取向,最终某个特定社会的法律特征即取决于在该社会哪一个取向或因素具有决定性的作用。这一理论的最大优势在于,它可以让学者引入历史、文化、政治甚至经济的因素对特定法律体系做出分析,并得出根本性和概念性的认识。这一理论框架最独特的地方在于,他们把欧洲的纯法社会学理论与马克思主义对西方法分析的理论结合在一起,建立了一种客观的法学理念与分析框架:这个框架能同时适用于分析社会主义法律体系与西方法律体系,民主的与专制的法律制度,及传统的与革命性的法律。

结 语

郑汝纯教授和卡门卡教授所建立的法学理念与分析框架是十分抽象的、概念性的体系。[1] 当时,法社会学还未取得它所应有的学术地位,更没有今日的辉煌,因此,他们这套理论的学术影响应该说是有限的。用他们自己的话说,真正理解他们那套法学理念与分析框架的人不多,而能熟练应用该理论体系来分析特定社会法律的就更寥寥无几了。[2]

然而,学术的伟大,不正是来源于学术的独立、专注,对"时尚、便利与权威"的藐视?独立的思想与人格,不正是抽象普遍价值的最具体的

---

[1] 观念化(conceptualisation)是他们关于法律研究最经常提到的词汇。参见 K. Santow, "Preface", in G. Doeker-Mach & K. A. Ziegert eds, *Law, Legal Culture and Politics in the Twenty First Century* (being a Festschrift in Honour of Alice Erh-Soon Tay), Franz Steiner Verlag, 2004, 500-502。

[2] 郑汝纯教授与卡门卡教授都有很多博士生,大家或多或少都研习过他们的理论,但他们从未强制要求学生学习他们的理论或阅读他们的学术作品。

表述？在郑汝纯教授和卡门卡教授去世多年后的今天，重读他们的作品，回忆与他们共度的时光，让我更好地理解了他们的思想与成就，也让我更钦佩他们人格的伟大。我相信，他们的观点和理论对今天的社会有极大的现实意义，他们为人的高贵更值得今天的我们学习。

书评

有效性、法律关系与社会自由：
评《法律关系：法律实证主义之后的法律理论》

卫成义[*]

摘要：索梅克教授的《法律关系：法律实证主义之后的法律理论》在对20世纪的法律理论进行批判的基础上，提出了一种以社会关系取代规则体系的法律理论。法律关系起源于道德关系的普遍化困境，具有自由维度和权威维度。法律关系的自由维度在于使社会交往便利化，将人们从道德论证中解放出来。法律关系的权威维度在于，法律关系中存在第二人称的政治权威，主体的行为基于互惠原则成为其他人服从的权威。在法律关系中，存在着无产者、有产者以及整个社区的异化现象，其理性化形式表现为审美生活和伦理生活中的绝望。为此，应当超越法律关系，走向社会自由，将个体的生命视作更大的整体的部分，个体的自由和自我实现依赖于其他人的自由和自我实现。

关键词：有效性　道德关系　法律关系　社会自由

批判法学运动的伟大领袖昂格尔，在他的经典名著开端即指出了社会学伟人给后人带来的困境：后人要么选择成为伟人丰碑的守护者，要么为了追求独立性，而利用自己娴熟的技术极端地限缩自己的研究

---

[*] 作者简介：卫成义，西北政法大学研究生院2023级博士研究生，西北政法大学法律、科技与人文高等研究院研究人员。

范围。这两种回应都是思维与心灵的失败,代表着他们不敢勇敢而诚实地直面他们所崇拜的伟大学者。① 在当代法理学与法哲学理论中,这一困境更加突出。正如有学者指出,当代英美法哲学陷入一个奇怪的传统,这个传统不仅被一个人(哈特),而且被一本书(《法律的概念》)主导。② 正如昂格尔所指出的那样,一部分学者倾尽心力为哈特式的法律实证主义辩护,另一部分学者则着力于从哈特、德沃金这些伟人的理论中寻找足够狭小和专业的问题并解决。

奥地利法学家亚历山大·索梅克的著作《法律关系:法律实证主义之后的法律理论》,就是勇敢而诚实地直面伟大学者的尝试。在本书中,索梅克首先对后期法律实证主义(其代表人物是哈特和拉兹)展开分析和批判,指出由于准确描述的不可能、习俗主义以及内部视角的失败,这种理论无法解决法律有效性③问题。在证明了自然法理论(以德沃金为代表)也无法解决这个问题之后,作者提出,只有通过法律关系才能完成重构法律理念的工作。最后,为了真正的自由和自我实现,人要从法律关系中走到社会关系中,实现人的社会自由。本文按照这个逻辑依次考察此著作中的重要问题,并在实体理论与方法论的层面上讨论其价值与得失。

一、后期法律实证主义与现代自然法理论的失败

(一) 法律理论的问题

在讨论后期法律实证主义与自然法理论的缺陷之前,首要的工作是重新审视法律理论的问题,在这之后,才能合理地讨论这两种理论为

---

① R. M. Unger, *Law in Modern Society: Toward a Criticism of Social Theory*, The Free Press, 1977, 1-2.
② M. D. Mar, "Introduction", in M. D. Mar eds., *New Waves in Philosophy of Law*, Palgrave Macmillan, 2011, 1.
③ 值得说明的是,在索梅克的理论中,有效性(validity)指的并不是法律的现实约束力,而是规范性。

何无法成功地解决法律理论的问题。索梅克认为,法律理论的目的不在于提高法学家解决疑难案件的能力,也不在于提高对法律体系结构的技术性理解。法律理论应当解释法律为何以及如何对我们的生活具有重要性。[1] 法律对生活的影响,就是法律的有效性,而这必然依赖于人们对法律的认识,这种认识法律的方式,就是法律的一般渊源(general sources)。[2] 法律科学将法律设想为无漏洞的,并且可以按照有限的基本原则所铺设的道路发展。法律现实主义和德国的自由法运动,揭穿了这个术语的错误。对法律的研究不是科学,而是一种技术或艺术。因此,作者认为我们应当降低期望,追求一种可辩驳的(defensible)对法律科学的理解,也即法律知识。[3] 在更加晚近的作品中,索梅克对法律知识提出了更加清晰的阐释。法律知识服务于提出、捍卫和决定法律主张。法律知识可以扩展到包含法律渊源。从广义上讲,法律知识意味着以选择或决定的形式权威地认识我们的义务和权利。[4] 这样,通过法律知识,法律的有效性就与法律渊源之间建立了联系。

索梅克提出了一种动态的法律渊源理论。法律为自己设定承认的方式,并自我揭示,这种方式可以分为承认的实在形式(positive form of recognition)和承认的必要形式(necessary form of recognition)。[5] 前者构成普通的法律渊源,后者允许这些渊源成为渊源。如果没有必要渊

---

[1] A. Somek, *The Legal Relation: Legal Theory after Legal Positivism*, Cambridge University Press, 2017, xii.
[2] A. Somek, *The Legal Relation: Legal Theory after Legal Positivism*, Cambridge University Press, 2017, 12.
[3] A. Somek, *The Legal Relation: Legal Theory after Legal Positivism*, Cambridge University Press, 2017, 81-82.
[4] A. Somek, *Knowing What the Law Is: Legal Theory in a New Key*, Hart Publishing, 2021, 20.
[5] 在本书中,作者并未特意指明何为"必要形式",只是随着行文的深入暗示了必要形式实际上是法律学术。在更新的表述中,作者直截了当地指出,法律学术是一种二阶的法律渊源,它工作的对象来自其他渊源(习惯法和立法)的材料。一阶的法律渊源(习惯法和立法)在没有二阶法律渊源的帮助下,只能自己为自己"说话",然而却无法说出从其演变而来的情况。法律知识在这个意义上就是一种解释,其解释的资源又来自一阶法律渊源之外。最终,法律知识实现了在相关情况中关于一阶法律渊源的普遍化。为此,法律知识发展出复杂的概念区分方法。法律学术不仅是法律知识的渊源,还是一种真实的法律渊源。参见 A. Somek, *Knowing What the Law Is: Legal Theory in a New Key*, Hart Publishing, 2021, 21-23。

源的干预,这些实在渊源将会完全"枯竭"、沉默。① 习惯法是第一种实在的承认形式,但是它的适用与认可不清晰,立法的出现弥补了这些缺陷。但是立法也有缺陷,法律只是一些规则或规范的集合,它不能自己适用于案件之中。这就要求法律学术的出现。法律学术运用多种概念分类和解释建构方法去决定规则在具体案件中的适用。法律学术把法律变成一个系统的整体。正是在系统的法律知识的形式中,法律可以从立法成长为一个系统化的形式。② 这样,习惯法、立法和法律学术就构成了一个逐级完善的法律渊源的序列,法律作为认识对象越来越清晰地被理解。

法律渊源理论解决了法律有效性问题的前提——认识法律,但是还没有解决有效性问题本身,这一问题的核心就是法律与道德的关系。普赫塔曾经提出一个问题:为何道德上邪恶的行为仅因其起源于合法的选择,就应当被接受?索梅克认为,至少有三种方式来解决这个问题。第一种承认实在法与道德的冲突,但是不考虑任何调和(哈特的观点);第二种承认实在法与道德的冲突,并且主张个人的道德判断要为法律允许的可能性让位(霍布斯的观点);第三种则认为法律与道德的冲突是假象,根本不存在这样的冲突(德沃金的观点)。这三种方式的共同特征在于,都假定了我们必须离开法律,从一种关系的视角来讨论法律,在这种关系中我们期望我们自己和其他人为自己的行为提供理由。问题于是转化成了:人们在法律上建立关系如何在道德上是可能的,以及用理性和道德来解释法律关系。③ 这就是法律的有效性为法律理论提出的问题。

---

① A. Somek, *The Legal Relation: Legal Theory after Legal Positivism*, Cambridge University Press, 2017, 87-88.
② A. Somek, *The Legal Relation: Legal Theory after Legal Positivism*, Cambridge University Press, 2017, 97-98.
③ A. Somek, *The Legal Relation: Legal Theory after Legal Positivism*, Cambridge University Press, 2017, 108-113.

(二) 后期法律实证主义

索梅克对后期法律实证主义的批判从法律与道德的分离(可分离性)①开始。根据索梅克,可分离性意味着描述的准确性和建构主义,然而描述的准确性是不可能实现的。他认为,法律实证主义主张以一种道德无涉的(morally untainted)对规范性法律材料的描述来解决理解的问题。法律实证主义相信有人制定了法律,并且,无论具有何种不确定性,总是有办法可以确认有效的法律是什么。按照这种理解,实证主义法学要探究在何种条件下,法律作为社会事实可以被表示为认识对象。② 然而,这种描述主义不可能成功,因为法律适用与创制之间的界限难以保持。③ 法律适用必然涉及解释,而解释必然涉及超越法律的因素,因此法律适用必然涉及道德。④ 值得注意的是,这一论证是否适用于哈特的理论是存疑的,因为哈特认为,超越法律的因素并不一定与道德相关,不是所有的"应当"都意味着道德相关性。⑤

后期法律实证主义不同意建构主义⑥的方法。在哈特看来,将法律还原为逻辑结构的错误在于,它假定了概念是固定和封闭的。⑦ 当人们对某概念所属的类型发生争议时,封闭概念无法得到合适的定义。⑧ 与

---

① 可分离性是实证主义法学的三大理论组成之一,其核心主张就是不能因为规则违背道德标准或是在道德上值得追求,就认为该规则不属于或属于法律。参见 H. L. A. Hart, *Essays in Jurisprudence and Philosophy*, Clarendon Press, 1983, 55。
② A. Somek, *The Legal Relation: Legal Theory after Legal Positivism*, Cambridge University Press, 2017, 24-25.
③ A. Somek, *The Legal Relation: Legal Theory after Legal Positivism*, Cambridge University Press, 2017, 27.
④ A. Somek, *The Legal Relation: Legal Theory after Legal Positivism*, Cambridge University Press, 2017, 28-29.
⑤ H. L. A. Hart, *Essays in Jurisprudence and Philosophy*, Clarendon Press, 1983, 79-81.
⑥ 建构在德国法律科学中,指概念形成(concept formation)的过程和结果。在私法中,耶林在早期提供了鲜明的法律建构主义的陈述。他认为从法律原始材料中可以建构出法律概念和法律原则。这种过程就是建构。建构主义的结果就是将法律还原为逻辑形式。参见 S. L. Paulson, "Hans Kelsen's Earliest Legal Theory: Critical Constructivism", *The Modern Law Review*, Vol. 59: 6, 797-812(1996)。
⑦ H. L. A. Hart, *Essays in Jurisprudence and Philosophy*, Clarendon Press, 1983, 269.
⑧ H. L. A. Hart, *Essays in Jurisprudence and Philosophy*, Clarendon Press, 1983, 32.

此相对,后期法律实证主义将法律体系建立在习俗的基础上,从而避免了神秘的建构。① 哈特从语言哲学中借鉴了日常语言分析②的方法,作为发现社会共识的工具。习俗主义将承认规则解释为共同的行为特征,然而特征并不能通过客观的描述(上文已说明这是不可能的)而被获知,因此承认规则只能在对特征的解释中被揭示出来。同样地,一旦承认了解释的作用,习俗主义就不再单纯地诉诸共同的行为特征了,而涉及协商、计划,要为不同的意见保留空间。因此,索梅克认为,习俗主义最终自己废除了自己。③

索梅克的批判,最后指向了内部视角。根据凯尔森的纯粹法理论,法律规范全部是由条件与后果组成的制裁性规范,它们之间的关系是一种道义论意义上的必然性。④ 相比于经典法律实证主义(其代表人物是边沁和奥斯丁)将法律的力还原成了某种事实上无法抵抗的力量,凯尔森避免了将规范性还原为事实。⑤ 但是同时,凯尔森将规范性理解为"纯粹的"⑥法律规范性,这意味着法律并不会为人们的行为提供理由,这一功能由道德实现。这种看待法律的视角,不是在描述其他人的规范性信念(内部视角),也不是描述性的(外部视角),而是法律自身的

---

① A. Somek, *The Legal Relation: Legal Theory after Legal Positivism*, Cambridge University Press, 2017, 33.
② 日常语言分析是日常语言学派主张的语言分析方法。日常语言学派主张将语言作为一种人类活动来看待。"语词的意义"并不只是逻辑关系,它们与特定的人类经验有关,是结晶在语词和语法中的一般经验。参见陈嘉映:《简明语言哲学》,中国人民大学出版社2013年版,第53页。
③ A. Somek, *The Legal Relation: Legal Theory after Legal Positivism*, Cambridge University Press, 2017, 46.
④ A. Somek, *Knowing What the Law Is: Legal Theory in a New Key*, Hart Publishing, 2021, 79-80.
⑤ A. Somek, *The Legal Relation: Legal Theory after Legal Positivism*, Cambridge University Press, 2017, 57-58.
⑥ 所谓"纯粹",指的就是排除政治意识形态和所有自然科学元素的影响,将法学提升到真正的科学即精神科学的高度。纯粹法理论的全部目标在于认识。因此,在凯尔森的理论中,法律并不能为人们的行为提供理由。参见 H. Kelsen, *Reine Rechtslehre. Mit einem Anhang: Das Problem der Gerechtigkeit*, Mohr Siebeck Verlag Österreich, 2017, 3, 21。

视角,拉兹将其称为法律人(legal man)的视角。① 后期法律实证主义以内部视角来阐明法律提供行为理由的功能,这一视角的基础是习俗主义。哈特所理解的内部视角的批判反思性态度,②就是人们以习俗为标准提出自己行为的理由,并审视他人的行为。然而习俗本身可能只是表演的结果,这种表演——尤其是当习俗不甚明了之时——就是"像所有其他人做的那样去做"。然而即使上升到这个群体的顶端,一个人仍然会担忧自己的行为不为他人所认可。那么,表演者被迫要求助于法律专家的预测,这样一来,内部视角就被外部视角入侵了。③ 这种表演知道法律的行为的人,所持有的态度就是超然的态度。这种态度实际上是对内部视角的反讽。比如当我们说,"根据法律来讲,……",实际上是在讽刺人们并不是根据法律来做的。当人们说内部视角时,实际上是左看右看,和他人保持一样。④ 这样,后期法律实证主义提出的为了阐明法律有效性的内部视角,被证明是不可能存在的。

(三) 现代自然法理论

索梅克采纳了德沃金对后期法律实证主义的批判,认为后者不能称为法律知识。德沃金认为,自哈特以来的法律实证主义,狂热地捍卫一种行会主张(guild-claim):他们的工作是概念性的和描述性的。这使得他们与包括法律实践、对实体和程序法的学术研究、政治哲学、法律社会学、法律人类学等领域区分开来。⑤ 其结果就是,法律实证主义与

---

① A. Somek, *The Legal Relation: Legal Theory after Legal Positivism*, Cambridge University Press, 2017, 61.
② 哈特认为,当涉及一个群体的规则时,一个人可以作为不接受规则的观察者,或者作为这个群体的成员,将规则作为行为的指导接受并使用它们。后者的视角被称为"内部视角"。对于内部视角而言,针对作为共同标准的行为的特定特征,批判反思性态度(a critical reflective attitude)是必需的。参见 H. L. A. Hart, *The Concept of Law*, 2ed, Clarendon Press, 1994, 57, 89。
③ A. Somek, *The Legal Relation: Legal Theory after Legal Positivism*, Cambridge University Press, 2017, 70-72.
④ A. Somek, *The Legal Relation: Legal Theory after Legal Positivism*, Cambridge University Press, 2017, 74-76.
⑤ R. Dworkin, *Justice in Robes*, The Belknap Press of Harvard University Press, 2006, 213.

它的研究对象隔绝了,与法律知识无关。① 值得注意的是,德沃金所批评的法律实证主义不包括哈特《法律的概念》,而是从哈特之后的法律实证主义,其中仅包括哈特的《法律的概念》第二版后记。而本书作者却以德沃金的论证为由,否定了包括哈特在内的法律实证主义的知识价值,这个论证的合理性是存疑的。此外,据哈特自己所说,《法律的概念》是一部描述社会学的著作,②其中提出的规则体系概念也是对法律渊源的一种理解。③ 根据索梅克提出的标准,这些理论显然是与法律知识有关的。

尽管索梅克在批判法律实证主义这一点上同意德沃金的看法,但是他并不同意包括德沃金在内的自然法学家提出的"唯一正确答案"理论。根据这个理论,寻找法律问题的正确答案与寻找道德问题的正确答案是连续的,对于任何法律问题,有且仅有一个实体性正确的答案。索梅克认为,唯一正确答案理论不能适合于人们的审美体验。在文学作品中,人们可以将道德悬置,从而感受生命的困惑。艺术展现出邪恶计划的善良以及正确性的阴暗面,而不试图说明孰优孰劣。它使得我们能够处于一种无知的状态中,而在实践中由于道德的存在我们无法进入这种状态。艺术通过使我们与道德的复杂性和解,从而实现与生活的和解。而唯一正确答案理论否定了道德的复杂性,因此否定了艺术带给我们的和解,否定了这种审美体验。因此,拥抱唯一正确答案理论就是拥抱道德上的平庸。④

索梅克在更加晚近的作品中对德沃金的"唯一正确答案"理论提供了更加完善的批判。根据德沃金,法律的权威基于道德重要的原则,这些原则将法律和权威先例以一种最有吸引力的方式展现出来。这个理论的前提是,原则之间权衡的问题是有正确答案的。如果能够或者必

---

① A. Somek, *The Legal Relation: Legal Theory after Legal Positivism*, Cambridge University Press, 2017, 4.
② H. L. A. Hart, *The Concept of Law*, 2ed, Clarendon Press, 1994, v.
③ H. L. A. Hart, *The Concept of Law*, 2ed, Clarendon Press, 1994, 101.
④ A. Somek, *The Legal Relation: Legal Theory after Legal Positivism*, Cambridge University Press, 2017, 3-6.

须存在一个正确答案,它是什么,事实上是不清晰的。至少随着时间的变化,总会存在着道德原则的冲突,并且人们的道德观点也大相径庭。此外,这个前提的成立也是存疑的。或许德沃金低估了道德问题的复杂性,因而没有考虑到道德原则的不可比较性(incommensurability)问题。如果在两个原则中,任何一个都不高于另外一个,同时它们的重要性也不相同,那么就不存在决定它们权重的基础。德沃金还没有考虑到悲剧冲突(tragic conflict)。这种冲突涉及两个竞争的道德权威,它们的要求同样令人信服但是却不相容。审美经验使我们接近冲突而不必遭受它带来的苦难。而唯一正确答案理论在这一点上是失败的。①

二、法律关系理论

(一)道德的普遍化困境与法律关系的起源

根据索梅克的理论,法律关系起源于道德关系的普遍化困境。因此,首先应当关注他关于道德普遍化困境的讨论。普遍化是道德判断的形式,一个判断只有满足了内容的普遍性的条件,才能形成一个有效的严肃主张。② 索梅克将道德的普遍化分为基本的普遍化(the basic level of universalization)和反思的普遍化(the reflective level of universalization)。索梅克为基本的普遍化提出了一个公式。如果一个人站在受到影响的人们的立场上,发现一条规则对于他们来说是可接受的,那么在这之后,这个人认为这条规则对所有人有效的主张,就完成了普遍化。但是正如黑格尔指出的,这种基本的普遍化涉及一个困惑:人们可以在不破坏普遍原则的同时得出不同的结论。③ 在遵守普遍原则、站在

---

① A. Somek, *Knowing What the Law Is: Legal Theory in a New Key*, Hart Publishing, 2021, 136-140.
② A. Somek, *Knowing What the Law Is: Legal Theory in a New Key*, Hart Publishing, 2021, 156.
③ A. Somek, *The Legal Relation: Legal Theory after Legal Positivism*, Cambridge University Press, 2017, 114-115.

他人立场思考的同时,人们保有了各自不同的价值观。因此,站在他人立场的同时,人们并不会与他人对同一事情抱有相同的看法。作者举了一个例子来说明这一点。一个少年打开他的播放器,因为他不在乎邻居是否介意。而一个法哲学家则非常介意被打扰。前者认为生活应该充满喧嚣的乐趣,后者则认为生活应该是宁静的。他们都没有破坏普遍化原则,也确实认为对方应当也享受他们的生活。但是因为他们的价值观不同,所以结论不同。① 可见,基本的道德普遍化的困惑根源在于,人们并不持有完全相同的价值观。

为了解决基本的道德普遍化面临的问题,我们需要走向反思的道德普遍化。仍以上文的例子为讨论对象。在基本的普遍化的层面上,少年站在法哲学家的立场上考虑后者的偏好,但是根据少年自己的价值观,这种偏好总是被打败。然而在反思的普遍化的层面上,少年不仅站在法哲学家的立场上考虑他的偏好,还考虑到他的价值观。这意味着少年会在思考时,提高宁静的权重,使其超过喧嚣的乐趣。法哲学家也进行着同样的思考。其结果是,双方达成了一致,普遍性在有限的范围内得到建立。作者将其称为主体间的互惠性(impersonal reciprocity)。② 值得注意的是,反思性的普遍化,相比于基本的普遍化,真正实现了普遍化,但是其代价却是将普遍化的范围限制到有限的个体之间。这意味着,对于不受其影响的人来说,一个人的行为其理由如何可能根本不再重要。这预示着法律关系的起源。

索梅克认为,反思性普遍化是法律关系的起源,实践理性因此穿着"意志"和"选择"的社会外衣,有了实践影响。③ 法律是以一种道德合法的方式去卸下道德证成的负担。这意味着两个方面的影响。一方面是便利性的,道德信念可以被付诸行为,即使别人不同意。使得道德信

---

① A. Somek, *The Legal Relation: Legal Theory after Legal Positivism*, Cambridge University Press, 2017, 116.
② A. Somek, *The Legal Relation: Legal Theory after Legal Positivism*, Cambridge University Press, 2017, 118-119.
③ A. Somek, *Knowing What the Law Is: Legal Theory in a New Key*, Hart Publishing, 2021, 160.

念付诸实践的是道德信念的权利(法律权利),而不是普遍共享的观点。另一方面是解放性的,一个人可以与自己建立法律关系,以使得自己的行为免受道德良心的评价。更重要的,只有在法律关系中,一个人才可以"选择"变得道德。① 在法律关系中,价值观被弃置,抽象的个人并不在理性的权衡之后才做出选择,他们能够做出纯粹的选择。即使从道德视角来看,选择者的自由的实践是有害的,他仍然是自由的。② 简而言之,道德关系与法律关系在这个意义上的核心区别在于,在前者中,人们主张"我有理由做……",而在后者中,人们主张"我有权利做……"。这体现出了法律关系中的"意志"和"选择"。

(二) 法律关系的强制形式

法律关系的价值不仅仅在于便利化和将人们从道德中解放出来,这些只是法律关系的自由维度(liberating dimension),法律关系还具有另外一个维度:权威维度(authoritative dimension)。索梅克在这里区分了拉兹提出的服务型权威和政治权威,并认为法律关系所具有的是后一种意义上的权威。根据拉兹,权威的命令变成我们的理由,它取代了个人直接做出的判断。人们之所以服从权威是因为,人们相信权威的存在是为了使主体通过间接地服从而变得更好。③ 然而这与法律关系的权威不相同,索梅克提出了三个理由:在法律关系中,人们并不去识别理由,他人的行为即是理由;法律关系中的权威不仅仅是服从者被告诉应当做什么,还包括整个情况的安排,在其中他人的行为会导致服从者理由的改变;法律关系中的权威并没有最大化拉兹意义上的理由反应性(reason-responsiveness)。④ 这三个理由还需要进一步地解释。在

---

① 因为根据索梅克的理论,道德关系要求为行为提供足够的理由。而选择是一个人意志的实践,因此只有在法律关系中,人们不必为自己的行为提供理由时,才能进行真正的选择。而在道德关系中,人们事实上无法选择。
② A. Somek, *The Legal Relation: Legal Theory after Legal Positivism*, Cambridge University Press, 2017, 121-123.
③ J. Raz, *Practical Reason and Norms*, Oxford University Press, 1975, 193.
④ A. Somek, *The Legal Relation: Legal Theory after Legal Positivism*, Cambridge University Press, 2017, 124-125.

法律关系中,主体不需要为行为提供理由,只需指明有权利如此行为。同时,主体的行为对于他人而言,则是一种权威,是他人尊重主体行为的理由。并且,这种权威的目的并不是为了最大化服从者的利益。这种权威的基础是法律权利以及相互尊重权利的互惠,因此是反思性普遍化的,作者称之为政治权威。

通过前述分析可以看出,索梅克提出的政治权威与拉兹的服务型权威迥然不同,其中最显著的区别在于,拉兹的权威概念是第一人称视角的,关注主体的服从;而索梅克的权威概念是第二人称视角的,主体的行为只需要权利,不需要理由,这种行为对于他人而言则是权威,是他人行为的理由。这揭示了法律关系的内在强制性。主体自由地行使权利,同时意味着他人服从于主体行为的权威,这就是法律义务。他人必须尊重主体的权利,这意味着不得不在两个或更多不同意的选项中被迫做出选择。对于他人而言,建立互惠关系的目标使得他选择具有更小恶的选项。① 在更新的论述中,索梅克认为,法律关系的强制是一种"不自愿的意志"(unwilling volition),是非道德的义务渊源。法律义务的强制影响并不会摧毁意志力,一旦人们处于强制之下,他们知道他们不得不做什么,强制产生了一个行为的理由。② 这是一个非常有价值的见解。根据这种观点,强制本身(只要它没有完全地摧毁一个人的意志力,也即只要不是没有任何选择)就是具有规范重要性的事实,强制之下的选择可能因此不再需要特别的证成。这不仅与后期法律实证主义截然不同(见上文),而且与德沃金的理论也保持了距离。③ 那么,一个合理的疑问就是,法律推理在这种情况下发挥什么作用?

索梅克对这个问题给出了一个有趣而又不甚明了的回答:法律推

---

① A. Somek, *The Legal Relation: Legal Theory after Legal Positivism*, Cambridge University Press, 2017, 127.
② A. Somek, *Knowing What the Law Is: Legal Theory in a New Key*, Hart Publishing, 2021, 165-166.
③ 在德沃金看来,对法律的理解必然要解释法律作为国家强制力的证成,也即为什么大多数人的选择能够给一个政权以合法的权力用于强迫那些反对它的人。参见 R. Dworkin, *Law's Empire*, The Belknap Press of Harvard University Press, 1986, 191。

理追求的是混淆道德思考与平静的反讽。① 在上文中我们已经解释,索梅克用反讽表示外部视角对内部视角的侵袭。联系上文对法律关系中强制的解释可以看出,法律关系中的权威,并不以服从者对权威的内容的认同为条件。服从者之所以服从于权威,是因为他基于反思的普遍化或者互惠原则,尊重法律权利人合法的行为。换句话说,对于服从者而言,重要的是权威存在的事实,而不是他认同权威的存在。如果用哈特的术语来表达,索梅克用平静的反讽表达的意思是,外部视角足以解释法律的规范性,因为后者的基础不在于服从者对法律的认同,而在于反思性普遍化。同时,在普遍化中包含着平等,而平等是道德的要求,因此索梅克认为法律与道德没有严格的分离。在这种情况下,将道德推理置入法律语境之中,道德推理将发生变化。它的目的不再是建立真理(这是其最初被认为的目的),而是服务于说服或者减弱疑问。② 法律推理借此希望实现的目的是,将主体的行为说成是基于认同法律推理的前提及证成的结果。也即,将出于外部视角的行为说成是出于内部视角的行为,从而实现混淆的目的。

(三) 平等、自由与尊严

索梅克认为,法律关系中暗示了三个基础的思想:作为选择者我们被认为是自由的,当相互尊重权利时我们是平等的,对平等、自由的法律的保证被认为应当保证有尊严的生命。这三者相互关联,难以分开。③ 值得注意的是,平等和自由是从法律关系理论中推导出来的价值目标,而尊严则是被假定为最高的价值目标的。这种假定并不是理所当然的,体现了索梅克的伦理学价值取向。此外,尊严被假定为超越自由和平等的价值目标,还体现了更大的面向实践的学术抱负。西方社

---

① A. Somek, *The Legal Relation: Legal Theory after Legal Positivism*, Cambridge University Press, 2017, 108.
② A. Somek, *The Legal Relation: Legal Theory after Legal Positivism*, Cambridge University Press, 2017, 128-131.
③ A. Somek, *The Legal Relation: Legal Theory after Legal Positivism*, Cambridge University Press, 2017, 133-134.

会长期存在着保守主义和自由主义的对立,前者强调政府尊重个体独立的义务,后者强调政府平等对待和尊重个体的义务。[1] 这体现了自由和平等两个价值目标之间的张力。索梅克称赞德沃金的转变,即在早期著作中体现出对平等尊重和关心的基本权利的重视,但是在他的后期著作中人类尊严取得了中心地位。[2] 索梅克通过发展法律关系理论,不仅仅希望解决后期法律实证主义和现代自然法理论未能解决的理论问题,还希望通过将人类尊严设置为最高的价值目标,解决自由和平等两个价值目标的冲突的问题。这在后期法律实证主义的描述性立场看来,当然是不可想象的。

索梅克将法律关系的发展至少分为两个阶段,法律关系首先以一种黑格尔式的人格对待我们。这种人格中蕴涵的自由仅指选择的自由,这种自由是形式的,不关心实体内容。只要可以选择,主体就是自由的。[3] 一方面,这体现了法律关系相比于道德关系的积极性,它保证了主体选择的自由。即使这种自由是被迫选择的自由,至少选择自由的价值被肯定了。但是从另一方面讲,这种自由并不是真正的自由。根据索梅克的理解,真正的自由是"成为自己的自由"。只有当主体不需要改变自我的情况下,他才能真正地享受选择的自由。[4] 之所以法律关系无法保证真正的自由,其根源在于主体虽然有选择的自由,但是选项的范围却被忽视了。正如上文所说,被迫在不同的选项之间选择,体现了法律关系的强制维度。这种强制反过来将法律关系的自由限制为形式的自由。这意味着,要真正地实现自由,法律关系必须关注选项的价值,这就涉及评价的维度。

对选项的评价必然有所依据,这种作为评价依据的价值观的来源

---

[1] H. L. A. Hart, *Essays in Jurisprudence and Philosophy*, Clarendon Press, 1983, 198-199.
[2] A. Somek, *Knowing What the Law Is: Legal Theory in a New Key*, Hart Publishing, 2021, 125.
[3] A. Somek, *The Legal Relation: Legal Theory after Legal Positivism*, Cambridge University Press, 2017, 137.
[4] A. Somek, *The Legal Relation: Legal Theory after Legal Positivism*, Cambridge University Press, 2017, 141-142.

被索梅克称为实践身份(practical identity)。① 如果从主体的实践身份出发,在一系列有价值的选项之间做出选择,那么主体的选择自由才可能真正得到实现。反之,比如对于一个素食主义者来说,食用肉的机会没有价值,这类选项数量的增加与他的自由毫无关系。② 在市场经济条件下,社会期望人们有足够的敏捷性和适应性来提高自己的竞争力,同时,个人希望追求他的实践身份。法律关系中蕴涵的平等主义,尊重每个人选择实践身份的能力。这样一来,主体必须面对社会所支持的实践身份与自我追求的实践身份之间的差异和冲突。其结果就是,自我决定不再可能。自我分裂成了社会兼容的作为客体的我(me)和一个相对难以驾驭的作为主体的我(I)。③ 从而自我被贬损,人类的尊严无法得到保障。法律关系在这个方面的失败,其根源据索梅克所说,是因为提倡尊重个体是没有意义的,因为这是抽象的。真正重要的是尊重不同的生活形式(及其所蕴涵的实践身份)。④ 为此,人们要从法律关系中进入到社会关系中,这就过渡到了本书的最后一章。

三、异化、绝望与社会自由

(一) 存在与自我实现

在进行接下来的讨论之前,有必要就索梅克法律关系理论的哲学

---

① 索梅克在这里使用了科斯嘉德(Christine M. Korsgaard)对实践身份这一术语的诠释。科斯嘉德将一个人的身份区分为理论身份和实践身份。前者是指关于一个人的不可避免的科学事实。后者被理解为一种描述,基于这种描述一个人发现他的人生是值得过的、他的行为是值得付诸实践的。比如作为一个男人或者女人、某种宗教的信徒、某个民族的成员、特定职业群体的成员、某人的情人或者朋友等,这些都是一个人的实践身份,它们会产生一个人行为的理由和行为的义务。参见 C. M. Korsgaard, *The Sources of Normativity*, Cambridge University Press, 1996, 101。
② A. Somek, *The Legal Relation: Legal Theory after Legal Positivism*, Cambridge University Press, 2017, 139-140.
③ A. Somek, *The Legal Relation: Legal Theory after Legal Positivism*, Cambridge University Press, 2017, 149-150.
④ A. Somek, *The Legal Relation: Legal Theory after Legal Positivism*, Cambridge University Press, 2017, 152-153.

基础进行必要的说明和解释，这对于理解下文的讨论而言，是至关重要的。索梅克总体上持存在主义的立场。这一立场不仅表现在他频繁地引用存在主义哲学家克尔凯郭尔的理论，还直接体现在他发展出来的法律关系理论中。上文已经讨论，索梅克认为，在法律关系中，对选项的评价取决于一个人的实践身份。索梅克在其他地方举了一个例子来说明实践身份对选项评价的影响。对于一个父亲来说，当绑匪劫持了他的女儿时，在支付赎金和失去他女儿的生命之间，并不是真正的选择。他必须付赎金，他不得不这么做，因为他的身份是父亲。① 在法律关系中，重要的不是一个人的自我，而是他的身份或者角色，后者又是一个人选择的后果。这正符合存在主义对存在的理解，即"存在先于本质"（existence precedes essence）。不像其他的事物或生物，个体的人类在任何给定的时间点总是一个或者类似一个后果，这个后果不是他们给定的或者固定的本性或本质的后果，而是他们选择的后果，通过这种方式他们努力解决他们的当下生活带来的问题，并且追求未来的可能性。②

　　索梅克将自我实现作为人的伦理目标。根据克尔凯郭尔，个体无限热衷于存在，并且持续地处于成为的过程中（the process of becoming）。"热衷于存在"不是欲望，而是一种关心，关心一个人生活的种类，关心一个人变成何种种类的人。"处于成为的过程"不是说人类在改变或者发展，而是说人类总是"领先于自己"，总在处于向未来的路上，这条道路会"唤醒现在"（awaken the present）。这意味着，人类个体不仅有能力回溯自身，思考自己的生活带来的问题，而且在任何时间都能够通过对当下状态的超越，走向未来他们要实现的可能性的道德，使得他们自己被理解。③ 用索梅克的术语来表达，自我实现就是要实现个

---

① A. Somek, *Knowing What the Law Is: Legal Theory in a New Key*, Hart Publishing, 2021, 164.
② D. E. Cooper, "Existentialism as a Philosophical Movement", in S. Crowell eds., *The Cambridge Companion to Existentialism*, Cambridge University Press, 2012, 35.
③ D. E. Cooper, "Existentialism as a Philosophical Movement", in S. Crowell eds., *The Cambridge Companion to Existentialism*, Cambridge University Press, 2012, 34-35.

体未来的可能性,这种可能性基于个体的选择。尊严之所以至关重要,就是因为它与自我以及自我实现具有密切的关联。自我实现作为伦理目标,是索梅克责难法律关系的依据,也是促使我们超越法律关系的动机。

(二) 法律关系中的异化

在索梅克看来,法律关系中人们之所以无法自我实现,根源于异化现象。他首先承认了马克思的劳动异化理论的正确性。根据马克思,在资本主义社会中,存在异化劳动现象。这种异化具有三个特征。首先,异化表现为工人同他的劳动产品的分离。劳动的实现就是劳动的对象化,即将劳动固定在某个对象中。然而对象化却表现为对象的丧失和被对象奴役,即工人被剥夺了劳动产品,并且受他的产品即资本的统治。其次,工人与自己劳动的产品的对立,其原因在于工人在生产行为本身中使自身异化。劳动对工人而言是外在的东西,即工人并非出自需要而是为了满足劳动之外的目标而劳动,劳动只是实现这种其他目标的工具。在这种条件下,肉体的强制或其他强制是维持劳动的条件。这种劳动表现为外在的,即劳动不属于工人,工人在劳动中也不属于他自己,而是属于别人。最后,异化导致"人的类本质——无论是自然界,还是人的精神的、类的能力——变成人的异己的本质,变成维持他的个人生存的手段"。其结果就是人同人相异化,同他人相对立。① 异化的经验就是个体去权(disempowerment)和幻想破灭的经验,这个幻想——人与人之间相互是重要的,就像家庭关系一样——被异化打破,生产和消费的空间中个体性的生命根本不重要,我们都被抽象为劳动者,去生产产品。异化的经验,是承认这种苦难事实的一种方式。②

在索梅克看来,异化的根本原因是经济权力的存在。经济权力的

---

① 参见《马克思恩格斯全集》(第42卷),人民出版社1979年版,第91—98页。
② A. Somek, *The Legal Relation: Legal Theory after Legal Positivism*, Cambridge University Press, 2017, 160-161.

建立,其必要条件是财产所有权和合同自由,因此经济权力源于法律的确认。在这种背景下,有产阶级可以自由地强制无产阶级。后者唯一的一点点经济权力就是自己的人力资源,他们必须调整这种资源以适应需求。在这种将生命转换成维持生命的无财产状况下,人类自我实现的目标当然被倒置了。① 不仅如此,有产阶级利用经济权力强制无产阶级的同时,也会经历异化。因为经济权力内在地会将所有经济关系转化为争夺经济权力的斗争。其结果就是,为了交换,必须生产有人需要的商品,这样一来,生产者就变成了商品的工具。他们的产品只是为了获得他们想要的东西的代币。在某种意义上,他们的产品只是他们用来获得其他东西的钱。这样理解的话,每个人都是制钱者,商品就是他们自身的替代物。人们把自己变成自己所生产的商品的工具,其目的是为了获得经济权力。生产者变成了他们的商品的奴仆。②

经济权力的存在,不仅导致了无产者和有产者个体的异化,还导致了群体的异化,形成异化社区。索梅克并没有明确地指出在这种异化社区中,人们之间的关系主要是法律关系。但是考虑到索梅克认为异化的根本原因是经济权力,而经济权力的存在是由法律保证的。同时,索梅克认为,这种社区的出现基于需求和个体的自我主义,也即这种社区的出现来自为了获得经济权力的竞争性斗争。因此,一个合理的推论就是,在这种异化社区中,人们之间的关系主要是法律关系。可以说,这种异化社区是法律关系中的异化发展到极致的产物。正因如此,索梅克认为这种社区只是真实社区的一种夸张形式。索梅克并没有对这种异化社区的特征进行描述,而是引用马克思对另外一种与异化社区相对的社区的描述。通过这种对比,异化社区和我们要追求的社区的特征被并列地阐明。这些特征主要包括四项:个体的劳动行为是生命的自由表达,或者只是生命的异化;个体为了满足他自己的需要而工

---

① A. Somek, *The Legal Relation: Legal Theory after Legal Positivism*, Cambridge University Press, 2017, 161-162.
② A. Somek, *The Legal Relation: Legal Theory after Legal Positivism*, Cambridge University Press, 2017, 167-169.

作,或者劳动只是为了实现其他目标的工具;如果其他人享受产品,行为主体意识到人类的社会性并且这种社会性有益于他人,或者只是与他人对立;主体将受益的他人的视角作为自己的存在视角的补充,或者主体是纯粹自我主义的。[1] 本文通过这种对比并列的方式呈现出来的特征,不仅展示了索梅克对异化社区的理解,还隐含着社会自由的秘密。

(三) 绝望与超越:走向社会自由

在索梅克看来,马克思对异化的分析和克尔凯郭尔对绝望的分析,从不同角度反映了同样的情况。前者分析了这一现象的社会原因,而后者试图检验自我如何发展出两种生命观来理性化这个影响。正是在克尔凯郭尔对绝望的分析中,索梅克发现了解决真正的自我实现问题的线索和思路。在讨论这些内容之前,有必要对克尔凯郭尔相应的理论进行简要的介绍。克尔凯郭尔将存在分为三个依次上升的阶段:审美、伦理和宗教,这三者代表着三种不同的生活理想。审美生活指日常生活,即日常的感性生活和物质生活,主要表现为欲望。是相对于基督徒生活的异端的生活。在伦理生活中,人作为主观的存在者,他唯一的现实即伦理的现实,因此,个体对理想目标的追求可以在伦理范畴内完成,可以成就人性的自我。宗教生活与伦理生活都把主观的存在放在首位,抛弃思辨与客观性。但是两者存在差异,伦理使个体关注自己,宗教使个体关注上帝;伦理强调普遍性,而宗教强调孤独个体。个体只有在宗教意义上才是真正独立存在的。[2]

在克尔凯郭尔看来,审美生活和伦理生活中蕴含着两种形式的绝望。在审美生活中,个体对自我的价值表示怀疑,陷入虚无和沉沦。主体认为最好的应该是适应需求的满足和社会的满意。即使不能将自己转变为那种自己不想成为的,至少也要不得不扮演这种角色。在索梅

---

[1] A. Somek, *The Legal Relation: Legal Theory after Legal Positivism*, Cambridge University Press, 2017, 170-172.
[2] 参见张志伟主编:《西方哲学史》,中国人民大学出版社 2002 年版,第 713—717 页。

克看来,这种对审美的绝望的理解有所欠缺,原因在于假设了自我没有实体内容,自我与自己的关系不受到其他人的影响。他认为后者不能成立。在伦理生活中,人们没有使自我屈服于愉悦和习俗,而是要控制它,因为人们相信这是自我实现所必需的。然而由于自我没有实体内容,所以它的实体内容只能来自外部,而自我决定又要求排除这些内容。为了控制冲突和倾向,自我必须使它免于受他人影响,而自我是空的,这又意味着它受到外部的决定影响。① 这就是伦理生活中的绝望,它与人的自我决定与自我实现有关。

克尔凯郭尔认为,为了克服这两种绝望,个体必须走进宗教生活,通过信仰来完成自我实现。索梅克反对这种观点,认为克尔凯郭尔对三种生活形式和两种绝望形式的分析只能告诉我们,一个个体的自我实现取决于外在他的东西。这种对外在的东西的依赖性,必须适应于自我决定的行为能力,因此只有其他的自由的行为能力是自我为了自我实现所依赖的。这意味着,如果每个不独立的个体将其他人的自由的自我作为自己的自我所依赖的条件,那么依赖性与独立性是对等的。② 换言之,由于在法律关系中形式平等的、抽象的、孤立的个体无法获得真正的自由或独立性,而只有将他人的自由作为自己的自由的条件时才能获得自由。这意味着主体不是追求自我的孤立的自由,而是追求社会中所有个体的自由。因此,我们能够追求的真正的自由本质上是社会关系中的自由,是社会自由。为此,我们要超越法律关系,走向社会关系。在这种社会关系中,当个体适应存在的社会世界,个体自由可以现实化。参与者在这些制度配置中承认他们的相互依赖性,并且以表示关爱的或者忠诚和团结的精神相互对待。③ 这种自由观不是个人主义的,它使得一个人将他的生命看作更大的整体的部分,他们的

---

① A. Somek, *The Legal Relation: Legal Theory after Legal Positivism*, Cambridge University Press, 2017, 174-177.
② A. Somek, *The Legal Relation: Legal Theory after Legal Positivism*, Cambridge University Press, 2017, 177-178.
③ A. Somek, *The Legal Relation: Legal Theory after Legal Positivism*, Cambridge University Press, 2017, 181-182.

生命属于这个部分。它使得一个人的自我实现依赖于其他人的自我实现。①

四、可能的误解与澄清

出离法律关系理论的发展细节，将其视为一个动态发展的理论体系，我们认为其中还有三个方面的内容可能引起误解并因此需要得到澄清。首先，在对法律的理解上，索梅克以法律关系取代了规则体系（规范体系），②那么这两者之间是包容抑或排斥的关系需要进一步研究。其次，索梅克特别指出了美国法律现实主义与法律关系理论的关系，这对于理解后者的作用和价值格外重要。最后，本书所标榜的建构主义的方法论，也需要进一步阐明。

（一）法律关系与规则体系的关系

索梅克在论证法律关系相比于道德关系的自由维度和权威维度时，采用了权利话语与行为理由的区分，而权利话语只有在规则体系中才是有意义的。在第一人称视角看来，法律关系中重要的是行为的权利，基于这种权利的行为对于他人而言是服从的权威。而在道德关系中，重要的是行为的理由。在道德哲学中，行为的理由可以大致被定义为，"对一个行动者来说，以某种方式行动，就是要导致他想要得到的某

---

① A. Somek, *The Legal Relation: Legal Theory after Legal Positivism*, Cambridge University Press, 2017, 185.
② 在本书中，索梅克不加区分地同时使用了规则体系和规范体系。严格而言，规则并不同于规范。在德语中，通常区分法律（Gesetz）与法（Recht）。前者是指制定法，后者指观念意义上的法律。参见 G. P. Fletcher, "Why Kant", *Columbia Law Review*, Vol. 87, 421-432(1987)。比如凯尔森在分析立法行为及其法意义时谈到，法律是被决定的（beschlossen），而法则是产生出来的（erzeugt）。相应地，规则是法律的组成部分，而规范则是法的组成部分。参见 H. Kelsen, *Reine Rechtslehre. Mit einem Anhang: Das Problem der Gerechtigkeit*, 2ed, Mohr Siebeck Verlag Österreich, 2017, 23。规范体系因此可以被理解为规则体系的观念表现，比如凯尔森的"纯粹法"由"规范"组成。纯粹法和规范都是观念的存在，而不是现实存在的法律。同时，也可以看出，规范体系的理解已经预设了规则体系的存在。因此，索梅克在讨论以法律关系取代规则体系或规范体系时，不对这两个概念进行特别的区分，也并不会造成明显的混淆。

个事态发生"①。从这个定义可以看出,行为理由往往与行为目的关联紧密,具有工具属性。从法学理论来看,权利话语至少可以分为法律权利和道德权利,这种区分取决于权威来源是法律体系还是道德理论。② 对于法律权利而言,重要的是法律体系(法律的规则体系),在其中法律规则保证了法律权利的权威维度。对于道德权利而言,重要的是道德理论,这意味着必须联系行为的目的以及行为理由进行合适的论证。因此,索梅克在法律关系中提出的权利话语,已经预设了法律作为规则体系的理解。

索梅克将法律理解为法律关系这一论断本身,已经承认了将法律理解为规则或规范体系的价值。在存在主义看来,自我不是某种被简单地给予的事物,而是某种通过主体的选择和承诺而被制作或组成的。③ 这意味着,在法律关系中,人们相互之间的交往关系,并不是每个人的自我与其他人的自我之间的关系,而是人们通过自己的选择和承诺建构出来的自我的社会表现之间的关系。法律关系的存在,使得每个个体的主观意思与客观行为分离开来,并且个体不必阐明他的主观意思。凯尔森正确地认识到,在法律关系中,行为的客观意义或法意义(rechtliche Bedeutung),是与主观意义无关的。判断行为合法与否并不取决于事实本身(行为或行为的组合),而是取决于与行为联结在一起的客观意义。根本性的法意义通过规范得以保存,规范通过其内容阐明自身。这就是规范的意义图示(Deutungsschema)功能。④ 可见,在法律关系中,若没有规则体系或规范体系的存在,个体的社会表现的法意义将无从诞生,也无处主张权利。

前述分析旨在说明索梅克并未否定将法律理解为规则体系的价值,但这并不构成对索梅克法律关系理论的否定。我们认为,在索梅克

---

① 徐向东:《道德哲学与实践理性》,商务印书馆 2007 年版,第 162 页。
② B. H. Bix, *Jurisprudence: Theory and Context*, 7ed, Sweet & Maxwell, 2015, 133-134.
③ S. Crowell, "Existentialism and Its Legacy", in S. Crowell eds., *The Cambridge Companion to Existentialism*, Cambridge University Press, 2012, 8.
④ H. Kelsen, *Reine Rechtslehre. Mit einem Anhang: Das Problem der Gerechtigkeit*, Mohr Siebeck Verlag Österreich, 2017, 23-25.

的理论中,法律关系包容了规则体系或规范体系的理解,这从索梅克的法律渊源理论中能够得到印证。索梅克将法律渊源理解为由习惯法、立法和法律学术组成的依次完善的序列。在这个序列中,法律作为对象越来越清晰地被理解。后面的渊源解释了前面渊源的表达,但是无法解释自身。这个序列就是理解的过程。[①] 在这个渊源的序列中,法律的规则体系对应立法这一渊源。由哈特提出的将法律理解为规则体系的思想,成功取代了边沁与奥斯丁主张的将法律理解为主权者的命令的思想。这种取代成功地解释了法律为自身的识别提供标准的问题,并且将法律理解为一个整体。索梅克并非认为这种理解应该被废弃,他的渊源理论并不是排除了这种理解,而是将这种理解作为法律渊源发展的一个过程,并在法律渊源的背景中指出其价值和缺陷。因此可以说,索梅克不是废除了规则体系的理解,而是通过法律关系理论包含并超越了这一理解。

(二)美国法律现实主义与法律关系理论

在索梅克看来,20世纪的法律理论,始于对形式主义的批判。形式主义者认为,法律问题可以以"价值无涉"的方式解决,私人或政治机构做出价值选择。因此,他们将实质内容注入法律形式的容器中。法律知识需要密切关注这些形式的使用所产生的法律创造效果。[②] 形式主义在德语区和英语区都产生了巨大的影响,并引起了强烈的反对。德语区中著名的反对观点以"自由法运动"为代表,英语区中著名的反对观点以美国法律现实主义为代表。相比于"自由法运动"在德语区中未取得长久的影响,美国法律现实主义则更加成功。法律现实主义者不关注理念的实体诸如规范或者原则,他们的目的是让人们意识到法律

---

① A. Somek, *The Legal Relation: Legal Theory after Legal Positivism*, Cambridge University Press, 2017, 98-99.
② A. Somek, *Knowing What the Law Is: Legal Theory in a New Key*, Hart Publishing, 2021, 28.

事实上是如何工作的。① 许多法律现实主义者都支持一种法律的预测理论,这种预测理论最清晰地表现在霍姆斯的论述中。"我所指的法律,正是对法院将会采取的实际举措做出的预测,而不是什么故作高深的东西。"② 此外,在法律现实主义看来,法律没有自我成立的权威(self-standing authority),法治不拥有任何能够推翻道德判断的权威。相反,法律是道德的一部分,并且因此服从道德。③

美国法律现实主义相继受到经典法律实证主义和后期法律实证主义的批判,但是后两种理论本身存在致命的缺陷。这样一来,法律现实主义的正确性反而经受住了检验。在索梅克看来,尽管法律实证主义已经衰落,但是法律现实主义自身也存在无法解释的困惑,这导致其发展出来的理论图景是不完的。这个困惑就是:为何他们的清醒见解总是被当作肮脏的小秘密,在法律思想的官方范围内任何人都不得泄露。我们通过使用人工的规范性语言参与法律知识的路径,然而我们怀疑这种语言缺乏直接的权威。为何会这样?为什么要在法律思维的路径与所谓真正的决定性因素之间坚持这种顽固的二元对立呢?④ 这个困惑需要进一步地解释。索梅克已经阐明,在道德领域由于人们的实践身份以及由此而来的价值观的不同,总是存在不同的决定。法律现实主义致力于揭示出左右主体(尤其是法官)道德决定的社会阶级、意识形态、民族种族偏见等"小秘密"。同时,由于在法律现实主义者看来,法律没有自身的权威,因此法律的有效性要诉诸道德理由。这样一来,法律的有效性所依赖的法律知识与现实的法律的决定性因素之间就出现了难以解释的对立。

在索梅克看来,美国法律现实主义遗留下来的困惑,现代法律实证

---

① A. Somek, *The Legal Relation: Legal Theory after Legal Positivism*, Cambridge University Press, 2017, 44-45.
② 霍姆斯:《法学论文集》,姚远译,商务印书馆2020年版,第153页。
③ A. Somek, *Knowing What the Law Is: Legal Theory in a New Key*, Hart Publishing, 2021, 53-54.
④ A. Somek, *Knowing What the Law Is: Legal Theory in a New Key*, Hart Publishing, 2021, 154.

主义和后期法律实证主义都未能成功解决,德沃金的理论由于主张唯一的道德正确答案,所以也无法解决这个困惑。正因如此,索梅克提出,如果(20 世纪的)法律理论是一场竞赛,美国法律现实主义将会是赢家。这场竞赛以它为始,以它为终。同时,法律知识起源于过去,并且其影响会延续到现在。法律现实主义对真正的决定性因素的解释,超越不了人们受到的陈旧的哲学和偏见的影响。[1] 索梅克由此认为,这个二元对立的困惑可能不只是表象,而是法律本质的一部分。并且,只有通过法律关系理论,这个困惑才能得到澄清。具体而言,正如上文所阐明的,索梅克提出,强制和道德洞察是产生义务的两种方式,区分了法律义务和道德义务的有效性。道德基于普遍化的思考获得有效性,因此是非独断的。强制存在于法律关系中,由法律强制产生的义务的有效性,与行为的理由无关,而是基于主体的权利和意志行为。这样一来,法律知识无须为行为提供理由,自然与揭示主体行为动机的"小秘密"不存在对立关系。法律现实主义的困惑就轻松地被化解了。

(三) 方法论的反思

索梅克声称在本书中主要使用了建构主义的方法,并且将这种方法的成功归因于凯尔森早期的著作。但是如果将他们发展理论的方法予以比较,则会发现显著的差异。凯尔森的理论总体上坚持了分析原则,而索梅克的理论体现出综合原则的应用。昂格尔将自由主义心理学总结为三个原则,其中第三个原则是分析原则。分析原则的基本内容是,所有的知识都可以被分析为基本的感觉、理论,知识由它们组成。被分析为基本元素之后,仍然可以再组合为知识。这个原则还可以表述为,在获取知识时,整体由部分组成。与之相对的是综合原则,与分析原则相反,它认为知识在更加复杂的层面上所提供的信息,不同于之前已经知道的,[2]也即知识的总体所提供的信息大于部分的知识的信息

---

[1] A. Somek, *Knowing What the Law Is: Legal Theory in a New Key*, Hart Publishing, 2021, 154.
[2] R. M. Unger, *Knowledge and Politics*, The Free Press, 1975, 46-47.

之和。凯尔森将所有的法律规范还原为对官员的授权形式,这实际上体现出将法律规范视为授权规范的总和的思想,就是分析原则的应用。相反,索梅克提出法律渊源的序列,从习惯法、立法,再到法律知识,是一个由简入繁的过程,并且后续的渊源相比于前者提供了更多的信息,体现出综合原则的应用。

但是这并不意味着索梅克错误地主张了他的方法论,而是凯尔森的建构主义还具有反习俗主义的意义,在这个意义上,索梅克、凯尔森以及德沃金的立场是一致的。上文已经阐明,习俗主义将承认规则理解为共同的行为特征,也即将规范性还原为一组特定类型的社会事实的结合。① 从凯尔森的理论来看,习俗主义错误地将规范性理解成了社会事实。在凯尔森看来,"规范"意味着一个人应当以一种特定的方式行为。规范是"应当"所指涉的三种行为(命令、许可和授权行为)的意义。应然的表达不能被还原为实然的表达。② 从德沃金的理论来看,习俗主义的一个错误在于,人们关于习俗经常有不同的意见,因此常常需要解释。而解释,如前所述并且根据德沃金的理论,不可能是事实性的。因此,习俗主义的观点总是模糊的。③ 在反习俗主义的意义上,索梅克的建构主义与凯尔森的建构主义和德沃金的建构性解释,其指向是相同的。

同时,索梅克的建构主义方法论也有超越凯尔森和德沃金之处。一方面,索梅克并不坚持实然与应然的区分,这一点足以使他与凯尔森分道扬镳。前文已经论述,在索梅克的法律关系理论中,权威是第二人称的,也即主体的权利和以此为依据的行为,对于他人来说是行为的理由。这实际上将法律的有效性理解为他人的行为的后果,显然跨越了实然与应然的区分。但在凯尔森看来,这种理解是错误的:一个个体应当做的事情,意味着其他个体将要做的事情。也即应然的表达不能还

---

① B. H. Bix, *Jurisprudence: Theory and Context*, 7ed, Sweet & Maxwell, 2015, 66.
② H. Kelsen, *Reine Rechtslehre. Mit einem Anhang: Das Problem der Gerechtigkeit*, Mohr Siebeck Verlag Österreich, 2017, 27-28.
③ R. Dworkin, *Law's Empire*, The Belknap Press of Harvard University Press, 1986, 122-123.

原为实然的表达。① 另一方面，索梅克虽然同意德沃金的建构性解释理论，但是并不同意德沃金的正确答案理论。索梅克在更新的著作中，高度评价德沃金的理论。认为他"前无古人，后无来者"（like no other legal theorist before or after him）地将道德重要的理论置于法律知识的中心。德沃金的建构性解释，就是德国哲学中客观精神的生成过程。② 但是，德沃金将整体性作为政治生活的目标，以建构性方法将过往的历史法律资料解释为一个连续的整体，将国家的政治权力解释为一种声音，由此所有的法律问题将得到一个符合整体性原则的答案。这一理论为索梅克所否定，他提出了两条反对意见，分别基于美学和伦理学，上文已经论述，此处不再重复。

结　论

索梅克在本书的末尾重新梳理了他发展法律关系理论的过程。本理论忠于现代法律实证主义中的建构主义。这表现为两点：其一，最小化法律中的道德理想化；其二，从根源发展法律理论。基础是法律关系分析，在其中人们被认为是选择者，他们相互期望选择被尊重，这种选择自由受到限制。法律关系对于创造和维持社会世界中的个体表现是必要的，这种表现依靠行为能力实现。行为能力的最基础的条件是行为的可解释性，而可解释性只能待在道德证成的界限内。价值观的多元化导致道德证成陷入困境，法律关系就是对此困境的建构性回应。在产生了法律关系之后，道德普遍化变成了反思性的。法律关系超越了道德关系，在其中，权威是第二人称的政治权威，这意味着权威指对他人的理由的处理或者服从。但是法律关系导致个体的自由是无价值的，也即如果在其中个体无法自我实现，就会产生异化，这种异化的理

---

① H. Kelsen, *Reine Rechtslehre. Mit einem Anhang: Das Problem der Gerechtigkeit*, Mohr Siebeck Verlag Österreich, 2017, 28.
② A. Somek, *Knowing What the Law Is: Legal Theory in a New Key*, Hart Publishing, 2021, 125-130.

性化形式就是两种绝望。为了解决异化和绝望,我们必须超越法律关系,走向社会自由。①

索梅克的法律关系理论从更加广阔的理论背景看待,它实际上提供了一种新的认识法律现象的范畴。昂格尔指出,自霍布斯以来的所有西方自由主义理论都预设了一个前提:思维可以理解世界,所有的事物都具有可理解的本质(intelligible essence)。② 基于这个前提,心理学可以被还原为三个原则:其一,理性和欲望原则,即自我由知性和欲望组成,它们彼此可以区分出来。欲望是动力,知性是机器。其二,欲望独断性原则,即从知性的角度看,欲望是独断的。其三,分析原则,前文已经论述。这三个原则导致了经典自由主义理论中一系列的二分(dichotomy):理性与欲望的对立、描述与评价的对立、工具与目的的对立、形式与内容的对立、公共生活与私人生活的对立、技术与理论的对立。③ 在这个语境下,索梅克的理论可以被理解为提出了一种社会关系作为重新认识法律现象的范畴。一方面,社会关系理论在更加广阔的理论背景下得到了存在主义哲学的支持,正如萨特的名言所说,人的存在先于本质。在否定了存在可理解的本质的前提之后,人不再受制于前述各种二分。人的本质是社会关系,或者说,人在社会关系中基于自己的选择和承诺形成了自我。知性和欲望两个范畴,不过是社会关系的产物而已。另一方面,在社会关系中,分析原则让位于综合原则。法律不是规则或规范的集合,法律作为社会关系,其意义容纳并超越了规则体系和单个规则的集合。在反对前述三条原则的意义上,索梅克的理论是一种"新的"理论。这不仅是实体理论和方法论的创新,而且是基于新的认识论的新理论。它构成对过往理论的总体批判,而非部分批判。从这个意义上讲,索梅克的理论远远不是这一思路的成果,而只是开端。中国式法治现代化过程中,面临着西方的历时性问题在中国

---

① A. Somek, *The Legal Relation: Legal Theory after Legal Positivism*, Cambridge University Press, 2017, 182-185.
② R. M. Unger, *Knowledge and Politics*, The Free Press, 1975, 31-32.
③ R. M. Unger, *Knowledge and Politics*, The Free Press, 1975, 38-46.

体现为共时性问题的困难,传统、现代以及后现代的问题与思潮交织在一起。① 在这种情况下,基于社会关系作为人的认识范畴,我们可以重构一种法学话语体系、理论体系,以实现连贯地解释法律在中国的传统、现代化和后现代化中的社会表现。这还需要进一步的研究。

---

① 邓正来:《谁之全球化? 何种法哲学? ——开放性全球化观与中国法律哲学建构论纲》,商务印书馆2009年版,第242—243页。

Table of Contents & Abstracts

1 A Study on the Value of Law from the Perspective of Socialist Culture of Rule of Law
Wang Meng, Sun Meitang

Abstract: The concept of "the value of law" is a composite one covering concepts, implications and principles from specific norms, functions, rights and obligations to abstract philosophical implications. A study on the value of law from the perspective of culture of rule of law should be carried out on a basis of both philosophical perspective and specific significance. The value of law refers to the actual or potential functions, meanings and effects, of civilization enhancement significance, generated by a certain legal system upon specific historical subjects in the course of an intervention in social life by means of legitimacy. The value of law has the following functions in the culture of rule of law: defining "how people should be" within the legal system, actualizing the value of "how people should be" and continuously pushing the standard of "how people should be" to a higher level of civilization. To define the value of law in socialist culture of rule of law, we should search for resources from classical Marxist writers and socialist traditions to speculate the ideal living state of humans in the future, in order to determine the ideal of "people should be like this" in socialist rule of law. The ultimate value of socialist culture of rule of law is liberty, while the normative value is equal value based on the principle of co-ownership, co-creation and sharing.

Keywords: socialist culture of rule of law, the value of law, liberty, equality

2 On the Construction of Core Values of Socialism and Culture of Rule of Law from the Perspective of Ideology Theory

Li Qirui

Abstract: Ideology, as the sum of elements such as concepts, ideas and values, is the spiritual form advocated by a certain political community. From the perspective of Marxist Ideology Theory, Core Values of Socialism and advanced socialist culture of rule of law are the direct theoretical achievements of the ideological construction of the CPC. We should attach great importance to ideological confidence and the construction of Core Values of Socialism, to ideological confidence and the construction of advanced socialist culture of rule of law, so as to avoid falling into the discourse trap of Western values of liberalism, build a "firewall" in the field of ideology and culture, and maintain the ideological security of rule of law in socialist countries.

Keywords: Marxist Ideology Theory, Core Values of Socialism, culture of rule of law, ideological confidence

3 Codification as a Socio-Historical Phenomenon

Csaba Varga

Xing Wendi, Yao Yuan Trans.

Abstract: Codification makes the law public and available through recording itself in written texts. The codification in ancient times boldly pursues the exclusion of any doubts in the statements of law. The codification in the Middle Ages is committed to registering, publishing, and unifying established customs that are adapted and updated in certain customary law regions. The modern form of codification pursues a top-down structure, with the general rules forming the foundation of the sub-rules, which provide detailed provisions for each legal system. In summary, codification implies new possibilities in the presentation of law, as well as new possibilities in the internal organizational structure of law. Debates are periodically renewed on whether or not codification should be put back on the agenda and which legal departments should promote codification. People are aware that they are seeking the benefits of codifying in the former days in completely different ways with the change of the times and resources available.

Keywords: codification, customary law, civil law system, common law system

4 Family and Market: A Study on Ideology and Legal Reform
Frances E. Olsen
Li Yong Trans.

Abstract: Reform strategies aimed at improving the lives of women in America have ranged from efforts to ensure equal treatment for women in the marketplace to the establishment of family courts to promote fair treatment and harmony within the household. In this article, Professor Olsen argues that most reforms are conceived and carried out based on a particular world view, which holds that social life is divided into two separate but interdependent fields: market and family. The dichotomy between market and family not only limits the effectiveness of reforms, but also significantly reduces the scope of possible strategies envisioned by reformers. Professor Olsen draws upon Feuerbach's model of historical progress, as well as upon our understanding of relations between the state and civil society, and between male and female, to speculate upon the possibilities for radically improving the lives of all individuals, both men and women, by transcending the dichotomy of market and family.

Keywords: family, market, dichotomy, ideology, legal reform

5 On the Rights of Community-Based Cities

Wang Jinxia

Abstract: The rule of law is centered on cities, and the rule of law in communities has a core position in the rule of law in cities. Rights and the rule of law have isomorphism, and the rule of law in communities calls for the rights of community-based cities. In the process of striving for rights of cities and spatial justice, people will inevitably seek the integration of community theory, community movements, and community rights. The rights of community-based cities have the characteristics of constructiveness and criticality, comprehensiveness and specificity, collectivity and individuality. The content of rights of community-based cities can be derived from the rights of cities, and from the elements of communities, the internal system of the rights of community-based cities can be constructed in more detail. Individual subjects, public subjects, and marginal subjects are the main structures and also the specific paths of the rights of community-based cities. Meanwhile, the rights of community-based cities also respond and shape emerging rights, community construction, community subjects, and other issues. The theoretical construction of the rights of community-based cities is a response and promotion of a worldwide social movement which is to return and revitalize community, and thus an in-depth theoretical exploration of it is of great theoretical and practical significance.

Keywords: rule of law in community, spatial justice, rights of community-based cities

6 A Study on the Marxist Legal Philosophy of Karl Renner

Zhang Fang, Meng Fei

Abstract: At the beginning of the 20th century, Karl Renner, based on a thorough understanding of the characteristics of the Second Industrial Revolution and the practical needs of social revolutions in Central Europe, creatively expanded and integrated Marxist methodology into legal research by extensively absorbing the latest achievements of western philosophy and social science. To some extent, Renner overcomes the negative impact of vulgar Marxist view on law, and reinterprets the value of law and its relationship with economy. And based on this, he analyzes the essential structure of law in capitalist society and criticizes its social functions, demonstrating a constructive conception of socialist legal development. However, due to the influence of legal positivism and Anglo-American empiricism, Renner goes too far in the process of theoretical innovation, causing some controversies. In spite of this, he still leaves a complex historical legacy worthy of in-depth exploration.

Keywords: Karl Renner, social function, Marxism

7 Discourse of Rights and Social Structure: An Analysis of Marx's *On the Jewish Question*
Gao Yujie

Abstract: In the 1840s, a major debate centered on the issue of the Jewish rights in Germany, which was deeply mired in feudalism. In *On the Jewish Question*, Marx criticizes Powell, the leading figure of the young Hegelians. On the one hand, he focuses on *Declaration of the Rights of Man and of the Citizen*, which has a more ambitious and far-reaching legislative purpose, and he criticizes the victory of bourgeois rights over citizen rights and the enslavement of the citizen by the bourgeois. On the other hand, he goes beyond the criticism of rights and delves into the drawbacks and its root causes of the dual social structure of "civil society-political state" behind the deformed bourgeois discourse of rights shaped by political revolutions. Marx advocates the social revolution led by the proletariat, with the hope of abolishing private ownership and reconstructing a society as a whole in which human nature would be realized.

Keywords: Marx, rights, modern social structure, Jewish spirit, political revolution

8 The Logical Construction, Theoretical Dilemma and Interpretational Path of Commodity-Form Theory of Law: A Critical Study on Pashukanis' Legal Theory
Gou Linsong

Abstract: Pashukanis' Commodity-Form Theory of Law is an innovative attempt to construct a general theory of Marxist law based on Marx's *Capital*. This theory, which bases law on commodity exchange, embodies the principle of subjectivity of commodity owners, namely the principle of formal equality and freedom of will. But logically speaking, it cannot explain the compulsory, class and ideological characteristics of law emphasized by Marxist jurisprudence. This is because that his Commodity-Form Theory of Law ignores that commodity exchange is carried out on the basis of private labor whose premises are the division of labor and private ownership, which are the fundamental causes for the law becoming a mandatory tool of class rule and causing ideological problems.

Keywords: Marxist jurisprudence, Pashukanis, Commodity-Form Theory of Law

9 Scholars and How to be Human
Chen Jianfu

Abstract: This article focuses on the academic lives of Eugene Kamenka and Alice Erh-Soon Tay.

Keywords: Eugene Kamenka, Alice Erh-Soon Tay, academic lives

10 Validity, Legal Relation and Social Freedom: A Book Review of *The Legal Relation: Legal Theory after Legal Positivism*

Wei Chengyi

Abstract: Based on a critique of legal theories in 20th century, Prof. Alexander Somek's Book, *The Legal Relation: Legal Theory after Legal Positivism*, proposes a legal theory replacing the system of rules with social relations. The legal relation originates from the generalized dilemma of the moral relation, with dimensions of freedom and authority. The dimension of freedom of the legal relation lies in facilitating social interaction and freeing people from moral arguments. The dimension of authority of the legal relation lies in the existence of second-person political authority, where the subject's act becomes the authority for others based on the principle of reciprocity. In the legal relation, there exists alienation among the proletariat, the property owners and the entire community, which is manifested in a rational form of despair in aesthetic and ethical life. For this reason, it is necessary to transcend the legal relation towards social freedom, and consider individual lives as parts of a larger whole, where the freedom and self-realization of the individual are dependent on the freedom and self-realization of others.

Keywords: validity, moral relation, legal relation, social freedom

图书在版编目（CIP）数据

马克思主义与法律学刊. 第4卷 / 李其瑞，邱昭继主编. — 北京：商务印书馆，2024
ISBN 978-7-100-23507-5

Ⅰ.①马… Ⅱ.①李… ②邱… Ⅲ.①马克思主义—法学—文集 Ⅳ.① D90-53

中国国家版本馆 CIP 数据核字（2024）第 053054 号

权利保留，侵权必究。

马克思主义与法律学刊
第 4 卷
李其瑞　邱昭继　主编

商　务　印　书　馆　出　版
（北京王府井大街36号　邮政编码100710）
商　务　印　书　馆　发　行
江苏凤凰数码印务有限公司印刷
ISBN　978-7-100-23507-5

2024年3月第1版　　　开本 700×1000　1/16
2024年3月第1次印刷　　印张 17¼
定价：98.00 元